高等院校“环境教育”系列教材
GAODENG YUANXIAO
HUANJING JIAOYU XILIE JIAOCAI

HUANJING BAOHU

环境保护和资源利用

HE ZIYUAN LIYONG

主 编 王友保

安徽师范大学出版社

图书在版编目(CIP)数据

环境保护和资源利用 / 王友保主编. —芜湖 : 安徽师范大学出版社, 2010.10(2015.7 重印)
ISBN 978-7-81141-013-6

Ⅰ.①环. Ⅱ.①王. Ⅲ.①环境保护—教材②资源利用—教材 Ⅳ.①X②F205

中国版本图书馆 CIP 数据核字(2010)第 201413 号

环境保护和资源利用

王友保　主编

出 版 人: 张传开
责任编辑: 吴毛顺
装帧设计: 桑国磊

出版发行: 安徽师范大学出版社
芜湖市九华南路 189 号安徽师范大学花津校区　　邮政编码: 241002
发 行 部: 0553-3883578　5910327　5910310(传真)　　E-mail: asdcbsfxb@126.com
印　　刷: 虎彩印艺股份有限公司
版　　次: 2011 年 5 月第 1 版
印　　次: 2015 年 7 月第 2 次印刷
规　　格: 787×960　1/16
印　　张: 18.125
字　　数: 320 千
书　　号: ISBN 978-7-81141-013-6
定　　价: 28.00 元

高等院校“环境教育”系列
教材编写委员会

主　编：王　伦

副主编：王先俊　朱家存　江家发

编　委：（按姓氏笔画为序）

王　伦　王友保　王先俊　孔德新　孙叶根

朱家存　江家发　杨周生　陆　林　赵广超

席贻龙

安徽师范大学教材建设基金资助项目

序

随着社会和科技的快速发展，人类面临着环境污染、资源破坏、生态系统失衡等一系列环境问题，并且已经渗透到了社会、经济、文化乃至政治等各个领域，呈现出了日益全球化和国际化发展的趋势。环境问题是人类在21世纪的生存与发展中遇到的、共同关心和亟待解决的首要问题之一。解决发展中的环境问题不仅需要大量具有较高能力的环保专业技术人才，更重要的是要依靠具有较高环保素养的广大公民。从这个意义上说，实施环境教育比治理环境污染更具有前瞻性和迫切性。

1948年，国际自然和自然资源保护协会（巴黎会议）首次使用了“环境教育”一词。1972年斯德哥尔摩人类环境会议第一次正式将“环境教育”的名称确定下来，并为世界各国所接受。环境教育的内涵大体包括三个方面：环境理念教育、环境知识教育和环境实践教育。环境教育的立足点在于协调人与环境的关系，强调受教育者综合素质的培养。环境教育的焦点已从目前的人与环境转向环境与发展，具有面向可持续发展的新特性。

环境教育的产生、发展与各国的环境问题和政治经济情况密切相关，并表现出各自的特点。美国的环境教育机构队伍健全、职责明确，环境教育经费投入渠道多元、稳定；日本非常注重环境教育活动的开展，并划分为三个层次：亲近自然教育，了解自然教育，保护自然教育。ESD（Education for Sustainable Development，面向可持续发展的教育）模式是日本当前环境教育工作中一项重要制度；其他国家，如法国、新西兰、澳大利亚、厄瓜多尔、斯里兰卡等均以环境保护为中心，围绕环境、经济、社会的综合发展展开行动。世界环境教育的发展趋势是通过环境教育立法来规范、指导、协调、监督和评估环境教育工作的。

在我国，最早开展环境教育的是高等学校，经过几十年的发展，现已形成一个多层次、多形式、专业齐全、具有中国特色的环境教育体系。但我国高等学校的环境教育主要是专业环境教育，着重培养环境类专业人才，忽视了非环境专业大学生的环境教育。迄今为止，我国仍未将环境课程列为高校非环境类专业的必修课，使得非环境类专业开设环境课程缺乏规范性和约束力，随意性很强。

环境教育是21世纪大学的责任，高等师范院校更有必要对学生实施环境教育，因为师范院校担负着培养各级各类基础教育师资的重任，培养具有较高环境素质的师资力量，是发展基础环境教育的关键所在。培养师范生的环境素质，包括环境意识、环境知识与技能、环境价值观与态度，最终形成有益于环境的行为模式，并积极投入到基础环境教育的行动中，通过他们培养中小学生（未来公民）的环境意识，是搞好环境教育和提高全民族环境素养最快捷和最有效的途径。

基于当前国际、国内的环境教育形势，作为省属重点大学的安徽师范大学，为进一步加强环境教育，传播环保理念，实践环保行为，推进环保事业，我校决定率先在国内将环保课程作为一个独立的教学模块，设置为各专业本科生的公共必修课程，对大学生实施系统的环境教育，推动环境教育进课堂、进教材、进头脑，这套“环境教育”类系列教材就是在这种背景下编写出版的。本套教材的出版，对于师范生而言，寄希望于今天培养一批有较高环境素质的毕业生，就等于日后为社会培养一大批有良好环境素养的青少年，有利于加强基础环境教育；对于非师范生而言，寄希望于激发大学生对环境问题的整体性和深层次的思考，养成良好的环保习惯，做环境保护的“践行者”和“播绿人”，有利于加强公众环境教育。

该系列教材的出版也得到了国际环保人士，前联合国官员翁盈盈女士、刘达政先生等的指导和支持，在此，谨表示真诚的谢意。

王伦

2011年3月

前　言

随着世界人口增长和人类改变环境能力增强，特别是近半个世纪以来，伴随着工业技术飞速发展和农业现代化进程加快，环境问题日益突出，环境保护和资源合理利用越来越被人们重视。在保护环境这个问题上，除了传统的物理和化学方法之外，人们也在极力寻找新的解决问题的方法和途径，能够使发展与环境保护二者相协调。随着生态学知识得到广泛普及，生态学基本原理在社会科学和自然科学的各个领域都得到了广泛应用。21世纪，生态学理论和应用的发展与完善、生态教育的普及与深入，对生态建设与保护、提高维护地球生命支撑体系的指导能力，乃至人类本身的持续发展，都具有十分重要的意义。由此，应用生态学理论和方法来解决环境问题也越来越被人们重视，得到了很大的发展。

本教材力求简明扼要，概念准确，图文并茂，内容通俗易懂，以达到基础课程和选修课程的要求。根据这些要求，本书从人类环境问题、环境保护生态学基础、生态学在环境与资源保护中的应用、资源与环境、环境管理与保护对策、环境公共政策和经济学，以及环境保护与可持续发展等多角度，论述了生态学基本原理、方法与环境保护和资源利用的关系，以促进人们生态与环境意识的发展。

本书由王友保主持编写，第一、二、三、四章由王友保编写；第五章由储玲编写；第六、七、八章由杨世勇编写；严密、甄泉、张洁等参加了部分章节的编写工作；最后，全书由王友保统稿。本书参考和引用了大量国内外近年出版的教材和著作，主要文献列于文后。由于我们水平和能力有限，书中错误和不当之处在所难免，敬请广大同行专家和读者批评指正。

本书可作为高等院校文理科各专业本科生教材，也可作为其他教学科研人员及中学生物学教师参考用书。

王友保

2011年3月6于芜湖

目 录

第一章　绪　论

我们的星球并没有什么危险，面临危险的是我们。我们并没有力量去毁灭这个星球或是拯救它，但我们却有许多能力来拯救我们自己。

——克赖顿

一、环境定义

环境是相对于某一中心事物而言，与某一中心事物相关的周围事物，称为这一中心事物的环境。中心事物不同，环境概念也随之有差异。如对于人类，环境就是指围绕人群的空间，以及直接、间接影响人类生存和发展的各种天然和经人工改造过的自然因素的总体。

《中华人民共和国宪法》第26条规定："国家保护和改善生活环境和生态环境，防治污染和其他公害。"其中的生活环境，是指与人类生活密切相关的各种天然和经人工改造过的自然因素，如房屋周围的空气、河流、水塘、花草树木、风景名胜、城镇、乡村等。生态环境是指影响生态系统发展的各种生态因素，即环境条件，包括气候条件（如光、热、降水等）、土壤条件（如土壤的酸碱度、营养元素、水分等）、生物条件（如地面和土壤中的动植物和微生物等）、地理条件（如地势高低、地形起伏、地质历史条件等）和人为条件（如开垦、采伐、引种、栽培等情况）的综合体。可见，生态环境中也包括天然的自然因素（如森林生态环境、草原生态环境等）和经人工改造过的自然因素（如城市生态环境、乡镇生态环境等）。生活环境与生态环境之间的关系极为密切，它们共同组成了人类的环境。

1989年12月26日颁布施行的《中华人民共和国环境保护法》第2条规定："本法所称环境，是指影响人类生存和发展的各种天然的和经过人工改造的自然因素的总体，包括大气、水、海洋、土地、矿藏、森林、草原、野生生物、自然遗迹、人文遗迹、自然保护区、风景名胜区、城市和乡村等。"这里所称的环境，既包括了生活环境，也包括了生态环境，体现了"大环境"概念。《美国国家环境政策法》、《日本公害对策基本法》等外国的环境保护法，都作了类似的规定。随着人类社会的发展，环境的概念也在发展，我们对环境的认识也越来越深刻。

二、环境分类

环境分类的方法很多,目前常见的有以下几种:

(1)按环境要素形成的原因,可分为自然环境和社会环境。自然环境是指环绕于人类周围并对人类生存和发展产生直接或间接影响的各种天然形成的物质和能量的总体。按其与人类生活关系的密切程度,由近及远依次可分为地理环境、地质环境和星际环境。社会环境是指人为创造而又作用于人类本身的经济基础和上层建筑的总和。它可分为物质环境和精神环境,严格说来,精神环境不是环境法所要保护的环境,但是社会环境中的物质环境则属于环境法中的环境。这部分环境由聚落环境、生产环境、交通环境和文化环境等组成。在我国《环境保护法》中,这部分环境被称为人工环境。

(2)按照环境要素,可分为大气环境、水环境、海洋环境、土壤环境、生物环境等。

(3)按照环境的功能,可分为农业环境、工业环境、交通环境、生产环境、生活环境、旅游环境等。

(4)按是否为人类居住区,可分为生活环境和生态环境。我国宪法中采用了这种分类方法。

在我国立法和环境管理实践中,最常见的是自然环境、生活环境、大气环境、水环境、海洋环境、农业环境和生态环境等。

三、只有一个地球

人类赖以生存的环境就是地球。现代人类已有航天飞机、宇宙飞船等太空飞行器,可以飞往月亮及其他一些星球。人们已经发现美丽的月亮既无水又无空气,在太阳系的八大行星中只有地球才适于生命存在。科学家进一步发现,至少在以地球为中心的40万亿千米范围内,没有适合人类居住的第二个星球。所以,我们必须面对现实,保护好我们惟一赖以生存的环境——地球。

随着人类的出现、生产力的发展和人类文明的提高,环境问题也随之产生。1972年6月5日,联合国在瑞典首都斯德哥尔摩召开了“人类环境会议”,这是人类历史上第一次在全世界范围内研究保护人类环境的会议,敲响了环境问题的警钟,推动了各国政府把资源与环境保护工作列入政府议事日程。共有113个国家的1 300名代表参加了此次会议,这次会议提出了响遍世界的环境保护口号:只有一个地球。出席会议的代表广泛研讨并总结了有关保护人类环境问题和现实问题,制定了对策和措施,会议通过了著名的《人类环境宣言》及保护全球环境的“行动计划”,规定了人类对全球环境的权利与义务的共同原则,呼吁各国政府和人民为维护和改善人类环境,造福全体人民,造福子孙后代而共同努力。这次会议是人类环境保护史上一个伟大的转折,它第一次把世界环境保护运动推向高峰。为了纪念 6 月 5 日这个重要的日子,当年联合国大会作出决议,把它定为世界环境日。

然而,30 多年过去了,尽管人们做了多方面努力,资源、环境问题并没有得到真正改善,许多新的问题,如臭氧层的破坏、全球酸雨蔓延、生物物种锐减、人口急增、资源匮乏等当前世界面临的主要环境问题正威胁人类生存与发展。

第二章　人类环境问题

环境问题是指在自然原因或人类活动作用下发生的不利于人类生存和发展的环境结构与状态变化的现象。它是当今人类所面临的最重要问题之一，也是涉及人类能否持续发展的问题。

第一节　环境问题

环境问题包括两大类：一是由于对自然资源不合理开发和利用引起的生态环境破坏；二是由于自然或人为排放的有害物质改变了生态系统正常结构和功能而引起的环境污染。环境问题的产生，有两个方面的原因。一是自然的原因，如火山爆发、地震、山洪暴发等都会给人类带来灾难性的环境问题，这类环境问题称为原生环境问题或第一环境问题。它的发生在人类产生以前就有，大多数情况下属于人类难以预见和预防的事件，在法律上称其为"不可抗力"。二是人为的原因，包括环境破坏和环境污染两种形式，如人们对森林的砍伐可以造成水土流失和荒漠化，排放过多的废水可以造成水体污染，排放废气可以造成大气污染等。这类环境问题称为次生环境问题或第二环境问题。它的发生是随着人类的出现而产生和发展，并随着人口增多和人类改造自然能力的增强而逐步加剧。如果人类能够合理地开发利用自然环境，就可以在很大程度上避免或减缓这类环境问题的发生。

需要指出的是，在第二环境问题与第一环境问题之间存在某些联系，有时不能把它们截然分开。第一环境问题虽系自然原因，其中有些却是人类活动引起。如地震可以因修建大型水库而诱发；洪水泛滥、泥石流肆虐、山体滑坡可因砍伐水源保护林和其他森林而引起；黑雨、红雪等因人类排放大气污染物而形成。因此，环境法所要防止和解决的主要是第二环境问题，但也必须包括由第二环境问题诱发的第一环境问题。

第二节　现代人类社会面临的环境问题

100 万年前，生活在北京周口店的北京猿人就知道用火，他们被洞穴中的烟熏了之后就会往外跑；猿人猎取的动物和采集的野果放在洞穴里，时间长了就会腐烂发臭，逼迫猿人搬家。所以说，在100万年以前就有了环境问题。

但是，在人类诞生以后的漫长岁月里，在北京猿人的那个时代，人类对环境影响与动物对环境的影响区别不大，当时主要是以生活活动和生理活动的代谢过程与环境进行能量与物质的交换，还是一个利用环境的问题，谈不上改造环境。

20世纪五六十年代，伦敦烟雾事件、日本米糠油事件等一系列震惊世界的公害使成千上万人罹难，并掀起了第一次环境保护浪潮。70年代以来，殃及全世界的全球增温、臭氧层破坏、酸雨、生态环境退化等问题给人类生存和发展带来了空前的威胁，从而又涌现出第二次环境保护浪潮。环境问题是伴随人类社会而产生并不断发展，随着生产力的提高，环境问题正由小范围、低程度演变为不容忽视的全球性危害。

一、环境问题的产生

（一）农业、畜牧业发展带来的环境问题

农业和畜牧业的出现，是人类生产发展史上一次重大革命。人类学会了驯养动物和栽培植物，开始开发和利用自然，扩大人类自身的生存环境，同时也开始产生多种多样的环境问题。

由于大量砍伐森林、破坏草原、盲目开发，引起了水土流失、牧场退化、旱涝灾害，以及土壤沙漠化、盐碱化、沼泽化和流行病的传播等。例如古代文明发源地之一的美索不达米亚平原（幼发拉底河、底格里斯河流域），由于长期不适当地开发，现在已经变成了一片荒漠。在我国，多数学者认为，我国黄河流域的自然条件变化，除了气候与地质等自然因素影响外，人类不合理开发也是重要原因。据研究，4 000年前，黄河流域是郁郁葱葱的原始森林；西周时，黄土高原拥有森林4.8亿亩，森林覆盖率约为53%。由于人口增加、毁林开荒、战争、焚烧山林等原因，使黄河流域的大片森林遭到人为破坏，到如今演变成荒山秃岭，森林覆盖率仅约5%。这里的黄土疏松，粘结力弱，地表失去植被的保护，受到雨水大量冲刷侵蚀，每年地面表土大约刮去1cm。黄河每年约16亿吨泥沙淤积下游，带走氮、磷、钾近2 000万吨，使下游河床高出地面3～10 m，形成地上河，造成黄河经常性的决堤改道。据统计，从公元前602年到1949年的2 500多年中，黄河决口1 500多次，其中较大的改道26次。1642年，黄河水冲进开封城，全城37万人中幸存者仅3万人。

（二）工业化、城市化带来的环境问题

现代工业的迅速发展和城市兴起，是人类科学技术进步的又一重要标志，极大地增强了人类利用自然和改造自然的能力。人类大规模地改变了生态环境结构，扩大了生存空间，改善了人类物质生活条件，同时也带来了复杂的环境问题。工业“三

废”的不断排放、遍布整个世界的农药污染，以及与此相关的环境疾病大量出现，让人们在享受改造自然的喜悦中，遭受着越来越多的困扰。历史上著名的“八大公害”事件就是这一类生态环境问题的典型代表。到目前为止，公害事件时有发生，现在全世界每年大约要发生 200 多起严重化学事故。

人类已经在地球上生活了 200 多万年，在利用自然、改造自然、改善自身生活状况方面，人类取得了惊人的成就。但是，正如恩格斯在 100 多年前就已经指出的，我们往往过分陶醉于对自然界的胜利，不知道，对于每一次这样的胜利，自然界都严厉地报复了我们。现在我们已经几乎不能在生活的这个星球上找到没有受到污染的“净土”，连新出生的婴儿所吸吮的第一口奶汁，都存有 DDT 污染。在一些发达的工业区和大都市，人们世世代代生活在低浓度的有害环境中，降低了对病菌、病毒的抵抗力，出现了各种各样的职业病、城市文明病。这种生态环境恶化给人类自身带来的损失，是多少货币单位也无法计算的。

二、人类目前面临的环境问题

20 世纪以来，世界人口飞速增长，造成全球人口爆炸，引起了一系列严重问题。全球人口的快速增长，造成对各种资源的消费激增，导致自然资源趋于枯竭；而全球人口的持续激增，也对地球生态环境构成了严重威胁，人类对自然资源掠夺式的开发，也使生态环境遭受空前浩劫。一旦人类赖以生存的生态环境遭到毁坏，人类自身的发展也就走到了尽头。人口问题与资源问题、环境问题交织在一起，互相促进，共同构成了威胁人类生存和发展的三大难题。人类能够去做的，只有管理好自己，严格控制自身数量，不断提高自身素质，使人类社会的发展与资源利用和环境改造相协调，以实现可持续发展。

（一）人口问题

人口问题包括人口数量问题和质量问题两个方面，其中数量问题在当前格外引人关注。联合国人口司报告显示：世界人口在近 70 年增加了 2 倍。1930 年全球人口大约为 20 亿，1960 年上升到 30 亿，1974 年达到 40 亿，1987 年突破 50 亿，1999 年达到 60 亿，2005 年，世界人口约为 64 亿。如计划生育措施有效实施，世界人口在 2050 年将有望被控制在 89 亿左右。世界人口的 5 大国分别为中国（13 亿）、印度（10 亿）、美国（2.97 亿）、印度尼西亚（2.23 亿）和巴西（1.81 亿）。

世界人口目前每年净增长 7 700 万，每秒增加 2~3 人。对世界人口年增长“贡献”最大的 7 国为：印度（21%）、中国（13%）、巴基斯坦、尼日利亚、孟加拉、印度尼西亚和美国（均为 4%）。世界各主要地区的人口排名依次为：亚洲（38.7 亿）、非洲（8.69 亿）、欧洲（7.26 亿）、拉美和加勒比地区（5.5 亿）、北美（3.29 亿）、大洋州（3 300 万）。其中，非洲人口增长最快，年增长率为 2.3%，而欧洲人口在过去 10 年一直在减少，每年平均负增长0.02%。

人口质量问题，也称人口素质问题，主要取决于社会经济发展水平，也取决于遗传因素，人口素质往往由社会人口结构组成来体现。按照我国的标准，人口素质主要反映在德、智、体三方面。

（二）资源、能源短缺

当前，世界范围内的资源和能源危机问题已广泛出现。其中淡水资源短缺、森林面积锐减、物种加速灭绝、耕地面积和质量不断下降，以及能源的短缺问题已相当突出。这些现象的发生与人类无计划、不合理地大规模开发密切相关。20世纪90年代初，全世界能源消费总量约为100亿吨标准煤，2003年，世界能源消费总量为294.74亿吨标准煤。其中，美国以75.74亿吨标准煤居第一，占世界年度能源消费总量的25.7%；日本以22.69亿吨标准煤居第二，占7.7%；中国以16.8亿吨标准煤居第三，占5.7%。假如到2050年，中国人口总数为16亿，接近美国2003年人均能源消费水平，则中国能源消费总量为413.664亿吨标准煤，是2003年世界能源消费总量的1.4倍。从目前石油、煤、水电和核能发展情况来看，要满足这种需求量十分困难。在新能源（如太阳能、核能等）开发利用尚未取得较大突破之前，世界能源供应将日趋紧张。另外，不可再生性矿产资源的储量也在日益减少，这些资源终究会被消耗殆尽。

（三）生态环境恶化

1. 荒漠化

简单地说，土地荒漠化就是指土地退化。1992年联合国环境与发展大会对荒漠化的定义是：由于气候变化和人类不合理的经济活动等因素，使干旱、半干旱和具有干旱灾害的半湿润地区土地发生了退化。当前世界荒漠化现象仍在加剧。全球现有大约12亿人受到荒漠化直接威胁，其中1.35亿人在短期内有失去土地的危险。荒漠化已经不再是一个单纯的生态环境问题，而且演变为经济问题和社会问题，它给人类带来贫困和社会不稳定。到1996年为止，全球荒漠化土地已达到3 600万平方千米，占整个地球陆地面积的1/4，相当于俄罗斯、加拿大和中国国土面积的总和。全世界受荒漠化影响的国家有100多个，1/5的人口不同程度地受到沙漠危害。尽管各国人民都在同荒漠化抗争，但荒漠化却以每年6万平方千米的速度扩张，相当于爱尔兰的面积，全世界每分钟就有150亩土地变成沙漠。截至20世纪末，全球已损失约1/3耕地。在当今人类诸多的环境问题中，荒漠化是最为严重的灾难之一。荒漠化地区是地球生态系统中生产力最低的地区之一，生态条件恶化，危害农业生产。现在非洲50多个国家中，就有40多个国家不同程度缺粮，约2亿人受到饥饿的威胁。全世界每年因荒漠化带来的直接经济损失达

260亿美元。

2. 全球性气候变暖

全球变暖是指全球气温升高，是当前国际社会普遍关心的问题。近100多年来,全球平均气温经历了冷-暖-冷-暖两次波动,总的趋势是上升。进入20世纪80年代后，全球气温明显上升,1981—1990年，全球平均气温比100年前上升了0.48℃。导致全球变暖的主要原因是大气二氧化碳等多种温室气体的不断增多。近百年来,由于化石燃料(煤、石油、天然气)燃烧,排放大量二氧化碳到大气中,加上过度砍伐森林,森林面积急剧减少,破坏了大气中二氧化碳与氧气的平衡,使大气中二氧化碳含量增加。由于二氧化碳对来自太阳的短波辐射有高度的通透性,而对地球反射回来的长波辐射有高度的吸收性,从而可能导致大气层低处对流层变暖,而高处平流层变冷,这一现象称为温室效应(greenhouse effect)。导致温室效应的气体除二氧化碳外,还有甲烷、氧化氮和水蒸气等。温室效应导致的全球变暖,会使全球降水量重新分配、冰川和冻土消融、海平面上升等,既危害自然生态系统平衡,更威胁人类的食物供应和居住环境。

3. 臭氧层破坏

大气平流层中距地面20~40 km范围内有一圈特殊的大气层,其中臭氧(O_3)浓度接近10 ppm,远远超过臭氧在大气中的平均含量,人们称这一圈特殊的大气层为臭氧层。臭氧层能够吸收太阳紫外线和某些宇宙射线,保护地球生物免受伤害,被称为地球的无缝天衣,是地球生物的保护伞。然而人类生产和生活所排放的一些污染物,如冰箱、空调等设备制冷剂的氟氯烃类化合物,以及其他用途的氟溴烃类化合物,它们受到紫外线的照射后可被激化,形成活性很强的原子,与臭氧层中的臭氧作用,使其变成氧分子(O_2),这种作用呈连锁式发生,迅速耗减臭氧,使臭氧层遭到破坏。1985年,英国南极考察队报道,南极上空的臭氧层出现了相当于美国国土面积大小的“空洞”。臭氧层空洞的出现,就是臭氧层被破坏的一个最显著的标志。到1994年,南极上空的臭氧层破坏面积已达2 400万平方千米。1969—1986年间,北纬30°~60°地区上空(包括美国、加拿大、日本、前苏联、中国与西欧等)臭氧浓度下降了1.7%~3%。臭氧层的臭氧每减少1%,到达地面的紫外线辐射将增强1.5%~12%。一些科学家预测：人类如果不采取有效措施保护臭氧层而任其发展下去，到2075年,全世界将有1.54亿人患皮肤癌,其中300万人将死亡,将有1 800万人患白内障。此外,还将造成农作物减产7.5%,水产品减产25%,材料损失47亿美元,光化学烟雾增加30%等。

4. 酸雨

酸雨是指pH值小于5.6的酸性降水,包括雨、雪、雾、霜等。它是由于大气中二氧化硫(SO_2)和氮氧化物(NO_x)在强光照射下进行光化学氧化作用,并与水汽结合形成硫酸和硝酸等,使降水的pH值下降。因此,形成酸雨的直接原因是进入大气的硫氧化物和氮氧化物，而这类物质的主要来源无疑是人类生产和生活中不断增加的矿物燃料的燃烧。受酸雨危害的地区，出现了土壤和湖泊酸化，植被和生态系统遭受破坏，建筑材料、金属结构和文物被腐蚀等一系列严重的环境问题。此外，酸雨中可能还含有少量的其他污染物，也会对人类健康构成严重威胁。因此，酸雨被称为“空中死神”，成为全球重大的环境问题。

早在1872年，英国研究人员就发现了酸雨，直到20世纪60年代，人们才开始认识到酸雨危害的严重性。20世纪70年代以来，许多工业化国家采取各种措施防治城市和工业大气污染，其中一个重要的措施是增加烟囱的高度，这一措施虽然有效地改变了排放地区的大气环境质量，但大气污染物远距离迁移问题却更加严重，污染物越过国界进入邻国，甚至飘浮很远的距离，形成了更广泛的跨国酸雨。此外，全世界使用矿物燃料的量有增无减，也使得受酸雨危害的地区进一步扩大。全球受酸雨危害严重的有欧洲、北美及东亚地区。我国酸雨危害已相当严重，酸雨区大致有西南、华东和中南3个地区，西南、华东已普遍发生，并有连成片的趋势，有的地区酸雨出现频率高达90%以上。

5. 垃圾成灾

全球每年产生垃圾近100亿吨，而处理垃圾的能力远远赶不上垃圾增加的速度，特别是一些发达国家，已处于垃圾危机之中。美国素有垃圾大国之称，其生活垃圾主要靠表土掩埋。过去几十年内，美国已经使用了一半以上可填埋垃圾的土地，30年后，剩余的这种土地也将全部用完。我国的垃圾排放量也相当可观，在许多城市周围，形成了一座座垃圾山，除了占用大量土地外，还污染环境。危险垃圾，特别是有毒、有害垃圾的处理问题（包括运送、存放），因其造成的危害更为严重，产生的危害更为深远，成了当今世界各国面临的又一个十分棘手的环境问题。

6. 环境污染

环境污染是指自然界或人为排放的有害物质改变了生态系统正常结构和功能，破坏了环境的生态平衡，使人类的生活和生产环境恶化，危害人类健康。世界性的环境污染是从18世纪中叶工业革命开始的，并随着大工业的迅速发展而加剧；到20世纪初，局部地区环境污染已日趋严重；50年代以后，发达国家的环境污染达到了高潮，大气污染、水体污染和土壤污染及噪音污染日益加剧，人们开始加大力度治理污染，保护和恢复自然环境。经过10多年的努力，许多工业污染得到基本控制，但自然环境的恢复还需付出巨大的代价和长期不懈的努力。值得注意的是，一些发展中国家在经济建设过程中仍不惜以破坏环境为代价，重蹈发达国家当年的覆辙。我国环境污染也非常严重，亟待重视和解决，“先发展经济，再治理环境”策略不可取。

7. 自然灾害频繁

自然灾害是人与自然矛盾的一种表现形式，具有自然和社会两重属性，是人类过去、现在、将来所面对的最严峻挑战之一。气候反常、臭氧层空洞、土地荒漠化、水土流失等都属于广义自然灾害的范畴，此外还有地震、洪水、干旱、台风、海啸，以及泥石流、滑坡等也是自然灾害。

进入21世纪以来，世界范围内连续多年出现了干旱、暴雨洪涝、高温、低温连阴雨、台风、风雹、沙尘暴、雪灾、冻害、大雾等多种气象灾害及异常气候事件，灾情为中等偏重年份，少雨干旱和暴雨洪涝仍是主要的气象灾害，而地震、海啸等也时有发生。有预测称，目前地球已进入灾害发生的活跃期。

第三章　环境保护生态学基础

生态学(Ecology)一词,源于希腊文oikos+logos,意为“住所、栖息地”和“论述、学科”。从字义上讲,生态学是关于居住环境的科学,即研究生物的聚居地或生存环境。

第一节　生态学概念与发展

一、生态学定义

生态学一词最早由德国动物学家赫克尔(E.Haeckel)于1866年提出,他认为,生态学是研究动物有机体与其周围环境相互关系的科学。这个定义强调的是相互关系,或称相互作用(interactions),即有机体与其非生物环境的相互作用和有机体(同种生物和异种生物)之间的相互作用。随后,国际上一些著名生态学家依据自己研究的重点,提出各自的生态学定义。20世纪六七十年代,在环境、人口、资源等世界性问题的影响下,生态系统的研究日益受到重视,动物生态学和植物生态学趋向汇合,生态学研究中心转向生态系统。美国生态学家奥德姆(E.Odum)提出:生态学是研究生态系统结构与功能的科学。我国著名生态学家马世骏认为:生态学是研究生命系统和环境系统相互关系的科学，他同时提出了社会—经济—自然复合生态系统的概念。

综上所述,生态学是研究生物与环境间相互关系的科学,即生物及其群体与环境相互作用的过程及其相互规律的科学,其目的是指导人与生物圈(自然、资源与环境)的协调发展。Haeckel在1866年提出的定义,至今仍然被广泛采用。

二、生态学的研究历史及发展趋势

(一)发展简史

1. 生态学的建立前期

人类通过劳动,从生产实践中获得动植物生活习性方面的知识,可称为生态学研究的源泉。作为有文字记载的生态学思想的萌芽,在我国和古希腊的古代著作中均有反映。早在公元前1200年,《尔雅》一书中就著有草、木两章,记载了176种木本植物和50多种草本植物的形态与生态环境。公元前200年,《管子》"地员篇"专门论及水土和植物,记述了植物沿水分梯度的带状分布以及土地的合理利用。公元前100年前后,我国农历已确立了二十四节气,它反映了作物、昆虫等生态现象与气候之间的关系,这一时期还出现了记述鸟类生态的《禽经》等。这些均属我国生态知识的最早记载。在西方,早在公元前450年,古希腊的安比杜列斯(Empedocles)已注意到植物营养与环境的关系;亚里士多德(Aristotle,384B.C.—322B.C.)在《自然史》中,描述了生物与环境之间的相互关系以及生物之间的竞争,并按栖息环境将动物区分为水栖动物和陆栖动物,还按食性分为肉食、草食、杂食及特殊食等;Aristotle的学生获奥弗拉斯图斯(Theophrastus,370B.C.—285B.C.)在《植物群落》一书中,阐述了陆地及水域中的植物群落和植物类型与环境的关系,被后人认为是最早的一位生态学家。这一时期,积累了大量的生态学事实、现象和材料,如动植物的生活习性和驯化。

2. 生态学建立与发展期

17世纪后,生态学作为一门学科开始形成,提出了生态学的定义和许多定律、法则,如最小因子定律、生存斗争学说、逻辑斯谛方程。大量生态学专著的问世,标志着植物生态学的成长和成熟。20世纪初,生态学研究领域更加广泛且深入。物理、化学、生理学、气象学及统计学的发展,促进了生态学研究的发展。植物生态学的成熟早于动物生态学约半个世纪。20世纪60年代以前,动物生态学的主流是动物种群生态学,尤其是关于种群调节和种群增长数学模型的研究,而植物生态学则在植物群落生态方面有了很大的发展。由于各地自然条件不同,植物区系和植被性质相应差别明显,致使工作方法和结果的认识各有特点,形成了几个研究中心,或称学派。其中,英美学派、法瑞学派、北欧学派及前苏联学派均负盛名。

生态系统思想的产生是生态学研究的重大发展,生态系统(ecosystem)一词由Tansley在1935年提出。生态系统的研究经常涉及农、林、牧、渔、野生生物管理,以及人类面临的其他重大课题,具有重大的理论意义和应用价值。于是,生态学在20世纪50年代进入了一个大发展时期,也使生态系统研究成了生态学研究的前沿。

3. 现代生态学发展期

现代生态学研究对象向宏观和微观两极多层次发展,小至分子生态、细胞生态,大至景观生态、区域生态、生物圈或全球生态,虽然宏观仍是主流,但微观的成就同样重大而不可忽视。而在生态学建立时,其研究对象主要是有机体、种群、群落和生态系统几个宏观层次。

此外,生态学在研究技术和方法上取得很大进展。遥感、放射性同位素技术、现代分子技术、生态系统长期定位观测、自动记录和监测技术、可控环境技术、计算机多媒体技术等得到大量应用,无论基础生态还是应用生态,都特别强调以数学模型和数量分析方法作为其研究手段,使得生态学在理论、应用方面都获得了全面的发展。

(1)理论方面的进展。①生理生态学研究在20世纪60年代IBP(国际生物学计划)及随后的MAB(人与生物圈计划)计划的带动下,以生物量研究和与产量生态学有关的光合生理生态研究、生物能量学研究较为突出。生理生态的研究也突破了个体生态学为主的范围,向群体生理生态学发展。在生理生态向宏观方向发展的同时,由于分子生物学、生物技术的兴起,促使其也向细胞、分子水平发展,涉及某些酶系统,如核糖核酸酶活性的变化用作植物对干旱胁迫抗性的指标等。②种群生态学发展迅速,动物种群生态学大致经历了以生命表方法、关键因子分析、种群系统模型、控制作用的信息处理等发展过程。植物种群生态学的兴起稍晚于动物种群生态学,它经历了种群统计学、图解模型、矩阵模型研究、生活史研究,以及植物间相互影响、植物—动物间相互作用研究的发展过程,近期还注重遗传分化、基因流的种群统计学意义、种群与植物群落结构的关系等。③群落生态学研究进入了新阶段,群落生态学由描述群落结构,发展到数量生态学,包括排序和数量分类,进而探讨群落结构形成的机理。④生态系统生态学在现代生态学中占据了突出地位,这是系统科学和计算机科学的发展给生态系统研究提供了一定的方法和思路,使其具备了处理复杂系统和大量数据的能力的必然结果。

(2)应用方面的进展。应用生态学的迅速发展是20世纪70年代以来的另一个趋势,它是联结生态学与各门类生物生产领域和人类生活环境与生活质量领域的桥梁和纽带。近30多年来,它的发展有两个趋势:①经典的农、林、牧、渔业的应用生态学由个体和种群水平向群落和生态系统水平的深度发展,如对所经营管理的生物集群注重其种间结构配置,物流、能流的合理流通与转化,并研究人工群落和人工生态系统的设计、建造和优化管理,等等。②由于全球性污染和人类对自然界的控制管理的宏观发展,如人类所面临的人口、食物保障、物种和生态系统多样性、能源、工业及城市问题六个方面的挑战,应用生态学的焦点已集中在全球可持续发展的战略战术方面。

4. 生态学研究的国际性是其发展的趋势

生态学问题往往超越国界,二次世界大战以后,有近百个国家参加的国际规划一个接一个,最重要的是20世纪60年代的IBP、70年代的MAB,以及现在正在执行中的IGBP(国际地圈生物圈计划)和DIVERSITAS(生物多样性计划)。为保证世界环境的质量和人类社会的持续发展,如保护臭氧层、预防全球气候变化的影响,国际社会签订了一系列协定。1992年,各国首脑在巴西里约热内卢签署的《生物多样性公约》是近十几年来对全球有较大影响力和约束力的一个国际公约,在许多方面涉及各国的生态学问题。

(二)生态学发展趋势

近20年来,由于人口、环境、资源三大社会问题日益突出,生态学越来越受到人们的重视,人们开始向生态学寻求解决问题的途径,促使生态学越来越向应用科学方向发展。

(1)向宏观和微观两极方向发展。宏观方向,重视全球生态功能的研究,景观生态学和全球生态学得以快速发展。微观方向,以分子生物技术研究有机体对生态环境的适应性机理的分子生态学同样引人瞩目。

(2)系统理论在生态学中广泛应用,计算机起着巨大的促进作用。

(3)由于系统理论和应用生态都要求定量研究,定量化研究进一步发展。

(4)生态学向多学科方向发展,尤其与经济学相结合。生态学在解决当今人类面临的重大社会问题中具有重要作用,受到社会的普遍重视,研究对象庞大而复杂,生态学与多学科的相互渗透显得十分重要。

(5)应用生态学迅速发展。从理论走向应用是学科成熟的标志,20 世纪 80 年代以来,生态工程、生态技术、生态建设、生态管理等逐步被人们所认识和采用,并极大地促进了工农业生产的发展和经济、生态效益的提高。

三、生态学研究内容与分支学科

基础生态学起源于生物学,它是以个体、种群、群落、生态系统 4 个不同生物组织层次为研究对象。个体生态学属于生理生态学范畴,是生理学与生态学交叉的边缘科学。种群、群落和生态系统均以生物的群体为研究对象,因此又合称为群体生态学。它包括了 4 个层次的内容:生物在其历史条件下的适应;种群的形成与发展规律;生物群落(生态系统)的形成与发展规律;生态系统的结构与功能。

生态学由许多学科归纳而成,是一门内容广泛、综合性很强的学科,属多源起源。Odum 曾把生物学的分支学科比作多层蛋糕,水平方向按研究内容分为一些基础学科,如形态学、生理学、遗传学、生物化学、生态学、细胞学、分子生物学等,垂直方向按生物的类群划分为植物学、动物学等分支学科(图 3-1)。生态学是生物学的基础学科之一,不同的分类类群有其分支学科,它还与生物学之外的学科结合形成了许多边缘学科。

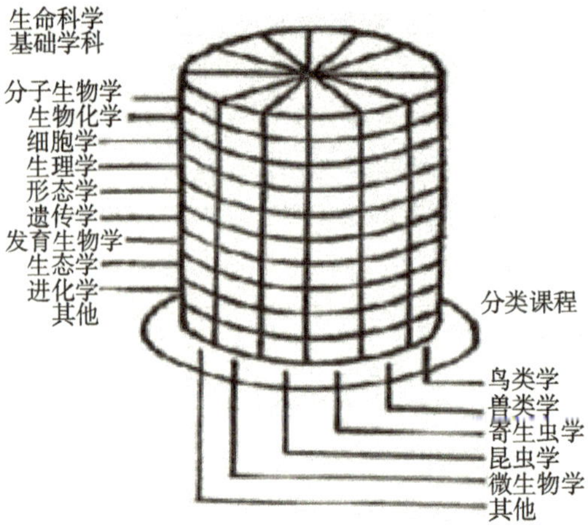

图 3-1 生物学分支学科(仿 Odum,1983)

生态学一般分为理论生态学和应用生态学两大类。普通生态学是理论生态学中概括性最强的一门学科，它阐明生态学一般原理和规律，通常包括个体生态学、种群生态学、群落生态学和生态系统生态学。依据研究对象的生物类别，可以分为动物生态学、植物生态学、微生物生态学，动物生态学又可进一步划分为昆虫生态学、鱼类生态学、鸟类生态学及兽类生态学等；植物生态学又包括地衣、苔藓、森林、草原生态学等。按栖息地类别，可以划分为陆地生态学和水域生态学两大类。前者包括森林生态学、草原生态学、荒漠生态学、冻原生态学；后者包括海洋生态学、淡水生态学、河口生态学等。此外，尚有湿地生态学、太空生态学等。

四、生态学研究方法

生态学的研究主体既包括植物、动物、微生物，也包含人类本身，既有自然环境，也有社会环境，大到宇宙，小至细胞。就研究内容而言，不仅研究自然生态系统的产生、发展和演变规律，受污染生态系统的成因、控制途径和治理方法，还探索社会生态系统的结构、功能与演化等。生态学的问题无处不在，生态学的研究范围也就显得无所不包。学习生态学知识，掌握生态学基本原理，解决生态学问题，不仅是生态学工作者的义务，也是所有科学工作者乃至全世界人民共同关心的大事。

生态学作为一门综合性强、涉及面广的宏观学科，要学好这门学科，首先必须有正确的指导思想，明确生态学研究对象具有从分子、细胞、个体到种群、群落、生态系统等不同层次；对待研究对象、研究内容要有整体观和系统观；树立协同进化观，明确各生命层次及各层次的整体特性和系统功能，都是生物与环境长期协同进化的产物，协同进化是普遍的现象。同时，要学会理论联系实际。在认真、扎实地掌握生态学基本原理的基础上，充分利用实验或实习机会，把所学理论与实践密切结合，解决生态学问题，或在指导教师的帮助下，开展一些小型科研活动，逐渐积累生态学的野外或室内工作经验，这样，既提高了科研能力，又丰富了生态学知识。此外，掌握生态学的基本研究方法也十分必要。

生态学的基本研究方法包括原地观测、受控实验和综合分析等。

（一）原地观测

原地观测是指在自然界原生境对生物与环境关系进行考察，包括野外考察、定位观测和原地实验等不同方法。

1. 野外考察

野外考察主要考察特定种群或群落与自然地理环境的空间分异关系。首先，有一个划定生境边界的问题，然后在确定的种群或群落生存活动空间范围内，进行种群行为或群落结构与生境各种条件相互作用的观察记录。野外考察种群或群落的特征和计测生境的环境条件，不可能在原地进行普遍的观测，只能采用适合各类生物的规范化抽样调查方法。

2. 定位观测

定位观测是考察某个体、种群、群落或生态系统的结构和功能与环境关系在时间上的变化。定位观测先要设立一块可供长期观测的固定样地，样地必须能反映所研究的种群或群落及其生境的整体特征。定位观测时间，取决于研究对象和目的。若是观测微生物种群，只需要几天时间即可，若观测群落演替，则需要几年、十几年、几十年甚至上百年时间。

3. 原地实验

原地实验是在自然条件下采取某些措施，获得有关某个因素变化对种群或群落及其他因素的影响。例如，在野外森林、草地群落中，人为去除或引进某个种群，观测该种群对群落和生境的影响；在自然保护区，人为对森林进行疏伐，以观测某些阳性珍稀濒危植物物种的生长。

（二）受控实验

受控实验是在模拟自然生态系统的受控生态实验系统中研究单项或多项因子相互作用，以及对种群或群落影响的方法技术。

如所谓“微宇宙”（microcosm）模拟系统是在人工气候室或人工水族箱中建立自然的生态系统模拟系统，即在光照、温室、风力、土质、营养元素等大气物理或水分营养元素的数量与质量都完全可控制的条件下，通过改变其中某一因素或多个因素，来研究实验生物的个体、种群，以及小型生物群落系统的结构、功能、生活史动态过程、变化的动因和机理。

（三）综合分析

生态学综合分析方法是指对原地观测或受控生态系统实验的大量资料和数据进行综合归纳分析，表达各种变量之间存在的种种相互关系，反映客观生态规律性的方法技术。

1. 资料归纳和分析

首先，要对数据进行规范化处理，在此基础上，应用多元分析方法，进一步对这些数据各自作用大小、相互作用的关系进行分析。例如：一般的统计相关分析、主分量分析、综合结构模型、系统层次分析等分析技术。

2. 生态学数值分类和排序

数值分类是采用数学方法客观分类群落和种内生态类型的方法。分类的对象是样地，各种属性原始数据须经过处理，建立 N 个样地、P 个属性的原始数据矩阵，再计算群落样地两两之间的相似系数或相异系数，列出相似系数矩阵，最后按一定程序进行样地的聚类或分析,得出表征同质群落类型的树状图。该方法具有较大的客观性,计算过程可利用计算机完成。

排序技术是确定环境因子、植物种群和群落三方面存在的复杂关系,并将其加以概括抽象的方法,它包括直接梯度排序和间接梯度排序。目前,用于测定自然种群、群落与环境相互关系的间接排序技术发展很快,应用计算机软件也很多。

3. 生态模型和模拟的建立

生物种群、群落或系统行为的时空变化的数学概括,统称生态模型。生态数学模型仅仅是实现生态过程的抽象,每个模型都有一定的限度和有效范围。如表述种群增长的指数方程和 logistic 方程就是用来分析表达种群动态的理论模型。

第二节　生物与环境

一、环　境

生态学中,环境是指某一特定生物体或生物群体以外的空间,以及直接或间接影响该生物体或生物群体生存的一切事物的总和。环境概念是具体的，又是相对的,在谈到环境时,总要包含特定的主体。在生物科学中,通常以生物为主体,而在环境科学中,通常以人类为主体。由于生态学以生物的不同层次为对象进行研究,不同层次的对象对应的环境不同。

一般可按环境的性质、环境范围的大小等对环境进行分类。

(1)按环境的性质,可分成自然环境和人工环境。自然环境是指不受人类控制和干预,或仅受人类活动局部轻微影响的天然环境。实际上,随着科技和人类社会的发展,纯粹的自然环境几乎不存在。人工环境则是指人类提供和控制下的环境,如种植园、养殖场、人工林、水库、塘坝,以及温室等。

(2)按环境范围大小,可分为宇宙环境(或称星际环境)、地球环境、区域环境、微环境和内环境。

宇宙环境是由大气层以外的宇宙空间和存在其中的各种天体及弥漫物质所组成,对地球环境有深刻的影响。地球环境是指地球大气圈、水圈、土壤圈、岩石圈和生物圈。生物圈是地球上存在生命的部分,由大气圈的下层(对流层)、水圈和岩石圈的上层(风化壳)组成,是地球上所有动物、植物和微生物等生物有机体及其活动空间的总称。生物圈的核心部分,即地表面以上 100 m 至水面下 200 m 之间,集中了绝大部分生物。迄今为止,生物圈是地球环境特有的组成部分。

区域环境是指占有某一特定地域空间的环境，它由该地区的 5 个自然圈相互配合形成。不同的区域环境有着不同的特点,分布着各不相同的生物群落。在区域环境中,由于某一个或几个圈层的细微变化差异所形成的环境称为微环境,如生物群落的镶嵌性就是微环境作用的结果。内环境则是指生物体内的器官、组织或细胞间的环境，且不能为外环境所替代，它对生物的生长、发育和生殖有直接的影响。

二、生态因子及作用分析

（一）生态因子概念

对生物的生长、发育、生殖、行为和分布有直接或间接影响的环境因素称为生态因子(ecological factors)，如光照、温度、湿度、气体、食物及其他生物等。在生态因子中，凡是生物有机体生活和发育不可缺少的那些因子，如食物、温度、水分、O_2、CO_2等，称为生存因子。所有生态因子构成生物的生态环境(ecological environment)。但在一定条件下，其中一个或两个因子对生物的生活起着主导作用，即该因子改变时就会引起其他生态因子的重大改变，从而形成另一生态类型，这种起关键作用的因子，称为主导因子（teaming factor)。具体生物个体或群体生活地段上的生态环境称为生境(habitat)，这其中也包括生物本身对所处环境的影响。

（二）生态因子分类

生态因子的分类方法有多种，通常按有无生命特征区分为非生物因子和生物因子两大类。非生物因子包括温度、光、水分(湿度)、土壤、pH值、O_2、风、火等因子；生物因子则包括同种生物的其他个体和其他种生物有机体。依据生态因子的性质可以将生态因子区分为以下五类：

(1)气候因子如光照、温度、降水、风、气压和雷电等；

(2)土壤因子包括土壤的质地、结构、理化性质、有机质和矿质元素含量，以及土壤生物等；

(3)地形因子如山地、丘陵、平原等地貌类型，以及海拔高度、坡度、坡向等；

(4)生物因子指生物之间的相互影响及生物对环境的作用；

(5)人为因子从生物因子中单列出来，强调人为因素对生物及其生存环境的影响，这种影响具有随机、迅速、广泛而深刻的特点。

（三）生态因子作用的特征

生态因子对生物的作用很复杂，有5个一般特征：

(1)综合作用，每一生态因子的作用不是孤立、单独的，而是相互影响、相互制约的，生态因子相互联系、相互协同、综合地对生物起作用。

(2)主导因子作用，也即生态因子的非等价性。在诸多生态因子中，有主导因子、生存因子和一般生态因子之分。如光周期中的日照长度和植物春化阶段的低温就属主导因子。

(3)不可替代性和互补性。各种生态因子对生物的作用都不可缺少,且任一因子都不能由另一因子完全代替。但某一因子在量上的不足,可以由其他因子的增加而得到调剂。例如,增加 CO_2 浓度,可以补偿由于光照减弱所引起的植物光合强度降低的效应。

(4)阶段性作用。每种生物在其生长发育的不同阶段往往需要不同的生态因子或生态因子的不同强度。例如,低温在某些作物春化阶段是必需的,但在以后的生长发育时期中,低温对植物则可能是有害的;又如,水域条件对蝌蚪的生长发育必不可少,但变态为青蛙后可生活于潮湿的陆地。

(5)直接作用和间接作用。生态因子对于生物的生长发育、繁殖及分布的影响,可以是直接的,也可以是间接的。环境中的地形因子,它的坡度、坡向、坡位、海拔高度等对生物的作用不是直接的,但它们能影响光照、温度、降水等因子的分布,因而对生物产生间接作用,这些地方的光照、温度、水分状况则对生物类型、生长和分布起直接作用。

三、生物与环境关系基本原理

在生物与环境的相互关系中,一方面环境对生物具有生态作用,能影响和改造生物的形态、结构、生理生化特征及生物的分布;另一方面,生物对环境也具有适应性,生物以自身的变异来适应外界环境的变化。通过具体的生物和环境进行研究,才能弄清和掌握生物与环境的生态作用规律及其机理。

(一)生物对生态因子的耐受限度

1. 限制因子

在众多的生态(环境)因子中,任何接近或超过某种生物的耐受极限,而阻止其生存、生长、繁殖或扩散的因子,叫做限制因子。在众多环境因子中,任何一个因素,只要超过或接近其有机体耐受程度的极限时,就可能成为一个限制因子(如高密度流水养鱼水池中的溶解氧)。

由于生态因子的重要性(作用)不同,限制因子的作用可能最为强大,因此,在生态学研究中,环境分析要集中在那些可能是限制因子的生态因素上。在研究中,可以通过观察、分析和实验相结合的途径来确定限制因子。首先,进行野外观察和分析,找出可能起限制作用的因子;其次,要分析这些因子如何对生物起作用;最后,设计室内实验,确定某一因子与生物的定量关系,从而最终确定限制因子。

2. 利比希最小因子定律(Liebig’s Law of the Minimum)

1840 年,德国土壤农业化学家利比希(Liebig)在研究营养元素与植物生长的关系时发现，植物生长并非经常受到大量需要的自然界中丰富的营养物质（如水和CO_2)的限制，而是受到一些需要量小的微量元素(如硼、镁等)的限制。因此，他提出"植物的生长取决于处在最小量状况的食物的量"，后人称之为 Liebig 最小因子定律。之后，很多学者对此也作了大量研究和补充。这个定律在应用于实践时，需要补充两点：一是 Liebig 定律只能严格地适用于稳定状态，即能量和物质的流入和流出是处于平衡的状态下才适用；二是要考虑因子间的替代作用。

3. 谢尔福德耐受性定律(Shelford's Law of Tolerance)

美国生态学家谢尔福德(Shelford)于 1913 年指出，生物的生存需要依赖环境中的多种条件，其中任何一种因子在数量或质量上的不足或过多，接近或超过了生物的耐受限度，该种生物的生存就会受到影响，甚至灭绝，后人称此为谢尔福德的耐受性法则。依据这一法则，任何接近或超过耐受下限或上限的因子都将成为限制因子。每一种生物对每一生态因子都有一个耐受阈值，即耐受下限和耐受上限，上下限之间的范围是生物对这种生态因子的耐受范围，称为生态幅(ecological amplitude)或生态价(ecological value)。生态幅中存在一个适宜生存范围，在这个范围内生物生理状态最佳，生育率最高，种群数量最多；而在环境梯度过高或过低的两个生理受抑区，种群数量变低；及至环境梯度达到生理不能耐受区，则种群消失。谢尔福德的耐受性定律可以形象地用一条钟形曲线来表示(图 3-2)。生态幅的宽狭是由生物的遗传特性决定的，也是生物长期适应其产地生态条件的结果(图 3-3)。对于同一生态因子，不同种类生物的耐受范围很不相同。例如蓝蟹(*Callinecters sapidus*)能够生活在含盐量 34‰的海水至接近淡水中，属于广盐性动物；而大洋鱼鲷类则必须生活在含盐量 35‰ ~ 36‰的海水中，属于典型的喜盐狭盐性动物。

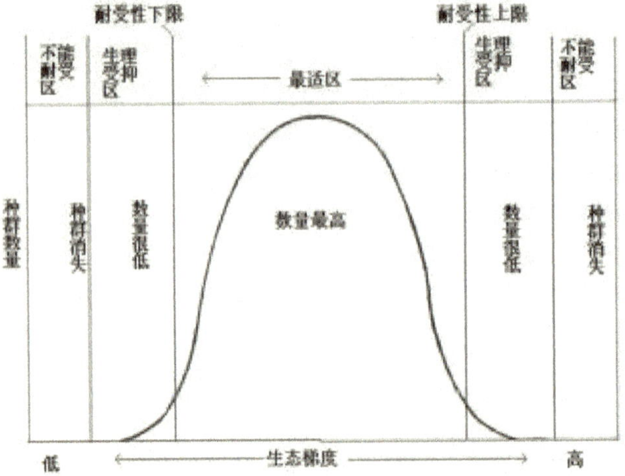

图 3-2 生物种的耐受性限度示意图(仿 Smith，1980)

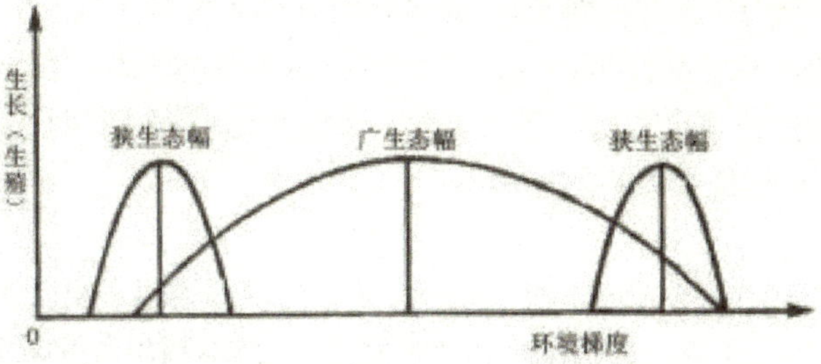

图 3-3 广生态幅与狭生态幅物种示意图(仿 Odum,1983)

(二)生物对生态因子耐受限度的调整

在生物进化过程中,生物的耐受限度和适宜生存范围都可能发生变化,可能扩大,也可能受到其他生物的竞争而被取代或移动位置。即使在较短的时间范围内,生物对生态因子的耐受限度也可以出现多种较小的调整。

1. 驯化

自然驯化或人工驯化均可改变生物的耐受范围，使生物适应生存范围的上下限发生移动,形成一个新的最适度。驯化(acclimatisation)一词通常指在自然环境条件下所诱发的生物生理补偿变化,这种变化一般需要较长时间,而人工驯化往往可以缩短这一时间。驯化过程也可以在很短的时间内完成,对很多小动物来说,最短只需 24 小时便可完成某种驯化过程。

如果一种生物长期生活在适宜其生存范围偏一侧的环境条件下，会导致该种生物耐受曲线的位置移动，并形成一个新的适宜生存范围及新的适宜范围的上下限(图 3-4)。

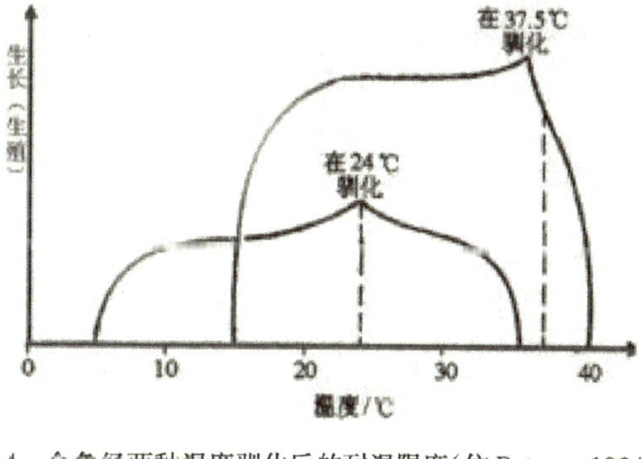

图 3-4 金鱼经两种温度驯化后的耐温限度(仿 Putman,1984)

这一驯化过程涉及酶系统的改变，因为酶只能在环境条件一定范围内最有效地发挥作用,正是这一点决定生物原来的耐受限度。驯化可以理解为生物体内决定代谢速率的酶系统的适应性改变。例如，把同种金鱼分置于较低（24℃）和较高

(37.5℃)两种温度下,进行长期驯化,最终它们对温度的耐受限度以及致死低温(或高温)都会产生明显差异。植物也有类似情况,南方果木北移,北方作物南移,野生植物培育,都要经过驯化过程。借助这种人为的驯化过程,可以调整生物对某个生态因子或某些生态因子的耐受范围。

2. 休眠

休眠(Dormancy),即处于不活动状态,是生物抵御暂时不良环境条件一种有效的生理机制。如果环境条件超出生物的适宜范围(但不超出致死限度),生物能维持生命,但却常常以休眠状态适应这种环境。因为动植物一旦进入休眠期,它们对环境条件的耐受幅度就会比正常活动期的耐受范围宽得多。例如变形虫(*Amoeba*),当其生存的池塘干涸时,它们会进入休眠的孢囊期。许多植物种子成熟后不能立即萌发的现象也是休眠形式的一种。休眠种子可长期保存生活能力,直到出现适于种子萌发的条件方才萌发。有些植物种子保持萌发能力 1~3 年,休眠 30 年后仍能保持萌发力的种子如苎麻(*Boehmeria nivea*)、藜(*Chenopodium album*)等相当普遍,已知埃及睡莲(*Nelubium speciosum*)沉睡地下千年仍保持萌发能力。

休眠能使动物最大限度地减少能量消耗。对许多变温动物来说,低温可直接减少其活动,并诱发滞育(diapause)。很多昆虫在不利的气候条件下进入滞育状态,此时动物的代谢率下降到正常时的 1/10。常温动物在生境温度持续超过适温区时,它们也会进入蛰伏(麻痹,torpor)状态。真正的休眠多指常温动物的周期性生理现象,包括冬眠(hibernation)和夏眠(estivation),这类休眠通常和生境的光周期及温度的季节变化有关,也和动物内在的生理周期与节律有关。

动物休眠伴随很多生理变化。哺乳动物在冬眠开始之前,体内先要储备特殊的低融点脂肪;冬眠时心跳速率大大减缓,血流速度变慢,血液化学成分也会发生相应变化。变温动物冬季滞育时,体内水分大大减少以防止结冰,而新陈代谢几乎下降到零;夏季滞育时,耐旱昆虫的身体可能干透,以便更好地忍受干旱,或在体表分泌一层不透水的外膜防止失水。

(三)生物对环境的生态适应

生物在与环境长期的相互作用中,形成一些具有生存意义的特征。依靠这些特征,生物能免受各种环境因素的不利影响和伤害,同时还能有效地从其生境获取所需的物质、能量,以确保个体发育的正常进行。自然界这种现象称为"生态适应",生态适应是生物界中极为普遍的现象,一般划分为趋同适应和趋异适应两类。

1. 趋同适应

趋同适应是指亲缘关系很远甚至完全不同的类群,由于长期生活在相同或相似的环境条件下,通过变异、选择和适应,在形态、生理、发育以及适应方式和途径等方面表现出相似性的现象。如蝙蝠属哺乳动物,但它与大多数鸟类一样通过飞行来捕捉空中的昆虫，它的前肢不同于一般的兽类，而形同于鸟类的翅膀，适应于飞行活动。鲸、海豚、海豹、海狮等分属于鲸目和鳍足目的海豹科和海狮科，它们长期生活在水生环境中，身体呈纺锤形，前肢也发育成类似鱼鳍的形状；两栖类青蛙、爬行类鳄和哺乳类河马更是一个趋同进化的好例子，青蛙、鳄和河马都呼吸空气，当它们的身体没入水中时，鼻孔和眼都可突出水面(图 3-5)。

图 3-5 相同生境中动物的趋同适应(林育真，2004)

趋同适应现象在植物中也十分常见。仙人掌科的植物适应于沙漠干旱生活，它们具有多汁的茎，叶子退化呈刺状。生活在与仙人掌(仙人掌科)类似环境的菊科仙人笔、大戟科霸王鞭及萝摩科海星花等植物，外形特征出现与仙人掌趋同的适应现象(图 3-6)。

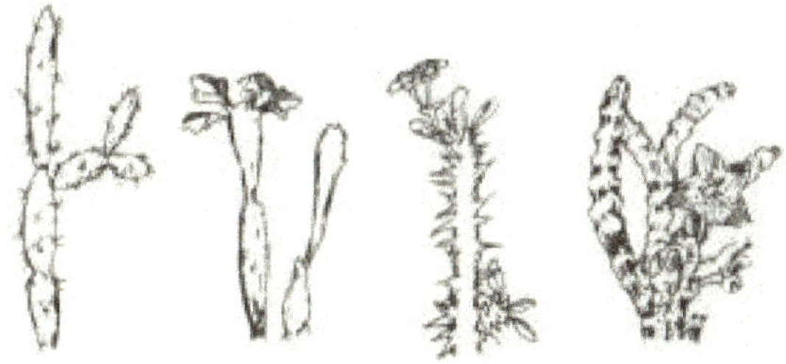

图 3-6 相同环境条件下植物的趋同适应(林育真，2004)

2. 趋异适应

趋异适应是指亲缘关系相近的同种生物，长期生活在不同的环境条件下，形成了不同的形态结构、生理特性、适应方式和途径等现象。趋异适应的结果是使同一类群的生物产生多样化，以占据和适应不同的空间，减少竞争，充分利用环境资源。趋异适应所形成的生物适应类型称为生态型(ecotype)。

现在一般认为生态型概念应该包括三方面内容：①绝大多数广布的生物种在形态学和生理学的特征中表现出空间的差异；②这些种内差异与特定的环境条件相联系；③生态学上的相关变异是可以遗传的。生态型与分类学中的亚种是两个不同的概念。亚种是形态、地理和历史的分类学概念，而生态型是纯粹的生态适应概念，一个亚种可以包含一个生态型，也可以包含多个生态型。

趋异适应现象不仅表现在种内的生态型分化上，在种间和类群间的例子也十分普遍。如原始真兽类在地球上出现以后，分别朝向占据水域、陆地、空中等不同生境生活，相应分化为水栖（鲸、海豹、海牛等）、树栖（猿猴、树懒、树松鼠等）、地面（羚羊、斑马、野牛等）、挖洞穴居（鲮狸、土豚、鼹鼠等）、飞翔生活（蝙蝠、飞鼠等）等不同生态类群，不同生态类型兽类体形、四肢、尾部等形态结构都显示不同程度的特化。

（四）生物对环境的影响

在生物与环境的相互关系中，由于环境复杂多变，生物似乎总是处于从属、被支配的地位，只能被动地去适应、逃避。实际上，这只是二者关系的一个方面。生命作为一个有机整体，不仅能被动地适应环境，而且能主动地影响环境、改造环境，使环境保持相对稳定，向有利于生物生存的方向发展。关于生物对环境的主动作用，英国科学家 J.Lovelock 于 20 世纪 60 年代提出了 Gaia 假说，即大地女神假说。Gaia 是希腊神话中的地球之母，这位女神和早期宗教其他神相似，为女性象征，是温柔、尔雅、有教养的，但是当任何人不与星球和谐共处时，她就会变得凶暴残忍。Gaia 假说第一次把生物与环境间的作用描述成生命来左右环境，而非环境控制生命："生命或者生物圈来调节或者保持气候以及大气层的组成以适合其生长。"该假说认为，地球表面的温度和化学组成是受地球表面的生命总体（生物圈）主动调节的。地球大气的成分、温度和氧化还原状态等受天文、生物或其他因素的干扰而发生变化，产生偏离，生物通过改变其生长和代谢，如光合作用吸收 CO_2 释放 O_2，呼吸作用吸收 O_2 释放 CO_2，以及排泄废物、分解等，对偏离作出反应，缓和地球表面的变化。

Gaia 假说具有十分重要的现实生态学意义，正受到越来越多的关注。人类自工业革命以来，各种环境、资源问题日益突出，温室效应、酸雨、水土流失、森林锐减等严重威胁人类可持续发展。森林，尤其是热带雨林，有"地球之肺"的美誉，对调节气候、维持空气中 O_2 和 CO_2 平衡、保持水土有着不可替代的作用。森林减少，意味着调节能力的减弱。目前大气 CO_2 浓度升高，一方面与大量燃烧化石燃料有关；另一方面，森林面积急剧减小也是一个重要因素。

四、生态因子的生态作用及生物的适应

（一）生物与光照

光是一个复杂的生态因子。自然界的光源包括太阳光、月光、星光和生物发出的光等，其中以太阳光最为重要。实际上，生物生活所必需的全部能量都直接或间接地来源于太阳光。太阳辐射的强度、质量及其周期性时空变化，对生物的生长发育和地理分布均有深刻的影响。生物本身长期生活在变化的光照环境里，也形成了

不同的适应特征，表现出不同的生态类型。

太阳通过大气层到达地表时，由于各地区地理位置、海拔高度、地形等特点的不同，以及太阳高度角变化，光照情况在地球上不同地区和不同时间都存在差异，进而影响地表的水、热条件，因此，在不同地区生长着不同生物种类，分布着不同生物群落。

1. 地表光照情况

由于地理位置、海拔高度和地形特点等不同，以及由于地球自转与公转的关系，使地球和太阳的相对位置不断地发生变化，导致地球表面接受太阳辐射的多少也随之变化。光照强度在地球表面有空间和时间的变化规律，空间变化包括纬度、海拔高度、坡向；时间变化有四季和昼夜变化。光照强度在赤道最大，随着纬度增加，太阳高度变低，光照强度相应减弱；光照强度随着海拔高度的升高而增强，因为，海拔高度越高，空气密度越稀薄；在北半球温带地区太阳位置偏南，因此，南坡所接受的光照要比平地多，反之，北坡就比较少；在一年中，夏天光照最强，冬季最弱，就一天而言，中午光照最强，早晚最弱。

由于大气层太阳辐射的吸收和散射具有选择性，所以当太阳辐射通过大气后，不仅辐射强度减弱，而且光谱成分也发生了变化。随着太阳高度升高，紫外线和可见光所占比例随之增大；反之，高度变小，长波光比例增加。在空间变化上，低纬度处短波光多，高纬度处长波光多；同时，随海拔升高，短波光随之增多。在时间变化上，夏季短波光较多，冬季长波光较多；中午短波光多，早晚长波光多。

日照长度主要是指每天太阳的可照时数，即昼长，它随纬度变化而进行不同的周期性变化。纬度越低，最长日照和最短日照差距越小，如赤道地区为 12 小时；随着纬度的增加，最长日照和最短日照的差距越来越大，即纬度越高日照长短的变化越明显。

(1)水体中光照情况。太阳辐射在水体中比在大气中更为强烈地被减弱，因为水体能反射和吸收光线。太阳高度角大时，平静的水面可反射入射光的 6%左右，波动的水面可反射 10%左右；太阳高度角小时，水体对光线的反射显著增加，平静的水面可反射 20%～25%的光，有明显波浪的水面可以反射 50%～75%的光。水所反射的光线，波长在 420～550 nm 之间，所以水多呈淡绿色，湖水多呈现黄绿色，深水多呈蓝色，海洋中以微弱的蓝绿色为主。

水尤其对长波光吸收很多，长波热辐射在水的表层就被吸收，短波光及紫外辐射则能透入水体几米到一二十米深处，光合有效辐射也可达到较大的深度。太阳辐射除被水体本身吸收以外，还被水中的溶解物质、悬浮的土壤碎屑颗粒，以及浮游生物所吸收和散射，所以水体中光的减弱程度也和水体的浑浊度有关。根据水体中光的强弱或有无，可将其分为如下几个带：①光亮带(euphoric zone)，光强度足以使植物进行光合作用；②弱光带(dysphotic zone)，其光强度不足以供植物进行光合作用，但能引起动物反应；③无光带(aphotic zone)，从水表面射入的光不能抵达之处，上述带间的界限深度随水的透明度不同而不同。

(2)群落中光照情况。照在植物叶片上的光，部分被叶面反射，大部分被吸收，其余部分则透过叶片。一般来说，射到叶面上的光大约有70%左右为叶面吸收，20%左右由叶面反射出去，通过叶片透射下来的光较少，只占10%左右。叶片吸收、反射和透射光的能力因叶子的厚薄、构造、绿色的深浅，以及叶表面的性状不同而异。此外，在叶片上反射、吸收和透射的程度，则取决于辐射的波长。

在树冠中叶子相互重叠并彼此遮荫，从充满阳光的树冠表面到树冠内部，光强逐渐递减。因此，在一棵树的树冠内，各个叶片接受的辐射总量是不同的，这取决于入射光方向以及它们在大量叶子中的位置。树冠形状和叶子密度，又是决定辐射剖面特征的主要因素。

照射在群落上的太阳光可以分为三部分：一部分被主要层的植物所吸收；一部分被主要层的植物所反射；还有一部分穿过枝叶间隙射入群落内部。组成群落的植物种类、群落结构不同，以及不同的季节，群落中这一部分光所占的比例也不相同。例如，北方针阔叶混交林，上层树冠吸收的光占79%，反射的光占10%；松林林冠反射的光占12%，吸收的光占58%，射入松林下层的光占30%。

经过植物群落对光的吸收和反射，到达群落内部光的强度和成分都大大改变，所以群落内部的光照特点是光照强度减弱、光质成分改变。此外，同一群落在不同季节，光照状况也有变化。由于群落内的光照特点，因而对光照有不同适应特点的植物就各自生长在群落的不同部位，或是出现于不同季节。在森林群落中，上层树种多是阳性喜光种类，或是耐阴性程度较弱种类。越到下层的植物，耐阴性也逐渐加强，在群落低层光照最弱的地方则生长着阴性植物。

2. 光对植物的生态作用

(1)光质变化对植物的影响。植物生长发育是在日光的全光谱照射下进行的，但是，不同光质对植物光合作用、色素形成、向光性形态建成的诱导等影响不同(生理有效辐射约占总辐射的40%～50%)。不同波长的光对于光合产物的成分也有影响，通过改变光质可以改善作物的品质。红光有利于碳水化合物合成；蓝光有利于蛋白质合成；蓝紫光与青光对植物生长有抑制作用，使植物矮化；青蓝光能引起植物向光性敏感，并能促进花青素等色素的形成；蓝光还能激活光合作用中同化CO_2的酶类；蓝紫光也是支配细胞分化最重要的光线；不可见光中的紫外线能抑制植物体内某些生长激素的形成。高山植物一般都具有茎干粗短、叶面缩小、毛绒发达、叶绿素增加、茎液富含花青素、花色鲜艳等特征，除了与高山低温有关外，就是因为在高山上，蓝、紫、青等短波光以及紫外线较多的缘故。红外线是转换热能的主要部分，使地面增温，是地表热量的基本来源，它对植物的影响主要是间接地反应在热效应上，能增加植物体温度。

(2)光强对植物的影响。光强对植物生长形态建成影响很大。光强对植物细胞的增大和分化、体积增长和重量增加有密切关系；光能促进组织和器官的分化，制约器官生长发育速度，使植物各器官和组织保持发育上的正常比例。黄化现象(etiolation phenomenon)是光与形态建成各种关系中最典型的例子，黄化是植物对黑暗环境的特殊适应，在种子植物、裸子植物、蕨类植物和苔藓植物中均会发生黄化现象。

光强影响植物发育。充足的光照可以加强许多果树树体生理活动机能，改善树体有机营养，使枝叶生长健壮，花芽分化良好，并可提高果实的产量。过度密植的果树往往仅在树冠顶部生花芽，结实较多，树冠内部的枝条往往因光照不足而发育不良，开花结实少，常早期衰亡。没有修剪的果树，其花芽也都只生在树冠周围，在树冠内部就很少，所以种植果树都需要进行合理地整形修剪。

光强还有利于果实的成熟，对果实的品质也有良好作用。如苹果、梨、桃等，在强光下能增加果实的含糖量和耐贮性，且使着色良好；因为果实的颜色是由花青素形成的，而花青素的含量与光照强度有密切关系，光照强，形成的花青素就多。此外，果实成熟时发出的香味以及鲜艳的色调，对吸引动物摄食和传播种子具有非常重要的作用。

(3)植物对光照强度适应的生态类型。不同植物对光强的反映是不一样的，根据植物对光强适应的生态类型可将植物分为阳性植物、阴性植物和耐阴植物。①阳性植物(sun plants or heliophytes)，即在强光环境中才能正常生长发育，而在荫蔽和弱光条件下生长发育不良的植物。该类植物常分布在向阳的空旷地或位于树冠上层；枝叶排列稀疏；叶片小且叶肉较厚，角质层发达，气孔数量较阴生植物多，且栅栏组织发达；叶绿素 a 与叶绿素 b 比值(a/b)较大，能在直射光下较充分地利用红光；光合作用、呼吸作用和光补偿点均高，光合作用的光饱和点也高；体内含盐分多，渗透压高，故阳性植物的抗高温和耐干旱能力较强。如蒲公英、松树、杨、柳、桦、槐等树种以及药材中的甘草、芍药等。②阴性植物(sciophytes)，指在较弱光照环境中比强光照下生长更好的植物。阴性植物常生长在潮湿、背阴的地方或生于密林内；枝叶茂密，叶片大而薄，角质层不发达，气孔数量较少，栅栏组织不发达；叶绿素 a 与叶绿素 b 比值(a/b)较小，能在散射光下充分利用蓝紫光；光合作用、呼吸作用、光补偿点和光饱和点均较低；抗热和抗旱能力较弱。如酢浆草、天南星、红豆杉等树种及很多药用植物如人参、三七、半夏等。③耐阴植物(shade plants)，指在全日照下生长最好，也能忍受适度的荫蔽或在生育期间需要轻度遮荫的植物。该类植物既能在阳地生长，也能在较阴的地方生长，只是不同植物耐阴性程度不同。其特征介于阳性植物和阴性植物之间。如山毛榉、云杉、侧柏、胡桃、桔梗、党参、沙参、黄精、肉桂等。

(4)植物光周期现象。根据对日照长度的反应类型,可把植物分为长日照植物、短日照植物、中日照植物和中间型植物。长日照植物是指在日照时间长于一定数值才能开花的植物,如冬小麦、大麦、油菜和甜菜等,而且光照时间越长,开花越早。短日照植物是日照时间短于一定数值才能开花的植物,如水稻、棉花、大豆和烟草等。中日照植物开花要求昼夜长短比例接近相等(12 小时左右),如甘蔗等。在任何日照条件下都能开花的植物是中间型植物,如番茄、黄瓜和辣椒等。

光周期对植物地理分布有较大影响(图 3-7)。长日照植物原产地大多数是日照时间长的热带、亚热带;短日照植物大多数原产于温带和寒带,在生长发育旺盛的夏季,一昼夜中光照时间短。如果把长日照植物栽培在温带和寒带,由于光照不足,就不会开花。同样,短日照植物栽培在热带也会因光照时间过长而不开花。这对植物的引种、育种工作有极为重要的意义。

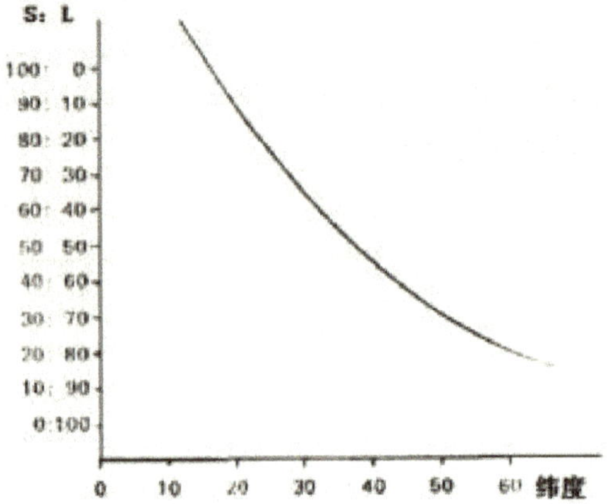

图 3-7 不同纬度地区长日照植物(L)与短日照植物(S)的比例(林育真,2004)

光周期对植物休眠和地下贮藏器官形成也有较大的影响。温带植物秋季落叶和冬季休眠与日照长度有关。短日照可以促进植物进入休眠状态,如杨树用短日照处理几天后,即使在气温还相当高的情况下(15℃、20℃或 30℃),叶也停止生长,若继续短日照处理(温度条件不变),叶逐渐萎黄脱落,进入深休眠。如给予长日照处理,植物体可继续不断生长,而不进入休眠状态。通常长日照可促进营养生长,许多植物地下贮藏器官的形成和发育,也明显地受日照长度的影响。

3. 光对动物的生态作用

(1)光对动物生长、发育及繁殖的影响。光照对许多昆虫的发育有加速作用,但是过强的光照又会使昆虫发育迟缓甚至停止。正常生活在有光条件下的动物,在无光条件下发育缓慢,如蛙卵在有光情况下孵化快、发育也快,反之则慢;而正常生活在暗处的动物如土壤动物蚯蚓,暴露在日光下则很快死亡。

光对动物繁殖的影响。按动物繁殖与光照长短的相关性,可把动物区分为两类：在白昼逐日加长的春夏之际繁殖的动物，例如鼬、水貂、野兔和多种鸟类，相当于长日照动物；在白昼逐渐缩短的秋冬季才进入生殖期的动物，如绵羊、山羊和鹿等，相当于短日照动物。还有些动物如珍珠鸡，不论日照长度条件，只要食物充足、温度适宜，便能繁殖。长日照与短日照动物的自然繁殖状况，足以说明动物繁殖与光照周期有因果联系。如利用人工光照额外延长“白昼”或光照期，能使动物在非自然繁殖期性腺增大，出现繁殖活动。这些成果已广泛应用于经济鸟兽的饲养和繁育。

(2)光与动物视觉器官进化。动物视觉器官一些结构特征是动物长期生活在某一光照条件下不断适应而进化的结果。终生生活在黑暗地穴中的哺乳动物，视觉器官一般会退化，视力减弱，有的眼表面为皮肤覆盖，如鼹鼠(*Talpa*)、鼢鼠(*Myospalax*)等。许多夜出活动的动物长期生活在弱光环境中，眼睛都比较大，如鸮、懒猴(*Nycticebus*)、飞鼠(*Pteromys volans*)等。有些夜出活动的啮齿类动物如大家鼠(*Rattus*)，眼球突出于眼眶外，可从各个方面感受微弱的光线，而且在视网膜上任何一部分都能成像。水生动物也有类似现象，生活在深水弱光带的动物，通常具有特别发达的眼睛，晶状体相对较大，形成外突的鼓眼，如深海大眼鲷(*Opisthogroctus soleatus*)，眼睛约占头长的二分之一；生活在大西洋底部的一种海虾，其眼睛的体积占身体背面的三分之一。生活在深海完全无光带的动物，眼睛失去了作用，有的退化，有的完全消失，如深海瞎鱼(*Gigantactis macroncma*)。

(3)光对动物体色的影响。光对动物体色的影响一般是在个体生长发育过程中促其产生色素，形成固定的色型。动物体色及花纹结构也是处在光照条件下的反应。如光线投射在热带林下形成不同的色彩与光斑，热带森林动物绚丽多彩的体色与这样的光背景是相适应的。土壤动物、深洞穴动物、寄生动物等生活在无光环境，体色多呈灰白色。某些类型动物对光刺激的反应特别敏感，可以随栖所背景色调的变化而变换体色，例如某些底栖性鲽类，生活在浅色沙底时体色浅，而生活在深色海底时体色会变深。著名的例子还有某些避役类，体色可随一天中光线的变化而相应地改变，人称“变色龙”。海洋上层鱼类背部呈蓝绿色，腹部呈白色，这与光从水面上方向下透射有关，具有避敌保护意义。

(4)光影响动物换羽、换毛。哺乳类换毛和鸟类换羽与光的季节周期有关。在温带和寒带地区，大部分哺乳动物每年春季和秋季各换毛一次。大部分鸟类每年换羽一次，少数鸟类换两次或三次。例如北极狐、雪兔等的毛色会随季节而变，春夏季时为黄色或黄褐色，冬季变换成白色，雷鸟的羽色也随季节而发生变化。

(5)光影响动物的行为。光周期现象对动物行为影响也很明显。不同动物对光的反应各异，有的适应弱光，有的适应强光，有的全天都能活动，有的则生活在无光环境里。据黄文儿研究，鸟类早晨开始鸣啭与光照强度有直接关系，通常麻雀(*Passer montanus*)在早晨光照强度为5~15 m烛光时开始鸣叫，而白脸山雀(*Parus major*)则在 2~10 m 烛光时开始鸣唱。很多鸟类迁徙是由日照长度变化所引起,一些候鸟在不同年份迁离和到达某地的日期很接近，如此严格的迁飞节律是任何其他因素(如温度、食物等)所不能解释的。鱼类迁移活动与光也有密切的关系,日照长度的变化通过影响内分泌系统而影响鱼类迁移。例如光周期决定三刺鱼体内激素的变化,从而影响着该种鱼鱼体对水体含盐量的选择,这是促使它们春季从海洋迁入淡水、秋季又从淡水迁回海洋的原因。昆虫冬季蛰眠也与光周期变化有关,研究得知,秋季的短日照是诱发马铃薯甲虫在土壤中蛰眠的主要原因。

(二)生物与温度

温度是生物重要的生态因子,影响生物的新陈代谢,是生物生活的基本条件。环境温度是太阳辐射使地表受热而产生,包括气温、水温和土温的变化。温度变化直接或间接地影响生物生长、发育、繁殖、形态、生活状态、行为、数量及分布。除此之外,温度的生态意义还在于温度变化会引起环境中其他因子(如氧等)在水中的溶解度,以及湿度、降水、风、食物等的改变,从而间接影响生物。

1. 节律性变温对生物的影响

(1)节律性变温对植物的影响。温度随时间变化而改变的现象称为节律性变温(或周期性变温)。节律性变温是生物生长发育过程中不可缺少的重要因素,可分为昼夜变温(日变化)和季节性变温(年变化)。植物生长发育与温度昼夜变化同步的现象称为温周期(thrmoperiodicity)。昼夜变温能促进种子的萌发和提高种子的萌发率,促进植物生长,促进开花、结实。此外,昼夜变温对产品品质也有积极影响,如云南山苍子的柠檬酸含量达 60% ~ 80%,比安徽山苍子 35% ~ 50%的含量高。

植物长期适应于一年中温度、水分的节律性变化,形成与此相适应的生长发育节律,即物候。例如,大多数植物在春季温度开始升高时发芽、生长,继之出现花蕾;夏秋季高温下开花、结实和果实成熟,秋末低温条件下落叶,随即进入休眠。这种发芽、生长、现蕾、开花、结实、果实成熟、落叶休眠等生长发育阶段,称为物候阶段，即物候期。以云南昆明地区的油橄榄为例，在旬平均温度为 7.7℃时现蕾,14.1℃始花,15.6℃盛花,16.8℃终花,并开始坐果,说明植物生长发育与温度年变化有密切关系。植物生长发育受当地气候(温度是其中最重要的因素之一)的影响,而气候又受制于该地区的纬度、海陆位置(经度)和地形(海拔)等因素。因此,物候期也就间接受纬度、经度和海拔的影响。“人间四月芳菲尽,山寺桃花始盛开”就是这个道理。

(2)节律性变温对动物的影响。决定各种动物活动节律的主导因素可能不同,但是温度是其中一个重要因素。例如,在气候极端干热的沙漠,因为夜间气温低,湿度大,所以沙漠中的啮齿类大多数都在夜间活动,如跳鼠和多种沙鼠属此类。而北美沙漠中的向尾黄鼠既不冬眠，也不夏眠，在白天活动。它们依靠周期性的高体温(体温上升到超过气温，能忍受43℃的高温)来避免蒸发散热。由于觅食时间有限，飞行时耗能又大，一些动物具有日麻痹(daily torpor)习性，否则难以生存。如蝙蝠和蜂鸟的入眠及觉醒以昼夜为周期，蝙蝠晨昏活动，蜂鸟白天活动，在不活动期间呈现麻痹状态。

季节性麻痹(seasonal torpor)是动物对季节性低温(冬眠)和季节性高温(夏眠)的一种适应方式，从而度过不良环境。水温的季节性变化，引起鱼类的鳞片和耳石等结构具有像树茎横切面上的“年轮”，这些“年轮”是鉴定鱼类年龄和研究鱼类生长与外界温度季节性变化有关的重要依据，不少动物的长距离迁移也是对外界温度季节性变化的适应。例如鱼类的洄游，当春季近海水温上升时，鱼类由远洋越冬场由南往北洄游，在近海繁殖，然后分散觅食；当秋季近海水温逐渐下降时，鱼类又集群向南和远洋的越冬场洄游。再如分布在山区有蹄类动物也随温度季节性变化而迁移，冬季来临时，山羊由山上逐渐往温度比山上高的山谷迁移；春季到来时，它们又回到高山上，这时山上的温度较低，风一般也较大。

2. 极端温度对生物的影响

(1)低温对生物的影响。温度低于一定数值，生物便会因低温而受害，这个温度值称为临界温度。在临界温度以下，温度下降得越低，生物受害越重。低温对生物的伤害可分为冷害、霜害和冻害三种。冷害是指零度以上的低温对喜温生物的伤害。冷害对喜温生物的伤害作用主要是由于在低温条件下ATP减少，酶活性降低所致，酶系统紊乱导致生物各种生理功能降低，彼此之间的协调关系受到破坏。例如海南岛热带植物丁香(*Syzygium arom aticum*)，当气温降至6.1℃时，叶片受害呈水渍状，降至3.4℃时，顶梢干枯，受害更严重甚至死亡。又如一种魟科(Dasyatidae)热带鱼，当水温降至10℃就会死亡，原因是呼吸中枢受到冷抑制而缺氧。冷害是喜温生物向北方引种和扩大分布区的主要障碍。

冻害是指冰点以下的低温使生物体内(细胞内和细胞间隙)形成冰晶而造成的损害。研究表明，冰晶形成会使得原生质膜发生破裂以及原生质的蛋白质失活与变性。当温度不低于-3℃或-4℃时，植物受害主要由细胞膜破裂引起；当温度下降到-8℃或-10℃时，植物受害则主要是由于生理干燥和水化层的破坏引起的。霜害是指由于霜的出现而使生物受害，霜是指当气温或地表温度降至零度时，空气中过饱和的水气凝结成的白色冰晶。霜害实际上并非霜本身对生物的伤害，而是伴随霜而来的低温冻害，可归在冻害的范畴。

(2)高温对生物的影响。温度超过生物适应范围上限后，同样会损害生物，温度越高对生物的伤害作用就越大。高温主要是破坏植物光合作用和呼吸作用的平衡，使呼吸作用超过光合作用。例如马铃薯在温度达到40℃时，光合作用等于零，而呼吸作用强度随温度上升而继续增强，植物若长期处于这种消耗状态就会死亡。高温还能促进蒸腾作用，破坏水分平衡，促使蛋白质凝固和导致有害代谢产物积累，从而对植物造成伤害。此外，突然高温对动物的有害影响主要表现在破坏动物体内的酶活性、蛋白质凝固变性、氧供应不足、排泄器官功能失调，以及神经系统麻痹等。多数昆虫体温在高于 45℃~50℃就会死亡；爬行动物的耐受上限为 45℃左右；鸟类为 46℃ ~ 48℃；哺乳类一般在 42℃以上就会死亡。

3. 生物对极端温度的适应

(1)生物对低温环境的适应。生活在低温环境中的生物通过自然选择，在形态、生理和行为方面表现出很多明显的适应特点。

形态方面，北极和高山植物的芽和叶片常受到油脂类物质的保护，芽具鳞片，植物体表面生有蜡粉和密毛，植物矮小并常成匍匐状、垫状或莲座状等，这种形态有利于保持较高的温度，减轻严寒的影响。生活在高纬度地区的恒温动物，其身体往往比生活在低纬地区的同类个体大，因为个体大的动物，其单位体重散热量相对较少，这就是贝格曼规律(Bergman’s rule)。另外，恒温动物身体的突出部分，如四肢、尾巴和外耳等在低温环境中有变小变短的趋势，这也是减少散热的一种形态适应，这一适应常被称为阿伦规律(Allen’s rule)。例如北极狐的外耳明显短于温带的赤狐，赤狐的外耳又明显短于热带的大耳狐。恒温动物的另一形态适应是在寒冷地区和寒冷季节增加毛和羽毛的数量和质量或增加皮下脂肪的厚度，从而提高身体的隔热性能。

生理方面，生活在低温环境中的植物常通过减少细胞中的水分和增加细胞中的糖类、脂肪和色素等物质来降低植物的冰点，增加抗寒能力。例如，鹿蹄草就是通过在叶细胞中大量贮存五碳糖、粘液等物质来降低冰点，这可使其结冰温度下降到 -31℃。此外，极地和高山植物在可见光谱中的吸收带较宽，并能吸收更多的红外线，虎耳草和十大功劳等植物的叶片在冬季时由于叶绿素破坏和其他色素增加而变为红色，有利于吸收更多的热量。动物则靠增加体内产热量来增强御寒能力和保持恒定的体温，但寒带动物由于有隔热性能良好的毛皮，往往能使其少增加甚至不增加(北极狐)代谢产热的情况下就能维持恒定的体温。在低温环境中减少身体散热的另一种适应是大大降低身体终端部位的温度，而身体中央的温暖血液则很少流到这些部位。如生活在冰天雪地的北极灰狼，其脚爪可保持在接近冰点的温度。站立在冰面上的鸥，其脚掌部的温度为 0 ~ 5 ℃，温度自下而上逐渐升高，到达有羽毛的胫部为 32℃，而鸥的体温为 38℃ ~ 41℃。

行为方面，生物的适应主要表现在休眠和迁移两个方面，前者有利于增加抗寒能力，后者可躲过低温环境。

(2)生物对高温环境的适应。生物对高温环境的适应主要表现在形态、生理和行为三个方面。

就植物来说，有些植物生有密绒毛和鳞片，能过滤一部分阳光；有些植物体呈白色、银白色,叶片革质发亮,能反射一大部分阳光,使植物体免受热伤害;有些植物叶片垂直排列,使叶缘向光或在高温条件下叶片折叠,减少光吸收面积;还有些植物的树干和根茎生有很厚的木栓层,具有绝热和保护作用。植物对高温的生理适应主要是降低细胞含水量,增加糖或盐的浓度,这有利于减缓代谢速率和增加原生质的抗凝能力,其次是靠旺盛的蒸腾作用避免使植物体因过热受害。还有一些植物具有反射红外线的能力,夏季反射的红外线比冬季多,这也是避免使植物体受到高温伤害的一种适应。

动物对高温环境的适应性特征大致可以分为三类:第一类是在高温环境中,将恒温机制控制的温度范围适当放宽,使体温有较大的变幅,这样在高温炎热时,身体就能吸收和贮存大量的热并使体温升高,而后在环境条件改善或躲到阴凉处时,再把休内的热量释放出去,体温也会随之下降。如骆驼在有充足饮水条件下,其体温在 36℃~38℃之间;而在缺水条件下,其体温的昼夜波动可达 7℃,即在 34℃~41℃之间。这就等于说,一匹 500 kg 骆驼体温上升 7℃,就能贮存 2 900 千卡的热量于体内;若要通过蒸发而散发出这些热量,就得消耗 5 L 水。但骆驼在白天可以通过忍受高体温来贮热,等到夜间,再把这些余热通过对流、辐射等途径散发出去,这样就能节约一些水分。第二类是避开不利的温度条件,主要依赖于行为适应,如夏眠、穴居和白天躲入洞内,夜晚出来活动。最典型的例子是沙漠中的啮齿类,它们中的大多数用所谓"夜出加穴居式的适应方式",白天隐蔽在地下的巢穴中,等到太阳下山后才到地面上活动。第三类是有机体发育一些特殊的结构和形成生理上的适应。如大狐蝠的精巢平时在腹腔中,但受高温影响后会下降到腹腔以外,避免高温对精子形成的抑制。洞角有蹄类动物具有特殊的血管结构,能在高温环境下调控脑部的温度,使其低于身体其他部位。

4. 温度与生物的分布

由于温度影响生物生长发育,因而能制约生物的分布和数量变动;另一方面,生物由于长期生活在一定的温度范围内,在其生长发育过程中,需要一定的温度量和一定的温度变幅,从而形成了适应温度因子的不同生态类型,广温性生物分布区域比狭温性生物大很多。

(1)温度与植物的分布。年均温、最冷月和最热月均温都是影响植物分布的重要指标。贝尔格曾经主要根据这些温度指标(结合水分)来划分全球的植被气候类型。月平均温度累计值的高低是限制植物分布的另一重要因素,如日均温高于 8℃的日数是决定热带植物能否栽种的重要条件,高于 10℃和 5℃(或 6℃)的日数多数分别是限制亚热带地区及温带地区植物栽种的重要条件,而极端温度(最高、最低温度)是限制植物分布的最重要条件。例如,梨、苹果不能在热带地区栽培(高温限制);橡胶、椰子不能在亚热带地区栽种。

温度能限制植物分布,当然也能影响植物引种。因此,在引种工作中必须注意以温度为主导的气候条件特点，遵循其气候规律，以保证引种工作成功。根据长期实践所得到的经验，引种通常采用气候相似原则，即把植物引种到气候条件（主要是温度条件）相似的地方栽种，比较容易成功。引种过程中必须注意以下两个问题：①南种北引（北种南引）或低海拔引种到高海拔（或高海拔引种到低海拔），温度是主要的限制因素，只有了解被引种的温度适应范围后，引种才有可能成功；②在同一纬度内，从东部引种到西部（或从西部引种到东部），水分是主要的限制因子，必须考虑被引种对水分条件的要求，否则引种可能会失败。

温度是限制植物分布的重要因素，但不是惟一因素，其他如光照、土壤、水分等都能限制植物分布。因此，在具体分析植物分布时，除注意温度条件外，还必须全面考虑生态因子的综合影响。

(2)温度与动物分布。温度作为动物分布的限制因子，一般是指极端温度。如喜热的珊瑚、水母（*Salpa*）只分布在热带水域，在水温低于 20℃的海域不能生存；菜粉蝶分布的最南方温度界限是 26℃，其卵和幼虫在高于 26℃时都会死亡。就变温动物的分布而言，温度往往起直接的限制作用。如各种昆虫的发育需要一定的有效积温，才能完成其生活史。苹果蚜分布的北界是一月等温线为 3 ℃ ~ 4 ℃的地区；东亚飞蝗分布北界是年等温线为 13.6℃的地方；玉米螟则只能分布在气温 15℃以上的日子不少于 70 天的地区。虽然某些昆虫在大发生时往往会向外扩散而超过正常分布界限，但这只是一种暂时性的分布。对恒温动物的分布而言，温度的直接限制是比较少见的，但往往也有间接影响。例如许多蝙蝠分布的北界与一年中霜冻期日数等值线相吻合，这种关联可能与蝙蝠食虫有关，由于温度关系到昆虫的分布，从而间接影响到蝙蝠的生存。一般说来，越是高纬度地带，蝙蝠的种类就越少。

(三)生物与水

地球陆地表面 70%以上的面积为海洋和江河湖沼所覆盖，全球总水量约 14.5 亿立方千米，其中 94%是海水，其余则以淡水的形式贮存于陆地和两极的冰山中。水有三种形式：液态水、固态水和气态水，三种形态的水因时间和空间不同而发生很大变化，这种变化是导致地球各地区水分再分配的重要原因。地球陆地表面的水分主要来自降水，而降水量的大小及其分配受地理纬度、海陆位置、海拔高度和地形等因素制约。

群落能截留降水、保蓄水分，使降落在群落中的水分进行再分配，因而能创造群落内部特殊的空气和土壤湿度条件。群落的这种作用随群落结构复杂程度的增加而增大。

以森林群落为例，森林林冠截留的雨水以阳性树种为多。例如，云杉林冠能截留总雨量的 30%，松林为 18%，桦木林则仅为 9%。森林截留雨量也和森林的层次结构有关,群落结构愈复杂,林内层次愈多,则截留的雨量也愈多。林冠截留雨量还与降雨强度有关,降雨强度越小,雨时越短,则林冠截留雨量的百分比越高;如雨滴粗大,雨时很长,那么被林冠截留的雨量百分比相对就小,直接流至林内地面上的雨水就多。林冠阻挡雪量的多少,也与森林树种有关,例如,云杉林冠能滞留总降雪量的50%~60%,松林为20%~30%,而桦木林仅有4%~5%。此外,林地的雾、露、霜等也比无林地多,这是因为在空旷的田野上,夜间辐射冷却的表面是地面,而群落辐射的冷却表面却是植物枝叶。由于植物的大量蒸腾,空中水汽含量高,随着气温降低,水气就凝结。

森林截留的水分,一部分作为地下水,一部分则通过植物体的蒸腾和地面蒸发,部分保留在群落内。这些水分保证了林内空气和土壤的湿度较高,也较稳定。所以在群落内,湿度最小且变化最大的是在林冠层,愈到下层则空气湿度愈大,也越稳定。由于群落能阻挡降水,大大减少地表径流,减少了对表土的冲刷。而渗入土壤的水分,一部分能不断地供植物生长的需要,一部分渗入地下,源源不断地流入江河,这样就能很好地调节江河流水,防止江河暴涨暴落。因此,在江河上游、水库周围营造大面积的水源林,可起到涵养水源、保持水土、调节小气候的作用。森林还能降低地下水位,这是因为树木能通过根系把土壤深层的水分吸收上来,运送到枝叶并蒸腾到大气中去。

1. 植物与水的关系

(1)水对植物生长发育的影响。就植物而言,水分对植物生长也有最高、最适和最低(量)的三基点。种子萌发、根系生长、细胞活动都需要水分。实验证实,在萎蔫前,蒸腾量减少到正常水平的65%时,同化产物减少到55%;相反,呼吸却增加62%,从而导致生长基本停止。

水分对植物产品质量会产生明显影响,如土壤含水量少时,淀粉含量减少,而木质素和半纤维素增加,纤维素不变,果胶质减少。

水对植物繁殖也有一定的影响,主要表现在水生植物的传粉上,如金鱼藻、眼子菜等植物的花粉是靠水搬运和授粉的。水流能携带植物的花粉或孢子、果实、幼株到很远的地方。

(2)以水为主导因子的植物生态类型。依据植物对水分的需求量和依赖程度,可把植物划分为水生植物和陆生植物两大类。水生植物是所有生活在水中植物的总称。水体具有弱光、缺氧、密度大、粘性高、湿度变化平缓,以及能溶解各种无机盐类等特点。水生植物与陆生植物本质的区别在于水生植物具有发达的通气组织,以保证各器官组织对氧的需要,减轻体重,增大体积;机械组织不发达或退化,以增强植物体的弹性和抗扭曲能力。水生植物又可分为沉水植物、浮水植物和挺水植物三种类型。①沉水植物。整个植物沉没在水面以下,与大气完全隔离,如金鱼藻、狸藻和黑藻等。②浮水植物。叶片漂浮在水面的植物。根据其根是否扎于泥土中,又可分为完全漂浮植物和浮叶根生植物,如槐叶苹、凤眼莲、无根萍等以及睡莲属、萍蓬草属、莼菜属及眼子菜属的某些种。③挺水植物。茎叶大部分在水面上,如芦苇、香蒲等。该类植物外部形态像中生植物,根扎于水中,机械组织较沉水植物和浮水植物发达。

陆生植物生长在陆地上,包括湿生植物、中生植物、旱生植物三种类型。①湿生植物。指在潮湿环境中生长,不能忍受较长时间水分不足,即为抗旱能力最弱的陆生植物。根据环境特点,还可以再分为阴性湿生植物和阳性湿生植物两个亚类。阴性湿生植物是典型的湿生植物,主要分布在阴湿的森林下层,如热带雨林中膜叶蕨,以及各种附生植物。阳性湿生植物主要生活在阳光充沛、土壤潮湿的生境中,最典型的代表有水稻、灯心草、半边莲等。湿生植物抗涝性强,一方面根部有发达的通气组织取得空气中的游离氧,同时根系氧化能力很强,能阻止铁进入根内。②中生植物。指生长在水湿条件适中生境中的植物。该类植物具有一套完整保持水分平衡的结构和功能,其根系和输导组织均比湿生植物发达。中生植物是种类最多、分布最广和数量最大的陆生植物。③旱生植物。生长在干旱环境中,忍受较长时间干旱仍能保持水分平衡和正常生长发育的植物,多分布在干热草原和荒漠区。根据对干旱生境适应的方式不同,还可分为少浆液植物和多浆液植物。少浆液植物常含有较少量的水分,它在丧失50%水分时仍能生存。其特点是:尽量缩小叶面积以减少蒸腾,如刺叶石竹的叶片退化成针状,麻黄叶片退化成鳞片状;根系发达,增加吸水量以保证供应维持其水分平衡,如生长在沙漠的骆驼刺。多浆液植物的根、茎、叶薄壁组织转变为贮水组织,能够贮备大量水分以应对干旱时期的生活;多数种类多浆液植物的叶片退化而由绿色茎进行光合作用,这类植物的代谢方式特殊,白天气孔关闭以减少蒸腾量,夜晚大气湿度缓和时则气孔张开。夜间行呼吸作用时,碳水化合物只分解到有机酸阶段,在白天光照下,二氧化碳才分解作为光合作用的原料。由于具有充沛的光照和温度条件,在极端干旱的沙漠区,也能长出高大乔木,如北美洲沙漠中的仙人掌树,高达15~20 m,可贮水2 t以上,南美洲中部的瓶子树,树干粗达5 m,能贮存大量水分;西非的面包树,树干粗达四人合抱,可贮水4 t之多。多浆液植物的主要特点是面积与体积比很小,这样可以减少蒸腾面积。多浆液植物虽具有很强的抗旱能力,但由于代谢及生长缓慢,故生产量很低。

2. 动物与水的关系

动物按栖息地可以分为水生动物和陆生动物两类。水生动物主要通过调节体内渗透压来维持与环境的水分平衡;陆生动物则在形态机构、行为和生理上来适应不同环境水分条件。

(1)水生动物的渗透压调节。海洋是一种高渗环境,海洋动物大致有两种渗透压调节类型。一种类型是动物血液或体液渗透浓度与海水总渗透浓度相等或接近;

另一种类型是动物血液或体液大大低于海水渗透浓度。

与海水渗透浓度基本相同的动物如海胆和贻贝等，它们一般不会因渗透作用而失水或得水，但随着代谢废物的排泄总会损失一部分水，因此必须通过食物中摄取水、饮用海水并排出海水中溶质，以及利用食物同化过程中产生的代谢水等途径摄取少量的水。蟹等血液渗透浓度比海水略低一些，这些动物会由于渗透作用失去一些水，它们与等渗动物相比，失水量会稍多一些，但它们也会从食物、代谢水或直接饮用海水而摄入更多的水。还有一些动物血液或体液渗透浓度比海水略高一些，如海月水母、枪乌贼、龙虾和矛尾鱼等，这些动物不仅不需要饮水和从食物、代谢过程中摄入水，而且还需借助于排泄器官把体内过剩的水排出体外。

生活在海洋中的鲱、鲑等，由于体内渗透浓度与海水相差很大，因此体内的水将大量向体外渗透，如要保持体内水平平衡，必须从食物、代谢过程或通过饮水来摄取大量的水。由于从食物和代谢过程中摄取的水量受到动物对食物需要量的限制，所以饮水就成了弥补大量渗透失水的主要方法。与此同时，动物还必须有发达的排泄器官，以便把饮水中的大量溶质排泄出去。

(2)低盐环境和淡水环境动物的渗透压调节。生活在低盐环境和淡水环境中的动物，其渗透压调节是相似的，两种环境只是在含盐量和稳定性方面有所不同。低盐环境，如河海交汇处的渗透浓度，波动性较大，当生活在海洋的等渗动物游到海岸潮汐区河流入海口附近时，环境的渗透浓度下降，由于动物与环境之间渗透浓度差进一步加大，所以动物必须对它们体内的渗透浓度进行调整。当这些动物生活在真正的海水环境中时，它们的体液浓度与海水相等或稍高一些。但当环境的渗透浓度下降时，这些动物的体液浓度也不同程度地跟着下降。这种体液浓度随着环境渗透浓度的改变而改变的动物称为变渗动物；而体液浓度保持恒定，不随环境改变而改变的动物则称为恒渗动物。

淡水动物面临的渗透压问题最严重，因为淡水的渗透浓度极低（约 2～3 mmol/L）。由于动物血液或体液渗透浓度较高，所以水不断地渗透到动物体内，这些过剩的水必须不断地排出体外才能保持体内的水分平衡。

(3)陆生动物的水代谢(water metabolism)。陆生动物失水的主要途径是排尿、排粪、皮肤和呼吸道表面的蒸发等；得水可通过饮水、食物、体表吸水及代谢水等途径。

通过饮水和进食含水的食物而从外界获得水分，是陆生动物得水最主要的方法。陆生动物减少失水的适应形式多种多样，首先是减少蒸发失水。节肢动物体表具有厚角质层和蜡膜，爬行动物体表的鳞片或甲片，可有效地减少体表水分的蒸发。昆虫能够通过控制气门瓣关闭，最大限度地降低呼吸失水。例如，置于干燥空气中的粉岬(*Tribolium*)幼虫，长时间不予喂食，它们的气门瓣可连续紧闭几个星期，气体交换只发生在气门瓣短暂开放的一瞬间。大多数陆生动物对呼吸水分的回收,包含了逆流交换的机理,即当吸气时,空气沿呼吸道到达肺泡的巨大表面,空气变成机体温度时的饱和水蒸气;呼出气在通过气管和鼻腔时,随着动物体外周体温的逐渐降低,呼出气的水汽沿着呼吸道的表面凝结成水,可使水分有效地返回组织。这对生活在荒漠中的鸟类和兽类是一种重要的节水适应机制。在干燥荒漠气候中生活的骆驼,通过逆流交换可回收呼出气中全部水分的95%。

减少排泄失水也是陆生动物减少失水的一种重要适应方式。一般说来,兽类浓缩尿的能力越强,其肾脏髓质部的相对厚度指数越大,重吸收水的主要部位位于髓质部中的享氏袢。如人尿中的盐离子浓度比血浆的浓度高 3 倍,更格芦鼠尿中的盐浓度却可以比血浆中高 17 倍。许多研究证明, 越是栖息于干旱环境的兽类,其肾脏髓质部的相对厚度越大,相应的尿中盐离子浓度比血浆高出的倍数也越大。另外,含氮废物的排出形式也是减少排泄失水的一种途径。大多数水生生物排出的氮代谢产物是氨,虽然氨有一定的毒性,但水生生物可以在它达到有害浓度之前就迅速排出体外。陆生动物则无法为排氮而承受如此大量的水分丧失,因此在蛋白质代谢中常常产出一种毒性较小的代谢产物。哺乳动物所产出的这种氮代谢产物是尿素,由于尿素溶于水,所以排泄过程也会损失一些水分,失水多少则看肾脏的浓缩能力而定。爬行动物和鸟类则以尿酸的形式排泄含氮废物,这是对陆地生活的进一步适应。在炎热干燥的沙漠生境中,尿酸甚至以结晶状态排出体外,这种节水适应可使一些鸟类和爬行动物在沙漠的烈日下也能积极地活动。

有些陆生动物还通过行为变化适应干旱炎热的环境,如荒漠地带的啮齿类、爬行类和昆虫等,当白天高温干燥时,它们躲避在较为潮湿的地穴中,待到夜间较为凉爽时,才到地面活动觅食。在干热地区的旱季,动物(如黄鼠)会出现夏眠,夏眠时体温约下降 5℃,代谢水平也大幅度下降,从而有利于度过不良的干热季节。某些昆虫的滞育也是对缺水环境的适应表现。干旱地区许多鸟类和兽类,在缺水季节成群迁移到有利的生境。

第三节 种群与生物群落

一、种群概念和特征

(一)种群概念

种群(population)是指在一定空间中同种个体的集合。种群占有一定的领域,由同种个体组成,但它不是个体简单相加随机组成的个体群,而是个体通过种内关系有机组成的一个统一体。

种群概念可以是抽象的，也可以是具体的。在具体应用时，其空间上的界限可大可小，可以随研究者工作方便而定。例如，全世界的蓝鲸可视为一个种群，山坡上一片黑松林可作为一个种群，实验室里饲养的一群小白鼠也可称为一个实验种群。

一般说来，种群的分界线是人为划定的，但有些实际研究工作，如物种遗传多样性研究，物种的科学界定至关重要。当然，如果种群的栖息地具有天然的分界线，这个天然分界线就是该种群的分界线。例如，岛屿上的生物种群，水体就是该种群与其他种群的分界线；生活在湖泊、池塘、沼泽、森林环绕的草地或草地环绕的林中种群，其分界线也是非常清楚的。

一般认为，种群是物种在自然界中存在的基本单位。每一个物种在自然界中生存繁衍，绝不可能以个体的形式存在，必定是以种群作为存在的基本单位。当然，在自然界中，也不可能一个物种单独生存而不依赖其他物种，在同一空间中，必定同时生存多个具有相互联系的物种，即多个物种共同生活在同一空间，组成生物群落，从这个意义上讲，种群又是生物群落的基本组成单位。组成种群的个体会随时间的推移而死亡，同时又会不断地有新的个体出生。在持续进行的出生和死亡过程中，物种的性质会因个体的变异而发生变化，因此，从进化论观点看，种群还是一个遗传和进化单位。

种群生态学(population ecology)是研究种群与环境相互作用关系的科学。具体地说，就是研究种群内部各成员之间、种群与其他生物种群之间，以及种群与周围非生物因素相互作用的规律。现代种群生态学研究的主要内容包括种群时空动态、种群相互作用过程和种群的调节机制等。

种群生态学的基本任务之一就是定量研究种群数量在时间、空间上的变动规律，即研究种群的动态。种群动态(population dynamics)是种群生态学核心问题，种群动态的研究方法可分为三大类，即野外观察、实验研究和数学模型研究。一般说来，野外观察是一项基础性研究，通过野外观察可得到第一手资料，经过分析提出解释或假说；通过实验研究可以补充野外观察资料，还可以验证和证实上述假说；通过建立数学模型进行模拟研究，加深对生态观察的解释和提出更完善的假说。三类方法各有利弊，彼此相辅相成，发挥各类方法的优点，复合使用，能使所研究的问题从理论上不断深入和提高。

(二)种群基本特征

数量特征(密度或大小)指单位面积上的个体数量的多少，受多种参数影响，其变动具有一定的规律，这是种群的最基本特征。种群数量越多，密度越高，种群就越大，种群的生态学作用也可能越大。种群是由多个个体组成，其数量大小受四个种群参数(出生率、死亡率、迁入率和迁出率)影响，这些参数继而又受种群的年龄结构、性别比例、内分布格局和遗传组成的影响。

空间分布特征指种群均占据一定的空间，具有特定的分布区域（地理分布）；种群内个体在空间上具有一定的分布型（内分布型）。种群内部个体与个体之间或紧密或松散的排布方式可分为聚群分布、随机分布、均匀分布。一般来说，在小范围内的称为分布格局（distribution pattern），在大的地理范围称为地理分布（geographical distribution）。

遗传特征指种群具有一定的遗传组成，是一个基因库，但不同的地理种群存在基因差异。不同种群基因库不同，种群的基因频率世代传递，在进化过程中通过改变基因频率来适应环境的不断改变。通过研究，可以揭示物种的分化机制，种群的遗传特征是种群遗传学和进化生态学的主要研究内容。

系统特征指种群是一个自组织、自调节系统。它以一个特定的生物种群为中心，以作用于该种群的全部环境因子为空间边界组成系统。因此，应从系统的角度，通过研究种群的内在因子，以及生境内各种环境因子与种群数量变化的相互关系，揭示种群数量变化的机制与规律。

二、种群动态

（一）种群密度

研究种群的动态数量特征，首先要进行种群的数量统计。数量统计中，表示种群大小最常用的指标是密度。密度即单位面积（或空间）个体数目，通常以符号 N 来表示。严格地说，密度和数目是有区别的，在生态学中应用数量高低表示种群大小时，有时虽然没有指明其面积或空间单位，但也必然将其隐含其中，没有空间单位的数量是没有意义的。所调查的密度为特定时间和特定空间的密度，它反映了生物与环境的相互关系。

每一种生物的种群密度都有一定的变化限度，有最大密度、最小密度、最适密度之分。最大密度或称饱和密度，是指特定环境所能容纳某种生物的最大个体数；最小密度是指种群维持正常繁殖，弥补死亡个体所需要的最小个体数；当种群处于最适密度时，对种群内个体生长发育最为有利，种群增长最快。

从应用的角度出发，密度是最重要的种群参数之一。种群的数量统计方法随生物种类和栖息地条件而异，大体可分为绝对密度统计和相对密度统计两类。绝对密度（absolute density）是指单位面积或空间内种群的实际个体数，而相对密度（relative density）是指单位面积或空间内种群的相对数量，只能作为表示数量高低的相对指标。

1. 绝对密度调查法

总数量调查法（total count），又称直接统计法，即计数在某地段中生活的某种生物的全部数量。例如,一片草原上的大型有蹄类或海岸上的海豹数量。总数量调查法要耗费大量的人力、物力和财力,因此很少被采用。而且在许多情况下,总数量调查非常困难或没有必要。

取样调查法(sampling methods),只计数种群的一小部分,据此即可估算种群总数。取样调查法包括样方法(use of quadrats)、标志重捕法(mark-recapture methods)和去除取样法(removal sampling methods)等。

(1)样方法。样方法依调查生物的种类和具体生境而有所不同,但调查步骤基本一致。首先,将要调查的地段划分为若干个样方;其次,在调查地段中随机地抽取一定数量的样方;随后,计数各样方中全部个体数;最后,通过统计学方法,利用所有样方的平均数,估计种群总数。样方的形状可以多样,但必须具有良好的代表性。样方的大小要视研究对象而定。样方法是在实践中应用最广泛的一类方法,它不仅能够观察资料的集中趋势和离散趋势,还可以利用这些数据进行种群空间分布型的测定。进行抽样时,要确定抽取样方的数量。样方数太少,不能满足一定的统计要求;样方数过多,则会浪费人力物力。

(2)标志重捕法。此法也称为林可指数法,其原理为:在调查地段中,捕获一部分个体进行标志,然后放回,经一定时间后再进行重捕。假定总数中标志的比例与重捕取样中比例相同,根据重捕中标志个体的比例,估计该地段中个体的总数,即 $N:M=n:m$,$N=Mn/m$。其中,N为该样地中种群个体总数,M为样地中标志个体总数,n为重捕个体数,m为重捕中标志个体数。

随着生物统计学的发展,标志重捕法日臻完善,变型甚多,应用范围很广。连续的标志重捕工作,不但能估计种群的数量,而且还可以估计种群的增加量(出生或迁入)和减少量(死亡或迁出)。

(3)去除取样法。此方法的原理为:在一个封闭的种群里,随着连续的捕捉,种群数量逐渐减少,同等的捕捉力量所获取的个体数逐渐降低,逐次捕捉的累积数就逐渐增大,当捕捉数等于零时,捕获累积数就是种群数量的估计值。在实际工作中,没有必要连续捕捉,直至捕捉数等于零,而是根据少数几次捕捉结果,利用直线回归的方法估计种群数量。将捕获累积数作为横坐标,每天捕获数作为纵坐标,作一直线回归图,回归线与横坐标相交,交点的值就是种群数量N的估计值。例如,某单位在一次灭鼠活动中,连续灭鼠6天,每天捕获数为19、16、10、12、9、7;捕获累积数则为0、19、35、45、57、66。根据该调查结果,可以得出每天捕获数与捕获累积数的回归方程为:

$$Y=-0.1772x+18.724$$

进而可以估算出鼠种群数量为:

$$N=18.75/0.177=106\text{ 头}$$

去除取样法也有两个条件需要满足:①每次捕捉时,每个动物个体被捕几率相等。②调查期间,没有出生和死亡,没有迁入或迁出(图 3-8)。

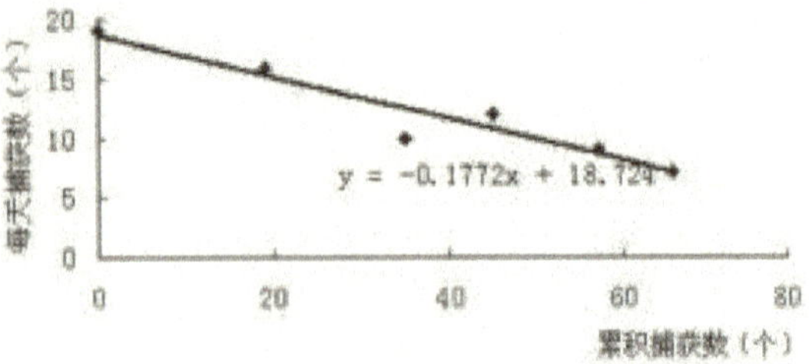

图 3-8　直线回归法估计种群数量(林育真,2004)

2. 相对密度调查法

相对密度测定值不是单位空间中动物密度的绝对值，而只是表示种群数量的相对多少。这类方法很多,主要有以下几种:

(1)捕捉法。例如以捕鼠夹、诱捕飞虫的黑光灯、捕捉地面动物的陷阱、采集浮游动物的生物网等进行捕捉,只要能加以合理地定量,均可作为相对密度的指标。

(2)活动痕迹计数。根据动物活动所遗留的痕迹如粪堆、土丘、洞穴、足迹等计数。

(3)鸣声计数。主要适用于鸟类的数量调查。

(4)单位努力捕获量。在鱼类数量统计和预测预报中被广泛应用。

(5)毛皮收购记录。多年连续的记录对了解种群数量年际变动很有用处。例如,美洲兔(*Lepus americanus*)和加拿大猞猁(*Lynx canadensis*)数量变动的 9~10 年周期,就是在分析百余年的毛皮收购数字后被证实的。

3. 单体生物和构件生物

上述数量调查方法中,仅以个体数表示种群的大小,像大多数动物种类那样,种群内各个个体保持一致的形态结构,没有必要考虑个体间大小的差异。但调查高等植物的种群密度时,因其个体分枝或分蘖,个体大小差异明显,仅以个体数量表示种群的大小很不恰当。因此,将生物分为单体生物和构件生物。

单体生物(unitary organism)是指生物胚胎发育成熟后,其有机体各个器官数量不再增加,只是各组成部分大小的增长,各个个体保持基本一致的形态结构;构件生物(modular organism)是指生物由一个合子发育而成,在其生长发育的各个阶段,其初生及次生组织的活动并未停止,基本构件单位反复形成,有机体不断增长。如一株树有许多树枝,树枝可视为构件(modules),一棵稻丛有许多分蘖,分蘖也可视为构件。生物个体的构件数很不相同,并且构件可以产生新构件。大多数动物属于单体生物,高等植物则属于构件生物,营固着生活的珊瑚、薮枝虫、苔藓虫等也属于构件生物。

通常对于单体生物,以个体数反映种群大小;对于构件生物,则需要进行两个层次的数量统计，即个体数和构成每个个体的构件数，只有同时研究这两个层次的数量及其变化，才能真正掌握构件生物的种群动态，而且，有时候研究构件的数量和分布状况，比个体数更为重要。研究植物种群动态，必须重视构件组成的重要意义，这是植物种群生态学与动物种群生态学的重要区别之一。

（二）种群统计

1. 影响种群数量的基本参数

种群数量的变动取决于种群四个基本参数，即出生率、死亡率、迁入率和迁出率。出生率和迁入率引起种群数量增长；死亡率和迁出率则引起种群数量降低。

种群出生率是指单位时间内种群的出生个体数与种群个体总数的比值，出生率可以区分为最大出生率和实际出生率。最大出生率是指种群处于理想条件下（无任何生态因子的限制作用，生殖只受生理因素所限制）的出生率，也称为生理出生率；种群在特定环境条件下所表现出的出生率称为实际出生率，也称为生态出生率。出生率是一个广泛的术语，泛指任何种生物产生新个体的能力，而不论这些新个体的产生方式。需要强调说明的一点是，这里所指的出生率是对种群整体而言，即种群的平均繁殖能力。至于种群中的某些个体所表现出的超常生殖能力，则不能代表种群的最大出生率。

种群死亡率是指单位时间内种群内死亡个体数与种群个体总数的比值，死亡率有最低死亡率和实际死亡率之分。最低死亡率是种群在最适环境条件下所表现出的死亡率，即生物都活到了生理寿命，种群中的个体都是由于年老而死亡，也称为生理死亡率。生理寿命是指处于最适条件下种群中个体的平均寿命，而不是某个特殊个体具有的最长寿命。实际死亡率也称生态死亡率，是指种群在特定环境条件下所表现出的死亡率，种群中个体的寿命为生态寿命，即种群在特定环境条件下的平均寿命。种群在特定环境条件下，只有少部分个体能活到生理寿命或接近生理寿命，多数则因捕食者、饥饿、疾病、不良气候或意外事故等原因而死亡。对野生生物来说，最低死亡率与生理出生率一样是不可能实现的，它只具有理论和比较意义。

种群中个体的迁移包括迁入和迁出，是生物生活周期中一个基本现象，但直接测定种群的迁入率和迁出率是非常困难的。在种群动态研究中，往往假定迁入与迁出相等，从而忽略这两个参数，或者把研究样地置于岛屿或其他有不同程度隔离条件的地段，以便假定迁移所造成的影响很小。不过，仍有一些方法用来研究种群的迁移率。例如，通过标志重捕法测定种群的丧失率（死亡加迁出）和添加率（出生加迁入），然后减去死亡率或出生率，即可得到种群的迁出率和迁入率。

种群这些基本参数，又可以导出次级参数，如年龄分布(age distribution)、性比(sex ratio)和种群增长率等。

2. 年龄分布

种群年龄分布就是不同年龄组(age classes)个体在种群内所占的比例。它对于种群动态具有很大的影响。研究种群的年龄分布，有助于了解种群的发展趋势，对深入分析种群动态和进行预测预报具有重要价值。一般说来，如果其他条件相等，种群中具有繁殖能力的成体比例越大，种群的出生率就越高，而种群中缺乏繁殖能力的老年个体比例越大，种群的死亡率就越高。

分析种群年龄分布最常用的方法是年龄锥体。年龄锥体(或称年龄金字塔)是用从上到下一系列不同宽度的横柱作成的图，横柱的高低位置表示由幼体到老年的不同年龄组，横柱的宽度表示各个年龄组的个体数或其所占的百分比。通常根据生物的繁殖状态将生物的年龄分为三个时期：繁殖前期(prereproductive period)、繁殖期(reproductive period)和繁殖后期(postreproductive period)。年龄锥体可分为以下三种基本类型(图 3-9)：

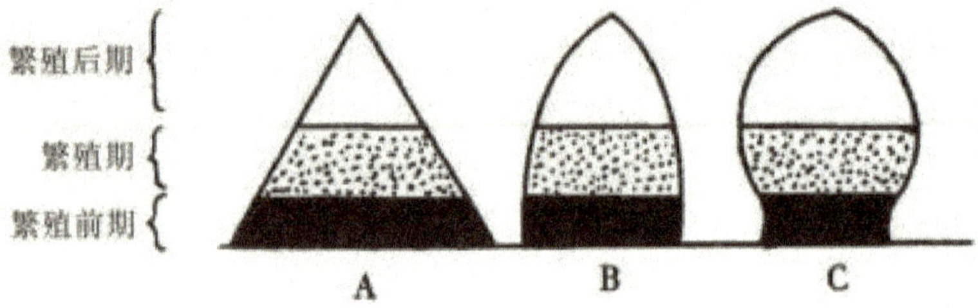

图 3-9　年龄锥体的三种基本类型(林育真，2004)

(1)增长型种群(expanding population)，年龄锥体为典型的金字塔形，基部宽阔而顶部狭窄，表示种群中有大量的幼体，而老年个体却很少，种群出生率大于死亡率，种群数量迅速增长。

(2)稳定型种群(stable population)，年龄锥体为钟形，表示种群中幼年个体与中老年个体数量大致相等，种群的出生率与死亡率大致相等，种群数量稳定。

(3)下降型种群(decline population)，年龄锥体为壶形，基部比较狭窄而顶部宽，表示种群中幼体所占的比例较小，而老年个体的比例较大，种群的死亡率大于出生率，种群数量趋于下降。

植物种群的年龄组成可以分为同龄级和异龄级。凡是一年生植物和一切农作物种群，都可以认作同龄级种群，一切多年生植物都是异龄级种群。在异龄级种群中，个体之间年龄可以相差很大，例如一株百年大乔木与其同种的种子新萌发的幼苗相比，年龄相差极为悬殊，但同属于一个种群。一个异龄级种群的全部个体可以分布到群落中的不同层次，在森林群落中这些情况是常见的。

通常，若一个种群中的幼年个体较多，而老年个体较少，这种年龄结构说明环境条件对种群很有利，种群正在发展之中；若各个年龄级的个体比例相近，则说明种群与环境之间处于相对稳定的平衡状态；若种群中低年龄级的个体很少，而老年个体较多，则可以认为环境条件对种群不利，种群处于衰退期。

3. 性比

性比（sex ratio）是指种群中雄性与雌性个体数的比例。性比表示方法有多种，如 51∶49，表示每 100 个生物体中，雄性个体为 51 个，雌性个体为 49 个；再如性比为 1.1，表示以雌性个体为标准，记作 1，雄性个体数为 1.1；在人类生态学研究中，性比表示方法是以女性为 100，男性的个体数为性比值，即（男性人口数 / 女性人口数）× 100%。如性比 1.02 表示女性个体为 100，男性的个体数则为 102。

性比是种群统计学主要研究内容之一。因为雌雄两性个体对种群数量变动的贡献大小不一，雌性个体的贡献远大于雄性，性比的重要性随动物的雌雄关系而不同。在动物的婚配制度中，有一雄一雌制、一雄多雌制和一雌多雄制。对于一雄一雌制动物来说，性比 1∶1 对于种群的增长最有利，偏离此比例则意味着有一部分雌性成体不能参加繁殖或雌性成体太少。影响性比的因素很多，部分原因可能与性别的遗传决定、生理学和两性的行为等因素有关。

4. 生命表

生命表（life table）是描述种群数量减少过程的有用工具，它是记载某一种群或一定数量、同一时间出生的个体，经过一段时间后由于个体死亡而逐渐减少的统计表。生命表是最直接地描述种群死亡和存活过程的一览表，是研究种群动态的有力工具。生命表最早出现于人口统计学，尤其是在人寿保险事业上，用以估计人的期望寿命，并由此确定保险金额。1921 年，美国生态学家珀尔（Pearl）和派克（Parker）最早将生命表应用到动物种群的研究。

（1）生命表的编制。生命表是由许多行和列构成的表格，通常是第一列表示年龄、年龄组或发育阶段，从低龄到高龄自上而下排列，其他各列为记录种群死亡或存活情况的观察数据或统计数据，并用一定的符号代表。下面我们就以 Conell（1970）对华盛顿圣乔恩岛（San Juan Island）藤壶（*Balanus glandula*）的观察数据为例，说明生命表一般构成及各种符号的含义。

实验开始于 1959 年，新出生的藤壶幼虫在 1～2 个月后就固着于岩石上，逐年调查其存活数，直至 1968 年这群藤壶全部死亡为止。利用该观察数据所编制的生命表见表 3-1。

表 3-1 藤壶生命表(1959—1968)(Krebs,1978)

年龄 x	存活数 n_x	存活率 l_x	死亡数 d_x	死亡率 q_x	L_x	T_x	生命期望 e_x
0	142	1.000	80	0.563	102	224	1.58
1	62	0.437	28	0.452	48	122	1.97
2	34	0.239	14	0.412	27	74	2.18
3	20	0.141	4.5	0.225	17.75	47	2.35
4	15.5	0.109	4.5	0.290	13.25	9.25	1.89
5	11	0.077	4.5	0.409	8.75	16	16
6	6.5	0.046	4.5	0.692	4.25	7.25	1.12
7	2	0.014	0	0.000	2	3	1.50
8	2	0.014	2	1.000	1	1	0.50
9	0	0	—	—	0	0	—

表中各符号的含义及计算方法如下：

x:年龄、年龄组或发育阶段；

n_x:本年龄组开始时的存活个体数；

l_x:本年龄组开始时，存活个体的百分数，即 $l_x=n_x/n_0$;

d_x:本年龄组期间的死亡个体数，即从年龄 x 到年龄 x+1 期间的死亡个体数；

q_x:本年龄组期间的死亡率，即从年龄 x 到年龄 x+1 期间的死亡率，$q_x=d_x/n_x$;

L_x:本年龄组期间的全部个体的存活时间之和，即 $L_x=(n_x+n_x+1)/2$;

T_x:本年龄组全部个体的剩余寿命之和，其值等于将生命表中的各个 L_x 值自下而上累加值，即 $T_x=\sum L_x$;

e_x:本年龄组开始时存活个体的平均生命期望，即 $e_x=T_x/n_x$。

在生命表各个参数中，只有 n_x 或 d_x 是直接观察值，其余(如 q_x、L_x、T_x 和 e_x 等)都是统计值，可以用公式计算得出。

(2) 生命表类型。依据收集数据的不同方法，生命表可分为动态生命表(dynamic life table)和静态生命表(static life table)两大类。

动态生命表是根据观察一群同一时间出生的生物死亡或存活过程而获得的数据编制的生命表。在种群统计学中，常把同一时间出生的生物称为同生群(cohort)，因此，动态生命表也称为同生群生命表(cohort life table)。因为观察的是同时出生的生物，种群中个体年龄一致，而没有年龄结构，动态生命表也称为特定年龄生命表(age-specific life table)。

静态生命表是根据某一特定时间对种群作年龄结构调查的资料而编制的生命表。因为是在某一特定时间对种群每一年龄组个体数量及所占的比例进行调查，因此，静态生命表也称为特定时间生命表(time-specific life table)。

一般说来，世代重叠且寿命较长的生物适于静态生命表，如人类的生命表。这种情况下，我们不可能或没必要跟踪观察一个同生群编制动态生命表。对于世代不重叠的生物(如某些昆虫)来说，静态生命表就显然不适用了，因为这些昆虫在春季只经历一个很短的产卵期，此后，卵孵化为幼虫，幼虫经过几次蜕皮发育为蛹，最后羽化为成虫。显然，在任何一个特定时间，其种群剖面都不可能给出包括所有发育阶段的年龄频率分布。因此，动态生命表才适于该类生物。

4. 存活曲线

存活曲线(survival curves)就是以生物的相对年龄(绝对年龄除以平均寿命)为横坐标，以各年龄的存活率 lx 为纵坐标所画出的曲线。种群存活曲线可以反映生物生活史各时期的死亡率。存活曲线可以归纳为三种基本类型(图 3-10)：

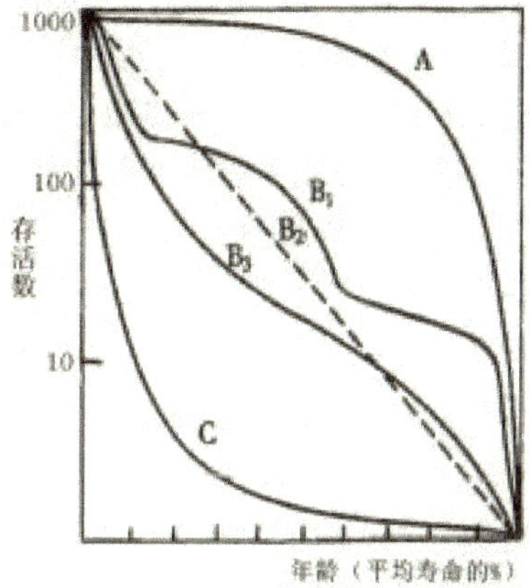

图 3-10　存活曲线的基本类型(仿 Odum，1971)

(1)A 型。种群在达到生理寿命之前只有少数个体死亡，大部分个体都能活到生理寿命，因此，在生命末期死亡率才高，A 型曲线呈凸型。人类和一些大型哺乳动物的存活曲线属于此类。

(2)B 型。有些种群各年龄期存活率基本相似，存活曲线呈对角线型(B_2 型)，如水螅等。有些种群各年龄期存活率相差很大，存活曲线呈阶梯型(B_1 型)，如全变态昆虫。曲线中比较陡的几段分别是高死亡率的卵、蛹化期和成虫阶段，比较平滑的部分是死亡率较低的幼虫期和蛹期。还有些种群的存活曲线接近"3"型，幼年期死亡率较高，而成年以后的死亡率则降低，如许多爬行类、鸟类和啮齿类。

(3)C 型。幼体的死亡率很高，只有极少数个体能够生活到生理寿命，存活曲线呈凹型。大多数鱼类、两栖类、海洋无脊椎动物和寄生虫等属于此类。

在现实生活中的动物种群，不会完全有这么典型的存活曲线，但可以表现为接近某型或中间型。大多数动物居于 A、B 型之间。

5. 种群增长率

包括出生率的生命表构成综合生命表，综合生命表同时包括存活率和出生率两方面数据。把各年龄组的 l_x 与 m_x 相乘，并将其累加起来，称为净增殖率，通常用 R_0 表示，$R_0=\sum l_x m_x$。如果一个种群的 R_0=3.096，表示该种群经一个世代将增长到原来的 3.096 倍。

由于各种生物的平均世代长度并不相等，作种间比较时，种群的世代净增殖率 R_0 的可比性不强。为了消除世代长度的影响，种群增长率 r 则显得更有价值：

$$r=\ln R_0/T$$

其中 T 为平均世代长度，它是指种群中个体从母体出生到其产子的平均时间，即从母世代生殖到子世代生殖的平均时间。用生命表资料可以估计出世代长度的近似值，即

$$T=\sum l_x m_x x/R_0$$

自然种群实际增长率随环境条件变化而不断变化。但是，在实验室条件下，排除不利的天气条件、捕食者和疾病等不利因素，以及提供理想的食物等因素的条件下，可以观察到种群的最大增长能力，即种群内禀增长率，用 r_m 表示。

种群的内禀增长率指具有稳定年龄结构的种群，在食物与空间不受限制，密度维持在最适水平，环境中没有天敌，并在某一特定的温度、湿度、光照和食物性质的生境条件组配下，种群达到的最大增长率。虽然种群的内禀增长率 r_m 是从实验室测得的，但它可以作为一个参数，与在自然界中观察到的实际增长率进行比较。

从 $r=\ln R_0/T$ 来看，种群增长率 r 值的大小，随 R_0 值增大而变大，随 T 值增大而变小，这一点在人类计划生育工作中具有重要的应用价值。计划生育的目的就是要控制人口增长，要使 r 值变小，主要有两条途径：①降低 R_0 值，即限制每对夫妇的子女数；②增大 T 值，即提倡晚婚晚育。

（三）种群内分布型

种群内分布型（internal distribution pattern）是指组成种群的个体在其生活空间中的位置状态或布局。种群内分布型大致可以分为三类：均匀型（uniform）、随机型（random）、成群型（clumped）（图 3-11）。

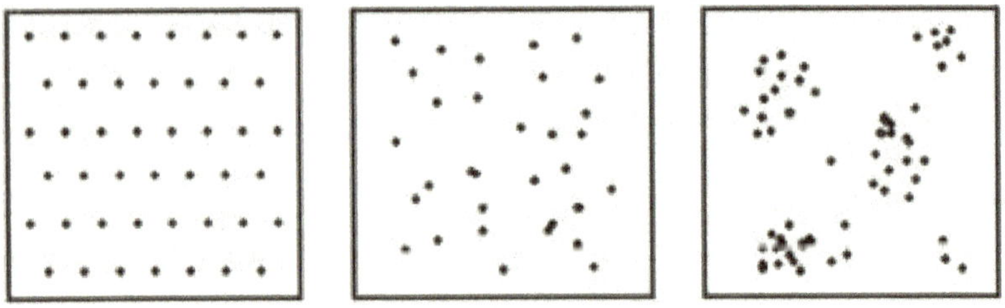

均匀型　　随机型　　成群型

图 3-11　三种内分布型

1. 均匀分布

种群内个体近似等距离分布。当有机体能够占有的空间比其所需要的大,则在其分布上的阻碍较小,种群内的个体常呈均匀分布。自然界中的动物,完全均匀分布的比较少见,如在海岸悬崖上营巢的海鸥常常是均匀分布,其巢与巢之间彼此保持一定距离。植物均匀分布的例子较多,人工栽培的作物一般是均匀分布的,森林中树木也近似于均匀分布。

2. 随机分布

指每一个体在种群领域中各个点上出现的机会相等，某一个体的存在并不影响另一个体的分布。例如,拟谷盗(*Tribolium confusum*)和黄粉虫(*Tenebrio molitor*)幼虫在均匀的环境中,通常呈随机分布;在潮汐带环境中,一些小蛤的分布也属随机的;用种子繁殖的植物,在刚刚入侵到一个新环境时,也常呈随机分布。

3. 成群分布

个体成群或成团分布。在大多数自然情况下,种群常呈成群分布,这是最广泛的一种分布格局。无论动物还是植物,成群分布的例子几乎到处可见,例如,虫群、鱼群、鸟群、兽群以及草丛、树丛等。这种分布型是动植物对生境差异发生反应的结果,同时也受气候和环境的日变化、季节变化、生殖方式和社会行为影响。如植物成群分布的形成,或者是由于个体成群分布时对该种个体有利,因为群聚能更好的改变微气候和小生境(如通过根系分泌物的影响,或形成有利于其生长发育的小气候环境),或者由于小生境的特点有利于有机体在某一小区域生长,而不利于在另一小区域生长;或者由于繁殖的特性所形成,如匍匐茎或根茎的无性繁殖;或者是由于种子传播的距离近,如一些不能移动的种子,其幼树分布常聚集于母树周围;或沿着天然障碍,在那里种子由于风的吹落而聚集;或者是人工团块状的播种方式而形成。集群分布的种群对不良环境条件比单独的个体有较大的抗性,但群聚型分布会增加个体间的竞争。

检验种群内分布型最常用且简便的指标是空间分布指数(I),即方差与平均数之比(S^2/M):

$$I=S^2/M$$

I指空间分布指数,S^2指方差,M指平均数。

当$I<1$时,均匀分布;当$I=1$时,随机分布;当$I>1$时,集群分布。

(四)种群增长模型

数学模型研究是现代生态学中广泛应用的一种方法，建立动植物种群动态数学模型的目的,在于帮助理解各种生物和非生物因素是怎样影响种群动态的。虽然它只是种群生态学研究的辅助手段,但这类研究在近几十年发展迅速,对种群生态学的发展作出了重要贡献。

有关种群增长的模型很多，这里仅介绍单种种群中两个最简单的增长模型。

1. 种群指数式增长

在实验室条件下，单种种群的数量，理论上决定于三个因素：出生率、死亡率和起始种群的个体数量。

在时间 t，种群的数量 N_t 是由起始（时间为 0）时种群数目（No）、出生数 b 和死亡数 d 决定：

$$N_t=No+(b-d)$$

种群在单位时间内或某一瞬间的增长率（r）为：

$$r\%=\frac{N_t-Nc}{No}\times 100\%$$

若在无限环境中，因种群不受任何限制因子的约束，种群潜在增长能力得到了最大发挥，则可设增长率 r 为一恒值，则单种种群数量呈指数式增长格局，其增长曲线为“J”型，但若以对数标尺（$\lg N_t$）为纵坐标，则成为直线（图 3-12）。

其增长数学模型：

$$dN/dt=rN$$

其指数式为：

$$N_t=N_0e^{rt}$$

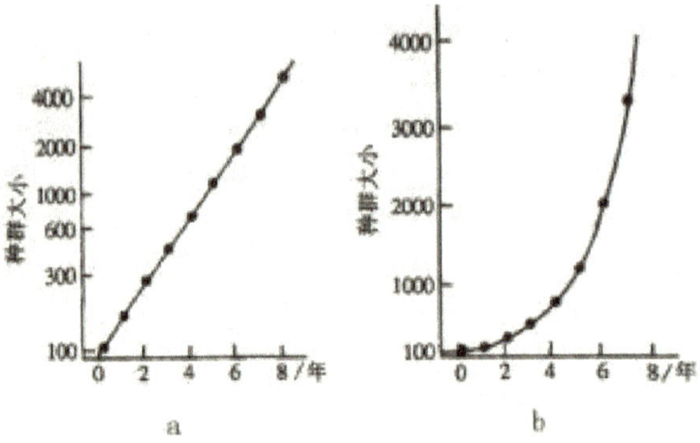

图 3-12　种群指数式增长（仿 Krebs，1994）

其中 e 为自然对数的底。

$r>0$，单种种群数量呈指数式，无限增长；$r<0$，单种种群数量呈指数式下降；$r=0$，单种种群数量相对稳定。

2. 种群在有限环境中逻辑斯谛增长

种群指数式增长是无界的，自然种群不可能长期按几何级数增长。当种群在一个有限的空间中增长时，随着种群密度的上升，对有限空间资源和其他生活必需条件的种内竞争也将增加，必然会影响种群的出生率和死亡率，从而降低种群的实际增长率，一直到停止增长，甚至使种群数量下降。

种群在有限环境中连续增长一种最简单形式是逻辑斯谛增长(logistic growth)，逻辑斯谛增长也称阻滞生长，其增长曲线为“S”型。该模型设想有一个环境条件所允许的最大种群值，此最大值称为环境容纳量或环境负荷量(carrying capacity)，通常用 K 表示。当 $N_t=K$ 时，种群为零增长，即 $dN/dt=0$。密度对种群增长率的影响是简单的，即其影响力随种群密度的上升而逐渐、按比例地增加，种群中每增加一个个体，对种群增长力的降低就产生 $1/K$ 的影响。

逻辑斯谛增长的数学模型：

$$\frac{dN}{dt}=rN\left(\frac{K-N}{K}\right)$$

上述方程的积分式为：

$$N_t=\frac{K}{1+e^{a-rt}}=\frac{K}{1+e^{-r(t-a/r)}}$$

逻辑斯谛增长的数学模型是在指数式增长模型的基础上，增加一个描述种群增长率随密度上升而降低的修正项$(1-N/K)$而形成的。修正项$(1-N/K)$所代表的生物学含义是“剩余空间”，即种群可利用但尚未利用的空间，可以理解为种群中每一个个体均利用 $1/K$ 的空间，若种群中有 N 个个体，就利用了 N/K 的空间，而可供种群继续增长的剩余空间则只有$(1-N/K)$。如果种群数量 N 趋向于零，$(1-N/K)$项就逼近于 1，这表示几乎全部空间尚未被利用，种群潜在的最大增长能力能充分地实现，接近于指数式增长。如果种群数量 N 趋向于 K，$(1-N/K)$项就逼近于 0，这表示几乎全部空间已被利用，种群潜在的最大增长不能实现。当种群数量 N 由 0 逐渐地增加到 K 值，$(1-N/K)$项则由 1 逐渐地下降为 0，这表示种群增长的“剩余空间”逐渐变小，种群潜在的最大增长的可实现程度逐渐降低；并且，种群数量每增加一个个体，这种抑制定量就是 $1/K$。因此，许多学者将这个抑制影响(拥挤效应产生的影响)称为环境阻力。

逻辑斯谛增长曲线又称为 S 型增长曲线，如图 3-13 所示。

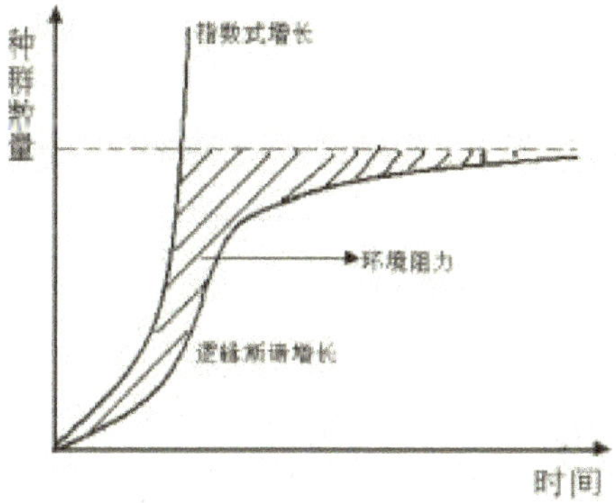

图 3-13　种群逻辑斯谛增长(仿 Krebs，1994)

S型增长曲线常被划分为5个时期：

(1)开始期(initial phase)，也称潜伏期(latent phase)。此期内种群个体很少，密度增长缓慢，这是因为种群数量在开始增长时基数还很低。

(2)加速期(accelerating phase)。

(3)转捩期(inflecting phase)。

(4)减速期(decelerating phase)。

(5)饱和期(asymptotic phase)，种群密度达到环境容纳量，数量饱和。

(五)自然种群的数量变动

一个种群从进入新的栖息地，经过种群增长，建立起种群以后，一般有以下几种可能：种群平衡 (population equilibrium)；规则的或不规则的波动 (regular or irregular fluctuation)，包括季节变动(seasonal change)和年际变动(annual change)；种群衰落(population decline)和种群灭亡(population extinction)；种群爆发(population outbreak)；种群崩溃(population crash)(如图 3-14)。另外，还有生态入侵(ecological invasion)，它指的是物种进入新的栖息地之后的建群过程。

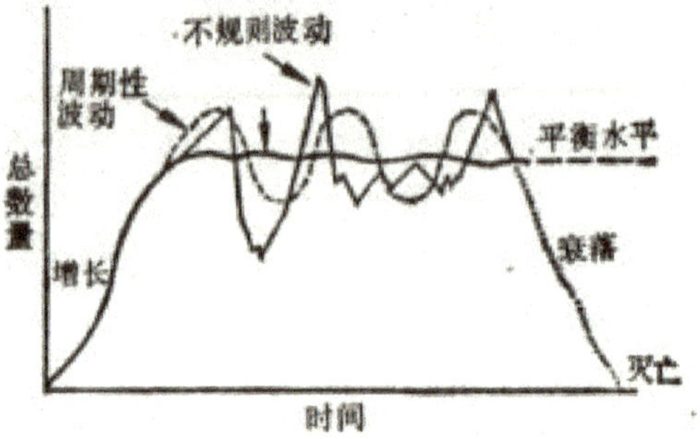

图 3-14 种群数量在时间过程中的动态(仿 Clarke,1954)

1. 种群平衡

指种群数量较长时间维持在同一水平上。从理论上讲，种群增长到一定程度，数量达到K值之后，种群数量会保持稳定，如大多数有蹄类和食肉类动物。但实际上大多数种群数量不会长时间保持不变，稳定是相对的，种群平衡是一种动态平衡。

2. 季节消长

一般具有生殖季节的种类，种群最高数量通常是在一年中最后一次繁殖之末，之后繁殖停止，种群因死亡而数量下降，直到下一年繁殖开始，这时是数量最低的时期。

由于环境的季节变化和动物生活史的适应性改变，动物种群季节消长特点各不相同。图 3-15 是蓟马(*Thripidae*)成虫种群的季节消长图。由图可见，虽然各年间发生高峰的高度不同，但高峰期发生的月份是相同的。

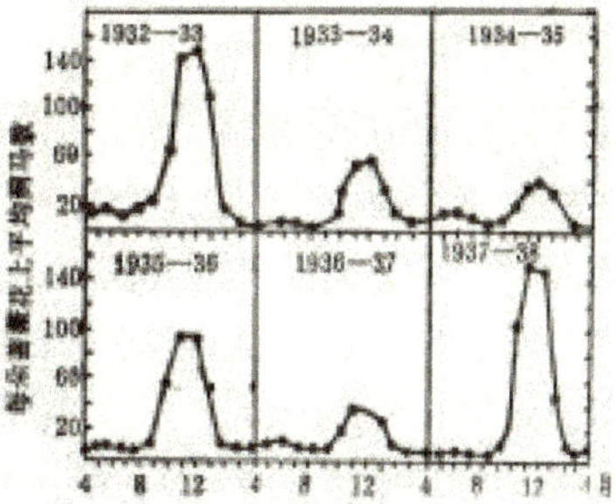

图 3-15 蓟马成虫种群的季节消长(仿 Odum，1971)

3. 规则或不规则性波动

种群数量在不同年份之间的变动，有的具有规律性，有的没有规律性。有关研究证明，大多数动物种类多年数量动态表现为不规则波动。这类例子很多，不仅有兽类、鸟类的例子，鱼类、昆虫类的例子更多。例如，东亚飞蝗(*Locusta migratoria manliensis*)的大发生，过去曾认为是周期性的。马世骏应用我国历史上的气象资料，探讨大约 1 000 年来有关东亚飞蝗的危害与气象条件的相关性，明确了东亚飞蝗在我国的大发生没有周期性现象，指出干旱是其大发生的主要原因。图 3-16 是马世骏根据 1913—1961 年洪泽湖蝗区东亚飞蝗种群数量动态资料，应用马尔可夫链转移概率分析法，以各年间发生级为依据，绘制成的该种害蝗发生级数变化序列图。由图可见，东亚飞蝗的大发生无规律可循。

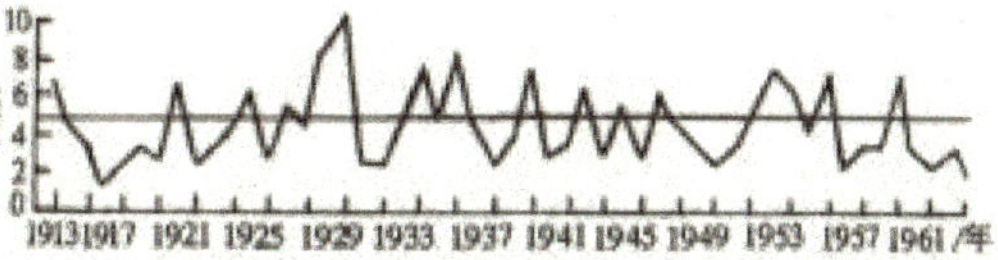

图 3-16 洪泽湖区东亚飞蝗种群数量动态(仿马世骏等，1965)

自然种群规则地、周期性地数量波动的种类较少。如北欧的欧旅鼠(*Lemus lemus*)和北美的环颈旅鼠(*Dicrostonyx groenlandicus*)、北极狐(*Alopex lagopus*)及北美赤狐(Vulpes fulva)，均属于 3～4 年为一个波动周期动物。图 3-17 是利用对北美美洲兔和加拿大猞猁的调查数据而编制的种群数量变动曲线。

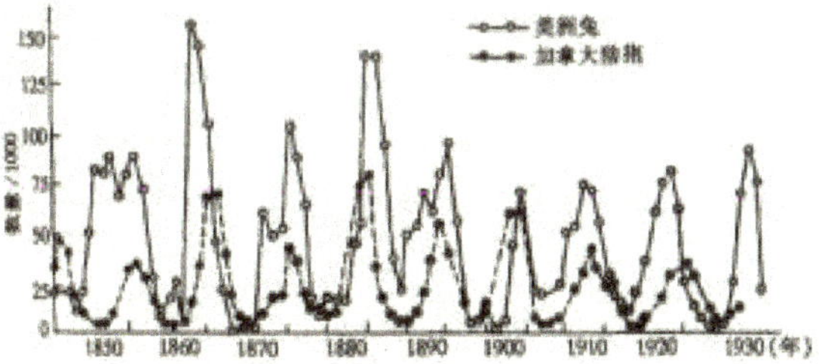

图 3-17 北美美洲兔和猞猁种群数量的年变动(仿 Ito，1978)

4. 种群爆发与种群崩溃

某些昆虫的自然种群，当环境条件适宜时，由于其高生殖力特性，种群数量在短期内迅速增长，叫做种群爆发。在种群数量大发生之后，往往又会因环境条件恶化，出现大批死亡，种群数量急剧下降，即种群崩溃。

例如，欧洲松毛虫（*Dendrolimus pini*）的种群数量在爆发年是最低数量年的二万倍左右。种群数量的大爆发出现得很迅速，可能是高温和干旱所致，对这些昆虫来讲，似乎没有了任何生存压力，种群数量持续上升，有时几年就达到数量高峰。直到致死性的疾病蔓延开来，或因针叶被吃光而饿死，种群数量才急剧下降，最后以种群崩溃而告终。一旦种群数量开始连续下降，即使有利的天气条件也不能改变其下降趋势。

5. 种群衰落

当种群长久地处于不利的环境条件下，或在人类过度捕猎，或栖息地被破坏的情况下，其种群数量可出现持久地下降，即种群衰落，甚至出现种群灭亡。其中个体大、出生率低、生长缓慢、成熟晚的生物，更易出现这种情况。近年来，由于人类活动的影响，加剧了种群的衰落和灭亡。

鲸就是由于人类过捕而使资源动物种群不断衰落的典型例子。白暨豚（*Lipotes vexillifer*）是我国特有的淡水鲸类，世界级稀有动物，其种群数量日益减少。林克杰等（1985）调查表明，白暨豚种群总数量仅存约 156 头。野生大熊猫（*Ailuropoda melanoleuca*）的数量也十分稀少，据 1974—1977 年的调查，大约有 1 050~1 100 头，在各保护区内，平均约 9~11 km^2 一头。

种群衰落和灭绝的原因是多方面的，如种群密度过低，由于难以找到配偶而使繁殖几率降低；近亲繁殖，使后代体质变弱，死亡率增加。在近代，种群衰落和灭绝的速度加快，主要原因是生物栖息环境改变，如森林砍伐，草原荒漠化，农田的大量开垦，城市化的加剧，工业、交通运输业的发展等。植物的减少和消失则更是动物种群衰落和灭亡的重要原因。

6. 生态入侵

某些生物由于人类有意识或无意识地带入某一适宜于其生存和繁衍，但又并非是其原产地和自然生存地的地区，它的种群数量不断地增加，分布区逐步稳定地扩展，这种过程叫做生态入侵。生态入侵会造成巨大的经济损失，严重威胁人类和牲畜健康，引起社会恐慌和动荡，还会改变生态系统的结构和功能。入侵生物能够占据本地物种的生态位，使本地物种失去生态资源，影响本地物种生存；还能够通过形成大面积优势群落，降低物种多样性，使依赖于当地物种多样性生存的其他物种没有适宜的栖息环境。

约在 1929 年，冈比亚按蚊（*Anopheles gambiae*）可能随法国的高速驱逐舰，由非洲到达巴西，它们首先在沿岸沼泽地带建立起新种群，并引起附近一些城镇疟疾的流行，但当时并没有引起足够的重视。几年后，这种蚊子扩散到距入口 320 km 的地方，使疟疾一再流行，1938—1939 年，巴西出现一次最严重的疟疾流行，90 万居民患病，1.2 万人死亡，才引起各方面的高度重视。在巴西政府和洛克菲勒基金会的全力支持下，3 000 多人投入灭蚊工作，用了近 3 年时间，才消灭了这种横行一时的外来按蚊。

麝鼠（*Ondatra zibethica*）原产于北美。1905 年，一个捷克人把五只麝鼠从北美带到欧洲，后来，又有更多的人在欧洲放养麝鼠以取其毛皮。现在，欧洲的麝鼠已不下数百万，甚至入侵到西伯利亚和俄罗斯北部的大河流域，成为当地最重要的毛皮动物之一。但是，麝鼠也危害河堤，破坏灌溉系统。

薇甘菊（*Mikania micrantha*）生长速度非常快，繁殖速度惊人，原产于热带美洲，20 世纪 70 年代，东南亚国家做为垃圾场覆盖植物而引种，90 年代初传入中国，它的种子轻又小，数量很多，可以随风传播。它喜欢温暖潮湿、阳光充足的生存环境，是多年生草质藤本植物。它会攀援到树上，然后将整个树木覆盖，致使树木不能进行光合作用，逐渐萎缩、枯死。现广泛分布于我国香港、澳门和广东珠江三角洲地区，严重危害 6～8 m 以下的天然次生林、人工速生林、经济林和风景林。

紫茎泽兰（解放草、破坏草，*Eupatorium adenophorum*）原产墨西哥，新中国成立前由缅甸、越南进入我国云南，并向东扩展到广西、贵州境内。它常连接成片，发展成单种优势群落，侵入农田，全株有毒，危害牲畜，影响林木生长，成为当地“害草”。

目前，针对生态入侵种的防治对策主要包括：通过建立严格的港口检疫制度，实行全面检疫，阻止外来物种的偶然入侵；对于有意识引进的新物种，采取全面的生态评估和监测，防范引进品种的入侵，做到全面考察，制定详尽的可行性方案，要有计划、有步骤地引入，不能允许不经考察的随意引入；同时，通过机械法、化学法和生物防治法，根除和控制已入侵的有害外来物种。

三、种群进化与选择

种群内个体质的特征有表现型和基因型两类。高品质的种群竞争力强，种群数量易增长，分布区易扩大。所以，种群动态不仅包括数量变化，也包括质量的变化。

生态学是研究生物与其环境相互作用的科学，生物与环境的相互作用是进化的动力，生物对其生存环境的适应则是进化的结果，而作用于生物的生态压力又决定进化的方向。

由同种个体集合而成的种群，群内个体间的变异是普遍存在的。这些差异是由特定的基因型和环境影响共同作用所决定的，可以通过个体的表现型和基因型来加以分析。

(一)变异和遗传漂变

基因库(gene pool)是指种群中全部个体的所有基因的总和。一般说来,种群数量越多,个体间变异程度越大,种群的基因库就越丰富,基因多样性就越高。基因频率是指某一基因在种群中出现的频率,基因型频率是指在一个种群中每个基因型所占的比例。

就进化而言,变异是自然选择的基础。如果没有变异产生,种群内个体之间没有形态、生理、行为和生态等方面的差异,没有存活能力和生殖能力上的区别,就不会有自然选择发生。但自然选择并不是物种进化的唯一动力。在较大的种群里,自然选择起着主要作用,而在较小的种群里,除自然选择外,遗传漂变对物种进化亦具有重要影响。

在大种群中,后代个体易于保持原来的遗传结构,不大容易发生偏离,如果没有其他因素干扰基因平衡,则每一基因型频率将世世代代保持不变,它将符合哈—温定律(Hardy-Weinberglaw),也即在一个巨大的、随机交配和没有干扰基因平衡因素的种群中,基因型频率将世代保持稳定不变。

但如果种群很小,遗传结构就很有可能发生一些偶然性变化,某种基因或基因型可能会从种群中消失。遗传漂变(genetic drift)是指基因频率在小种群里随机增减的现象。

(二)适合度

自然选择只能发生在具有不同基因型且具有不同存活能力和生殖能力的个体之间。若某一基因型的个体具有较强的存活能力,或较高的生殖能力,则该基因型个体具有较强的抵抗力或恢复力,对环境的适应能力较强,在生物进化过程中,也就越容易被保留下来。

如果用 l 表示存活率,m 表示生殖力,以 W 表示 l 与 m 的乘积,即

$$W=l\cdot m$$

则 W 被称为适合度,适合度(fitness)综合了物种某一基因型个体的存活能力和生殖能力,某一基因型个体的适合度实际上就是下一代平均个体数。它是表示在进化过程中,某一基因型个体后代衍续能力的常用指标。适合度越高,说明有机体对环境的适应能力越强。在进化过程中,适合度高的个体,在基因库中的基因频率将随世代增加而增大,反之,适合度低的,将随世代增加而减少。

适合度包括存活能力和生殖能力两个方面,在生物的自然选择中,二者具有同样的重要性,不能简单地认为适合度的大小就是指存活能力的高低。就种群水平而言,生殖能力的强弱也是影响其生存的重要因素。

(三)两种进化动力比较

自然选择和遗传漂变均能促进物种进化,是物种进化的两种动力。近 20 年来,种群遗传学和种群生态学研究的一个交叉边缘领域就是确定自然选择强度和遗传漂变强度这两种进化动力的相对重要性。

表示自然选择强度的指标是选择系数,选择系数的大小决定于不同基因型个体对环境的适合度,通常 W 值之间区别越大,自然选择强度越高,选择系数就越大。

遗传漂变强度取决于种群大小,种群越大,遗传漂变越弱;种群越小,遗传漂变越强。遗传漂变强度指标可以用种群大小的倒数($1/N$)来表示。

一种粗略的比较方法是:如果自然选择系数大于遗传漂变系数的 10 倍或更多,则在多数情况下,可以对遗传漂变忽略不计;如果自然选择系数小于遗传漂变系数的 10 倍,则可认为遗传漂变对生物进化起重要作用。

(四)自然选择类型

作用于表现型的自然选择,按其选择结果可以分为稳定选择(stabilizing selection)、定向选择(directional selection)和分裂选择(disruptive selection)3 类(图 3-18)。

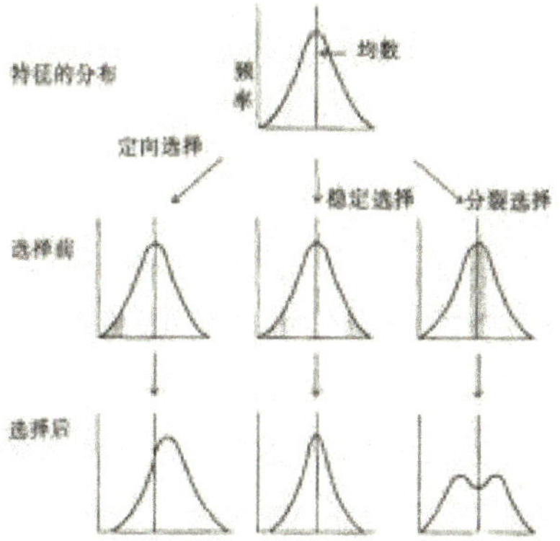

图 3-18　表现型特征的 3 种选择(仿 Krebs,1985)(黑点区表示选择压力指向)

(1)稳定选择。选择对中间类型的个体有利,而不利于两侧极端类型的个体,选择的结果是使种群个体间的表现型更趋于相似。例如,对人类新生婴儿死亡率的统计发现,体重为 3.3 kg 新生婴儿死亡率最低,体重增加或减少,死亡率均有所增高,极端体重死亡率最高。

(2)定向选择。选择仅对一侧极端类型的个体有利,而不利于其他类型的个体,选择的结果是种群内个体的表现型趋向一侧。大部分人工选择属于这一类。

(3)分裂选择。选择对两侧极端类型的个体有利,而不利于中间类型的个体,选择的结果是使种群分成表现型区别较大的两个部分。

(五)物种形成

生物进化的关键阶段是形成新物种,即物种形成(speciation)。物种起源是生物学一个中心问题,目前最为学者们所接受的是地理物种形成学说(geographical theory of speciation)。根据此学说,物种形成过程大致分为3个步骤:

(1)地理隔离。地理屏障将两个种群隔开,种群间个体和基因交流受阻。

(2)独立进化。地理隔离的种群各自独立进化,适应各自的特殊环境。

(3)生殖隔离。由于长期的地理隔离和种群的变异,假如地理隔离屏障消失,两个种群之间建立了生殖隔离,使得基因交流受阻,形成了两个物种。

生殖隔离的形式很多,大致可以划分为以下几种:

(1)合子前隔离。发生在合子形成之前,阻碍受精过程和合子的形成。包括:①栖息地隔离指两个种群的个体虽然分布于同一地理区域,但已产生空间生态位的分离,各有自己的栖息地。②时间隔离指两个种群的个体性成熟的时间不同,交配季节不同。③行为隔离指两个种群的个体交配前的行为不同,彼此不能成功交配。④生殖器官隔离指动物的生殖器官或植物的花不同,均可阻止两个种群间的生殖活动。

(2)合子后隔离。发生在合子形成之后。包括:杂交后代的生活能力极弱,或完全不能生活;杂交后代不育;杂交后代能正常生育,但其后代具有很多生活能力弱或不育的个体。

(六)种群适应对策

种群适应对策(adaptive strategy of population)是指种群在其生活史各个阶段,为适应其生存环境而表现出来的生态学特征。根据其适应方式不同,可分为形态适应(morphological adaptation)、生理适应(physiological adaptation)、生殖适应(procreative adaptation)及生态适应(ecological adaptation)。其中,形态适应和生理适应属于个体生态学内容。

1. 形态适应

种群的形态适应,首先表现在种群个体的大小与生境存在密切的关系。大量研究发现,个体大小与生物的世代长度呈显著的正相关;与种群增长率 r 呈极显著的负相关;与环境因素也有密切关系,如贝格曼规律、阿伦规律等。其次,种群的形态适应,还表现在生物个体的形态习性上。如终生营地下掘土生活的哺乳动物(鼹鼠、鼢鼠等),一般眼睛都很小,有的表面为皮肤所盖,成为盲者;仙人掌科植物为适应其干热环境,表现出明显的旱生特征(叶退化为刺状,体内贮水组织发达等)。

2. 生理适应

生物以不同的代谢方式或代谢强度与其生境相协调。最典型的例子就是C_3、C_4和CAM植物，它们常以不同的代谢方式适应其特殊生境。C_4植物如玉米、甘蔗等，起源于热带，为适应高温、光辐射量大的环境特点，产生了特殊的代谢方式，即具两条固定CO_2的途径，光合产量高。C_3植物如小麦等，常常生活在干冷的环境中，仅具一条固定CO_2途径。CAM植物如仙人掌科、景天科等肉质植物，大多生长在干旱环境中，因而具有其特殊的代谢方式。

3. 生殖适应

在不同的种群适应对策中，最重要的应是生殖适应对策。对所有物种来说，自然选择无疑将有利于那些生殖能力强的个体，即在一生中能够产生并养活更多后代的个体。生物从外界环境中摄取能量，一方面用于自身的生长发育，另一方面用于繁殖后代。虽然不同种类生物在这两方面投入的能量比各不相同，但亲代用在生殖上的能量都是有限的。若产生的后代数量多，个体就小；同样，如果后代个体大，数量就会很少。亲代用于生殖的能量多，产生的后代数量多，但用于抚育的能量就少，后代得不到完善地抚育，死亡率就高；若亲代将大部分能量用于抚育，后代的死亡率低，但产生后代的数目就少。每一种生物的生殖适应对策，就是在生殖和抚育这一对矛盾之中找出一种最优组合。

4. 生态适应

生物在生存斗争中获得生存的对策称为生态对策，这些对策要通过生物在进化过程中所形成的特有的生活史表现出来，因此又称为生活史对策。

麦克阿瑟和威尔逊(MacArthur and Wilson，1967)按生物栖息地和进化对策，将其划分为r对策者和K对策者两大类。生活在条件优越和可预测环境中的种群，生物密度很高，竞争激烈，物种数量达到或接近环境容纳量，因此，称为K选择，这类适应对策称为K对策，采用这类适应对策的生物称为K对策者。生活在条件严酷和不可预测环境中的种群，生物密度很低，基本没有竞争，种群经常处于增长状态，是高增殖率的，称为r选择，这类适应对策称为r对策，采用这类适应对策的生物称为r对策者。属于r对策的生物通常是短命的，寿命一般不足一年，它们的生殖率很高，可以产生大量后代，但后代存活率低，发育快。r对策种群的发展常常要靠机会，也就是说它们善于利用小的和暂时的生境，而这些生境往往是不稳定和不可预测的。属于K对策的种群通常是长寿的，种群数量稳定，竞争能力强；生物个体大但生殖力弱，只能产生很少的种子、卵或幼仔；亲代对子代能提供很好的照顾和保护。K对策种群的死亡率主要是由与种群密度相关的因素引起的，而不是由不可预测的环境条件变化引起的。K对策者的种群数量比较稳定，所以导致生境退化的可能性较小，它们具有亲代关怀行为、个体大和竞争力强等特征，保证其在生存竞争中取得胜利，但当种群受到危害而数量下降，由于其低r值，返回平衡的能力较差，若密度过低,就有灭绝的危险。大熊猫、虎、豹等珍稀动物都属于此类,它们大多是野生动物保护的重点对象。相反,r 对策者虽然由于抵抗力弱、无亲代关怀等原因而死亡率很高,但具有高 r 值,能使种群迅速恢复,高扩散能力又使它们迅速逃离恶化的生境,并在新的环境中建立新的种群,因此,r 对策者不易灭绝。害虫大多属于此类,是生物防治的对象。

由于 r 对策种群和 K 对策种群的基本特性不同(前者数量不稳定,后者数量稳定),所以它们的增长曲线也存在着很大差异(图 3-19)。

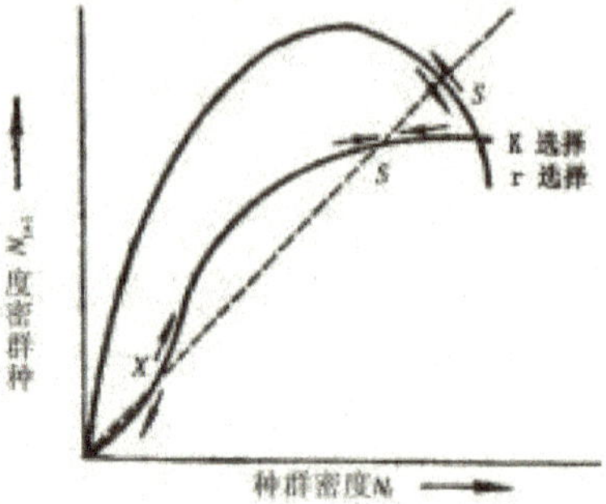

图 3-19 K 对策种群和 r 对策种群的增长曲线(孙儒泳,1993)

图中 S 为稳定平衡点,X 为绝灭点。

K 对策种群有两个平衡点:一个是稳定平衡点 S,另一个为不稳定平衡点(又叫绝灭点)X。种群数量高于或低于平衡点 S 时,都趋向于 S(图中用两个收敛箭头表示);但是在不稳定平衡点 X 处,当种群数量高于 X 时,种群能回升到 S,但种群数量一旦低于 X,则必然走向绝灭(图中用两个发散箭头表示)。目前地球上许多濒危珍稀动物都面临这个问题。与此相反,r 对策种群只有一个稳定平衡点 S,而没有绝灭点;它们的种群在密度极低时,也能迅速回升到稳定平衡点 S,并在 S 点上下波动,这就是很多有害生物(如农业害虫、鼠类和杂草)很难消灭的原因。对 r 对策种群来说,天敌因素(生物防治手段)对控制种群数量所起的作用是微不足道的,因为任何天敌的繁殖速度都赶不上受控种群的繁殖速度。对于典型的 K 对策者来说,因其竞争力强,天敌作用也难以发挥。当然,大多数动物种类处于这两个极端类型之间,天敌的作用仍然是重要的。在生物防治中,所选择的天敌应具备一个不可缺少的特点,在生态对策上比有害动物更极端,即害虫(r 对策者)的天敌其生殖力比害虫还要高,最起码是等于或接近于害虫的生殖力,害兽(K 对策者)的天敌则应具有比害兽更强的竞争力。

四、种内与种间关系

(一)种内关系

种内关系(intraspecific relationship):存在于各种生物种群内部的个体与个体之

间的关系。动物种群和植物种群的种内关系有很大的区别，但种内竞争是一种基本的种内关系。植物种群的种内关系主要表现为集群生长、密度效应等；动物种群的种内关系则主要表现为生殖行为、空间行为、社会行为、通讯行为和利他行为等。

1. 密度效应

在一定时间内，当种群的个体数目增加时，就必定会出现邻接个体之间的相互影响，称为密度效应或邻接效应（the effect of neighbours）。

（1）最后产量恒值法则。指在种植条件相同时，植物种群在一定的密度范围内，其最后产量差不多总是一样。该法则是Donald根据车轴草种植实验得出的，按不同密度种植车轴草，并不断观察其产量，结果发现，虽然第62天后的产量与密度呈正相关，但到181天时，产量与密度变得无关，其最终产量是相等的。以模型表示：

$$Y = W \times d = C$$

式中 Y 为总产量，W 为平均每株植物重量，d 为种群密度，C 为常数。

最后产量衡值现象的生物学意义为：在稀疏种群中的每一个个体，都很容易获得资源和空间，生长状况好，构件多，生物量大；而在密度高种群中，由于叶子相互重叠，根系在土壤中交错，对光、水和营养物质等竞争激烈，在有限的资源中，个体的生长速度降低，个体变小。

（2）-3/2自疏法则。在高密度种植情况下，种内个体对资源的竞争不仅影响植株生长发育的速度，还会影响到植株的存活。在高密度样方中，有些植物竞争失败，不能得到足够维持生长发育的资源而死亡，种群出现"自疏现象"。Harper等对黑麦草进行密度试验表明，在最高播种密度样方中首先出现自疏现象，在密度较低的样方中，自疏现象出现较晚，并得到一条"自疏线"，其斜率为 -3/2。

"最后产量恒值法则"和"-3/2自疏法则"都是经验法则，在多种植物密度实验中都得到证实。对于"-3/2自疏法则"目前没有圆满的解释。

2. 性别生态学

性别生态学（ecology of sex）是研究种群内部性别关系的类型、动态及其与环境关系的科学。其研究内容有：

（1）亲体投入。生产、抚育后代的能量、物质资源的花费；亲体投入与环境的关系。

（2）有性繁殖的优势。产生更多变异类型的后代，适应多变的环境，适应稳定而异质的环境（这是大多数生物选择有性繁殖的主要原因之一）。

（3）环境对种群繁殖对策的影响。繁殖对策包括有性—无性繁殖，雌雄同体—异体，种群的性比等。

3. 动物婚配制度

婚配制度指种群内婚配的各种类型。婚配包括异性间相互识别、配偶的数目、配偶持续时间以及对后代的抚育等。决定婚配制度类型的环境因素主要有食物资源,营巢地在空间和时间上的分布。婚配制度的类型有:

(1)多雌多雄制(混交制)。如鱼类,性比多不稳定,对后代照顾少。

(2)一雌一雄制(单配偶制)。如晚成鸟,性比稳定,亲体照顾较多。

(3)一雄多雌制。如鸡、马、羊等,性比不稳定,较强壮的雄性拥有交配权,其基因易被保留,繁殖力强。

(4)一雌多雄制。如螳螂、大鸨、鮟鱇等,少见,性比不稳定。

4. 社会性相互作用

(1)领域性。领域(territory)是指由个体、家庭或其他社群单位所占据的,并积极保卫不让同种其他成员侵入的空间。动物保护领域的行为成为领域行为(territorial behavior)。保护领域的方式有很多,如以鸣叫、气味标志或特异的姿势向入侵者宣告其领域范围。具领域性的种类在脊椎动物中最多,尤其是鸟兽,这些动物的高级神经活动最复杂。某些节肢动物,特别是昆虫也具领域性。保护领域的目的主要是保证食物资源、营巢地,从而获得配偶以养育后代。

(2)社会等级。社会等级(social hierarchy)是指动物种群中各个动物的地位具有一定顺序的等级现象。社会等级形成的基础是支配行为, 或称支配－从属(dominant-submissive)关系。社会等级的优越性体现于:社会等级可以使种群内环境比较稳定、减少了种群内个体的争斗,进而减少了能量消耗,个体生长快,生产率高;同时,优势个体在食物、栖息场所、配偶选择中均有优先权,保证了种内强者首先获得交配和生育后代的机会,有利于种族的保存和延续。

(3)利他行为。利他行为(altruism behavior)是另一种社会性相互作用。利他行为是指一个个体牺牲自我而使社群整体或其他个体获得利益的行为。

在自然界中,尤其是社会性昆虫中,利他行为的例子很多。如白蚁的巢穴打开时,工蚁和幼虫向里移动,兵蚁向外移动围堵缺口;蜜蜂工蜂保卫巢时放出毒刺而自杀。

利他行为与种群选择有密切联系。种群选择学说认为,种群和社群都是进化单位,作用于社群之间的群体选择可以使那些对个体不利,但对社群或物种整体有利的特征在进化中保存下来。

(4)通讯。通讯(communication)是指某一个体发送信号,另一个体(种内其它个体)接收信号,并引起后者反应的过程。在通讯过程中,个体之间用于传递信息的行为或物质称为信号。

在任何一个种群中,许多个体生活在一起,这些个体之间必然要发生联系,互通信息,即使是独居动物,到繁殖期间个体之间的通讯也必不可少。通讯可以通过视觉(行为)、化学(气味和外激素)和听觉(鸣叫、超声)等多种途径来完成。

信息传递(通讯)的目的很多,如:个体识别(识别同种、同社群、同家族个体等），亲代和幼仔之间通讯，两性之间求偶，威吓、顺从、妥协，相互警报，标记领域。

（二）种间关系

种间关系（inter-specific interaction）是指生活于同一生境中所有不同物种之间的关系。生物之间的关系多种多样，这些关系可以是直接的，也可以是间接的，影响可能是有害的，也可能是有利的。有的种群个体直接杀死另一个种群个体；有的则是互助依存的。在这两类极端关系之间，还有多种形式。根据两种群相互作用的结果，种间关系的基本类型可以分为正相互作用和负相互作用，最基本的有三种形式：竞争（competition）、捕食（predation）和共生（symbiosis）。种间关系还是生物进化的动力之一，其作用结果往往是发生物种间的协同进化。

1. 种间竞争

种间竞争（interspecific competition）是指两种或多种生物共同利用同一资源而产生的相互竞争作用。竞争普遍存在于各种生态系统中，在种间竞争中，常常是一方取得优势，另一方受抑制甚至被消灭。

（1）竞争的类型与特点。竞争可以分为资源利用性竞争（exploitation competition）和相互干涉性竞争（interference competition）两类。资源利用性竞争是指两种生物之间只有因资源总量减少而产生的对竞争对手的存活、生殖和生长的间接作用，没有直接干涉。相互干涉性竞争是指两种生物之间不仅有因资源总量减少而产生的对竞争对手的存活、生殖和生长的间接作用，更重要的是具有直接干涉。相互干涉性竞争的例子也很多，例如杂拟谷盗（*Tribolium castaneum*）和锯拟谷盗（*Oryzaephilus surinamensis*）在面粉中一起饲养时，不仅竞争食物，而且有相互吃卵的直接干扰；再如植物的他感作用（allelopathy），即某些植物能分泌一些有害化学物质，阻止其他种植物在其周围生长，也属于相互干涉性竞争。此外，当一种捕食者可以捕食两种物种时，一个物种个体数量的增加将会导致捕食者种群个体数量增加，从而加重对另一个物种的捕食作用，这种两个物种通过有共同捕食者而产生的竞争，称作似然竞争（apparentcompetition）。

（2）竞争排斥原理。在一个稳定的环境内，两个以上受资源限制的，但具有相同资源利用方式的物种，不能长期共存在一起，即完全的竞争者不能共存，这就是竞争排斥原理（competition exclusion principle）。如果生活在同一地区内，由于剧烈的竞争，它们之间必然出现栖息地、食性、活动时间或其他特征上的生态位分化。

竞争排斥原理首先是由高斯（Gause）用实验方法证实的，所以又称为高斯假说（Gause's hypothesis）。高斯实验是用分类上和生态上很相近的两种草履虫，即双小核草履虫和大草履虫进行的。单独培养时，两种草履虫都表现为逻辑斯谛增长，但把两种草履虫放在一起培养时，开始两种都有增长，但双小核草履虫增长快一些。

培养 16 天后,大草履虫消失。这两种草履虫没有分泌有害物质,主要是由于共同竞争食物而排斥了其中一种(图 3-20)。

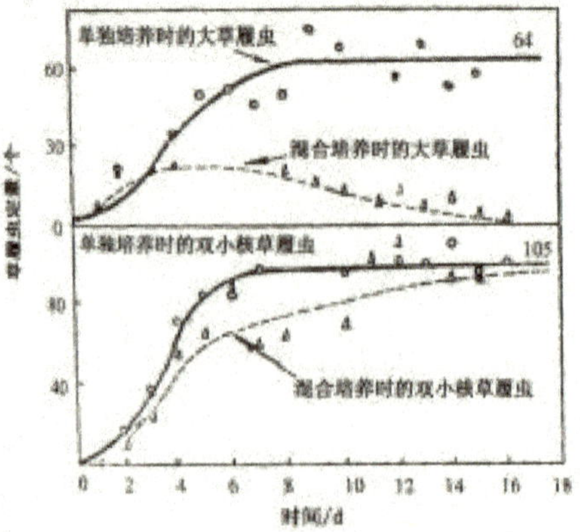

图 3-20 大草履虫和双核小草履虫单独和混合培养时的种群动态(孙儒泳,2001)

(3)生态位。生态位(nich)是生态学中一个重要概念,其定义长期以来都存在争论,关于它的定义大致可归为三类:①美国学者 J.Grinell 的“生境生态位”(habitat niche)——生态位是物种最小分布单元,其中的结构和条件能够维持物种生存。②英国生态学家 C.Elton 的“功能生态位”(functional niche)——动物的生态位为动物在生物群落中的位置,以及动物与其食物和天敌的关系,他强调物种与物种之间的营养关系。③英国生态学家 G.E.Hutchinson (1957) 的超体积生态位(hypervolume niche)——“生态位是一个允许物种无限生存的超体积。”

由上述可见,Elton 的生态位概念仅指营养生态位,而 Grinell 和 Hutchinson 的生态位概念不但包括营养,还包括温度、湿度等环境因子。Elton 的生态位概念是 Grinell 和 Hutchinson 的子集。现在一般认为,生态位主要指在自然生态系统中,一个种群在时间和空间上的位置及其与相关种群之间的功能关系。将生态位概念结合前面讲述的竞争排斥原理应用于自然群落中,可以得出:在一个稳定的群落中,若各种群具有各自的生态位,可避免发生直接的竞争,从而保证了群落的稳定;若两个物种占据了相同的生态位,其中一个种终究要灭亡;由多个种群组成的生物群落比单一种群的群落更能有效地利用资源,从而使群落的存在更加稳定,也利于维持群落较高的生产力。

(4)lotka-volerra 模型。lotka-volerra 模型是逻辑斯谛模型的引申,是由美国学者 lotka(1925)和意大利学者 volerra(1926)分别独立提出。

如果有两个物种,种 1 和种 2,它们单独生长时符合逻辑斯谛增长模型,那么得到如下方程:

$$dN_1/dt=r_1N_1(1-N_1/k_1)(种 1)$$

$$dN_2/dt=r_2N_2(1-N_2/k_2)(种 2)$$

式中，N为种群数量，K为种群环境容纳量，r为种群增长率。

将这两个物种放在一起，他们之间会发生竞争，设物种 1 和物种 2 的竞争系数分别是 α 和 β，其中 α 表示种 2 每增加一个个体对种 1 增长所产生的抑制作用系数，β 则表示种 1 每增加一个个体对种 2 增长的抑制作用系数。由此得到两物种在竞争中的种群增长方程为：

$$dN_1/dt=r_1N_1(1-N_1/k_1-\alpha N_2/K_1)\text{（种 1）}$$

$$dN_2/dt=r_2N_2(1-N_2/k_2-\beta N_1/K_2)\text{（种 2）}$$

分析以上两微分方程，可知两个种的竞争结果是由 α、β 和 K 的关系决定的，可能产生的结果有四种：

A：$K_1>K_2/\beta$，$K_2<K_1/\alpha$，种 1 胜，种 2 被排斥；

B：$K_1<K_2/\beta$，$K_2>K_1/\alpha$，种 2 胜，种 1 被排斥；

C：$K_1<K_2/\beta$，$K_2<K_1/\alpha$，两个种共存，达到平衡；

D：$K_1>K_2/\beta$，$K_2>K_1/\alpha$，两个种都有可能获胜，不稳定平衡。

从生态学角度来理解以上的结果：环境容纳量 K 值越大，种内竞争强度就会越小，所以 $1/K$ 与种内竞争强度成正比。α 值反映种 1 对种 2 的种间竞争强度，β 值反映种 2 对种 1 的种间竞争强度，所以：

A：$K_1>K_2/\beta$，$K_2<K_1/\alpha$，取倒数 $1/K_1<\beta/K_2$，$1/K_2>\alpha/K_1$，表明当物种 1 种内竞争强度小，种间竞争强度大，物种 2 种内竞争强度大，种间竞争强度小时，种 1 取胜，种 2 趋向灭亡。

B：$1/K_1>\beta/K_2$，$1/K_2<\alpha/K_1$，情况正好相反，物种 2 种内竞争强度小，种间竞争强度大，物种 1 种内竞争强度大，种间竞争强度小时，结果种 2 获胜，种 1趋向灭亡。

C：$1/K_1>\beta/K_2$，$1/K_2>\alpha/K_1$，种 1、种 2 都是种内竞争大于种间竞争，两者呈稳定平衡，可以共存。

D：$1/K_1<\beta/K_2$，$1/K_2<\alpha/K_1$，两物种都是种内竞争强度小于种间竞争，双方都有获胜的可能。

2. 捕食

捕食（predation）是指一种生物吃掉另一种生物的全部或部分，直接获得营养用以维持自己生命的现象。前者称为捕食者（predator），后者称为被食者或猎物（prey）。对捕食的理解有广义和狭义两种，广义的捕食包括：①典型的捕食就是狭义的捕食，指食肉动物吃食草动物或其他动物，例如，豹子吃角马。②食草，即食草动物吃绿色植物，如牛吃草。在这种关系中，植物不一定被全部吃掉，也有可能只受点损伤。③寄生，指寄生者从宿主身上获得营养，但一般不杀死宿主。④拟寄生，与寄生不同，主要区别在于拟寄生者最终要杀死其宿主，如寄生蜂将卵产于宿主（卵、幼虫、蛹等），待卵孵化为幼虫后便从宿主获得营养，直到宿主死亡。

人们对于捕食者(如虎、豹等)往往产生憎恨,而不易做客观地评价。捕食者确实杀死不少猎物,但它们对猎物种群的稳定效应也不容忽视。美国亚里桑那州曾为保护黑尾鹿而捕杀美洲狮和狼等捕食者,不到20年,由于黑尾鹿数量过高而使草场受到严重破坏,大批的鹿因饥饿和寒冷而死亡,种群数量久久不能恢复。挪威为了保护雷鸟,在19世纪末对捕打食雷鸟的猛禽和兽类进行奖励,结果球虫病和其他疾病在雷鸟种群中广泛传播,造成20世纪初其一次又一次的大量死亡。原来捕食者捕食的主要是有疾病的弱鸟。这些事实说明,捕食者与猎物的相互关系是生态系统长期进化过程中形成的复杂关系,作为天敌的捕食者有时变成了猎物不可缺少的生存条件。

(1)草食作用。草食是广义捕食的一种类型,其特点是被食者只有部分机体受损害。植物并没有主动逃脱食草动物的能力,为什么植物没有被动物吃完,其解释有二:①食草动物在进化中发展了自我调节机制,防止作为其食物的植物都毁灭掉。②植物在进化过程中发展了防卫机制。因此,草食动物与植物之间在进化过程中出现了选择竞争。

植物受食草动物"捕食"的危害程度随损害部位、植物发育阶段的不同而异。禾本科大概是植物界中最能耐受有蹄类采食的,因为其分生组织位于地面,生长点受基部叶鞘保护,被采食新叶后分蘖可不断产生。在栎树生长季早期,若75%栎叶被损害,可能导致木材生产量减少50%。

植物的补偿作用。植物在被动物啃食而受损害时,不是完全被动的,而是具有各种补偿机制。例如,植物枝叶在受损害后,自然落叶会减少,而整株的光合作用速率会加强,受害植物可能利用贮存于组织和器官中的糖类得到补偿,或改变光合产物的分布,以维持根、枝比平衡。如大豆在繁殖期受害能以增加种子粒重来补偿豆荚的损失,动物啃食也可刺激单位叶面积光合率的提高。

食草动物的"捕食"还可能引起植物的防卫反应,如产生更多的刺(机械防御)或化学物(化学防御)。被牛啃食的悬钩子的皮刺比未被啃食过的悬钩子更长而尖;遭受过锯蜂和树蜂危害的松树改变酚代谢,产生新的化学物质;人工受伤的马铃薯和番茄能增加蛋白酶抑止物。植物的这些防卫反应被证明是有效的,如荆豆顶枝在受到非洲兔的严重危害后,其枝条中会积累更多毒素,让兔子不可食用,这种化学保护可延续2~3年。学者认为,这可能是非洲兔9~10年数量变动周期性形成的一个重要原因。

(2)植物和食草动物的协同进化。所谓协同进化,是指一个物种的性状作为对另一物种性状的反应而进化,而后一物种这一性状本身又作为对另一物种性状的反应而进化。在进化过程中,植物发展了防御机制(如有毒的次生物质),以对付食草动物的进攻。另一方面,食草动物亦在进化过程中产生了相应的适应性,如形成特殊的酶进行解毒,或者调整食草时间以避开植物的有毒化学物质。

马利筋和欧洲夹竹桃组织中含有苦味的“强心苷”。这种化学物质可以造成脊椎动物呕吐和心脏病发作,因此,一般食草动物对它敬而远之。但斑蝶的幼虫却能取食马利筋,它对“强心苷”是免疫的,它可以在体内组织中积累强心苷,因此,斑蝶的捕食者也像食草动物害怕马利筋一样,不敢捕食斑蝶。

事实上,协同进化的发生,并不仅只在植物和食草动物之间出现,在广义捕食的其他类型中也屡有发生。

3. 寄生

寄生是指一个种(寄生者)寄居于另一个种(宿主)的体内或体表,从而摄取宿主的体液、组织或已消化的物质,以获取营养维持生活的现象。寄生物可以分为两大类:①微寄生物(microparasites),在寄主体内或表面繁殖。②大寄生物(macroparasites),在寄主体内或表面生长,但不繁殖。微寄生物主要有病毒、细菌、真菌和原生动物,动植物的大寄生物主要是无脊椎动物。在动物中,主要是寄生蠕虫(helmminth worms);而植物的大寄生物主要是昆虫,特别是蝴蝶和蛾的幼虫以及甲虫),还有一些植物(如槲寄生)。拟寄生物(parasitoids)也称为超寄生生物,包含一大类昆虫大寄生物(主要是寄生蜂和蝇),它们在昆虫寄主身上或体内产卵,通常导致寄主死亡。

由于寄生生物的多样性,其对寄生生活的适应也是多种多样。寄生生物的生活环境分为两级,第一环境是宿主组织,由于其稳定少变,许多寄生动物的神经系统和感官系统都退化,但寄生生物具有强大的繁殖力和相应发达的生殖器官。寄生生物的营养条件较自由生活的祖先优越,这充分保证了其繁殖力的提高,绦虫和蛔虫能产大量的卵就是很好的例证。许多寄生动物还发展了雌雄同体的现象。

宿主对寄生物也有免疫反应,能改变寄生物的生存环境,使寄生物不能再生存。不同类群生物的免疫反应各不相同,无脊椎动物有吞噬细胞,能吞食和消化微小的外来颗粒,也能将较大的加以包围隔离;而脊椎动物不仅有吞噬反应,还发展了复杂的免疫系统。从寄生生态学角度来说,免疫反应有两个主要功能:①使宿主从被感染中恢复过来;②使宿主产生“记忆”,当寄生物再入侵时得到免疫,哺乳类的免疫球蛋白还可传递给下一代。由此可见,无脊椎动物的免疫反应,其保护功能较弱,主要靠疾病流行后存活个体的繁殖潜能以保持物种的延续。脊椎动物的免疫反应则能保护宿主,增加存活率,这也可以反应物种的进化等级。

寄生种群内个体被寄生物感染的风险极少是均等的。个体年龄、行为、健康状况和遗传性、易患病程度,以及与被感染个体的接近程度不同,被感染的风险也不同。由于微寄生物使寄主丧失能力的影响一般取决于细胞水平上的破坏,细胞蛋白很小的遗传变化就可能改变寄生物危害寄主的能力,这样寄主种群中的遗传变异为一些个体逃避传染病提供了可能。

4. 互利共生

互利共生(mutualism)是不同种两个体间的一种互惠关系,可以增加双方的适合度。

两种生物的互利共生,有的是兼性的,即一种从另一种处获得好处,但并未达到离开对方便不能生存的地步;另一些是专性的,专性的互利共生也可分为单方专性和双方专性。

(1)专性互利共生。专性(obligate)包括永久性成对组合的生物,其中一方或双方不可能独立生活,如地衣(*lichens*)的真菌 - 藻类共生体就是这种情况。地衣由菌丝垫和包在其中的一薄层光合成藻类或蓝色细菌的细胞组成。真菌保护藻类免遭干旱和阳光辐射,而藻类提供菌丝光合作用的产物。这样地衣可在真菌和藻类都不能单独存活的极端环境下茁壮生长。另外如菌根(*mycorrhizae*)真菌利用根的糖类,同时为根提供无机营养和植物生长素。菌根按两者结合的紧密程度分为3类:①菌丝只辐射状深入土壤和根的周围,不进入根内,称为周边营养型菌根(*peritrophic mycorrhizae*);②菌丝深入根内,但只到细胞之间,不进入根细胞内,称为外营养菌根(*ectotrophic mycorrhizae*);③菌丝穿入根细胞内,称为内营养菌根(*endotrophic mycorrhizae*)。如果没有菌根,许多高等植物不能生长。多数藓类、蕨类、石松、裸子植物和被子植物,其组织多少与真菌的菌丝体紧密地交织在一起。

(2)兼性互利共生。互利共生多数属兼性互利共生,共生者可能不互相依赖着生存,仅是机会性互利共生。通常这种关系不是两种间紧密的成对关系,而是散开的,包含有不同物种混合在其中。例如,蜜蜂会访问许多正在开花的植物,而这些植物中有许多也会受到多种昆虫授粉者的访问。再如植物与固氮菌之间的关系,豆类(豌豆)和根瘤菌之间发生的关系仅是兼性的。在贫氮土壤中,豆类植物从在其根部形成结节的细菌固氮活动中获得很大的收益,但是,当土壤中氮水平较高时,植物在没有该菌的情况下也能很好地生长。

五、群落概念与特征

(一)群落概念

群落(community)是生物群落(biocoenosis)的简称,是指在特定时间聚集在一定地域或生境中所有生物种群的集合。

生物群落可定义为特定空间或特定生境下生物种群有规律的组合,它们之间以及它们与环境之间彼此影响、相互作用,具有一定的形态结构与营养结构,执行一定的功能。虽然群落是由植物、动物、细菌、真菌,以及其他各种活有机体所组成,但它仍是一个具有一定成分(一定的植物种类成分和动物种类成分)和外貌比较一致的组合体;组成一个生物群落的各个种群都能有次序而且相互协调一致地生活在一起,而不是一些随便凑合在一起彼此无关的生物。

群落是一个相对于生物个体和种群而言更高层次的生物系统,群落概念的产生,使生态学研究形成了新的领域——群落生态学。

1902年,瑞士学者Schröter首次提出群落生态学(synecology)概念,他认为群落生态学是研究群落与环境相互关系的科学。1910年,在比利时第三届国际植物学会议上,决定采纳群落生态学这一科学名称。

群落生态学的研究以植物群落研究为多,也最深入。植物群落学(phytocoenology)也称地植物学(geobotany)或植被生态学(ecology of vegetation),主要研究植物群落的结构、功能、形成、发展及其与所处环境的相互关系。目前对生物群落的研究已经形成了比较完整的理论体系。由于动物生活的移动性,使得对动物群落的研究比植物群落困难,所以动物群落学研究晚于植物群落学。但是后来有了动物生态学家的参加,对捕食、食草、竞争、寄生等许多重要生态学原理,以及有关生态锥体、营养级间能量传递等规律的发现才成为可能;还有如竞争压力对物种多样性的影响、中度干扰学说对形成群落结构的意义等重要论点,都与动物群落学的发展分不开。因此,最有成效的群落生态学研究,应是对动物、植物以及微生物群落研究的有机结合。

(二)群落特征

1. 具有一定的物种组成

每个群落都是由一定的植物、动物、微生物种群组成,因此,物种组成是区别不同群落的首要特征。一个群落中物种的多少及每个物种的个体数量,是度量群落多样性的基础。

2. 不同物种之间存在相互影响

群落中物种有规律的共处,在有序状态下生存。虽然生物群落是生物种群的集合体,但并不是说一些种的任意组合便是一个群落。一个群落的形成和发展必须经过生物对环境的适应和生物种群之间的相互适应,生物群落并不是种群的简单集合。哪些种群能够组合在一起构成群落,取决于两个条件:第一,必须共同适应它们所处的无机环境;第二,它们内部的相互关系必须取得协调、平衡。因此,研究群落中不同种群之间的关系是阐明群落形成机制的重要内容。

3. 形成群落环境

生物群落对其居住环境产生重大影响,并形成群落环境。如森林环境与周围裸地就有很大的不同,包括光照、温度、湿度与土壤等都经过了生物群落的改造。即使生物非常稀疏的荒漠群落,对土壤等环境条件也有明显的改造作用。

4. 具有一定的外貌和结构

生物群落是生态系统的一个结构单位,它本身除具有一定的物种组成外,还具有其外貌和一系列的结构特点，包括形态结构、生态结构与营养结构，如生活型组成、种的分布格局、成层性、季相、捕食者和被捕食者的关系等。但其结构常常是松散的，不像一个有机体结构那样清晰，有人称之为松散结构。

5. 具有一定的动态特征

生物群落是生态系统中具有生命的部分，生命的特征是不停地运动，群落也是如此。其运动形式包括季节运动、年际动态、演替与演化。

6. 具有一定的分布范围

任一群落都分布在特定的地段或特定的生境上，不同群落的生境和分布范围不同。无论从全球范围看还是从区域角度讲，不同生物群落都是按照一定的规律分布。

7. 群落的边界特征

在自然条件下，有些群落具有明显的边界，可以清晰地加以区分；有的则不具有明显的边界，而是处于连续变化中。前者见于环境梯度变化较陡或环境梯度突然中断的情形，如地势变化较陡山地的垂直带，断崖上下的植被，陆地环境和水生环境的交界处（如池塘、湖泊、岛屿等）。但两栖类（如青蛙）常常在水生群落与陆地之间移动，使原来清晰的边界变得复杂。此外，火烧、虫害或人为干扰都可造成群落的边界变化。后者见于环境梯度连续缓慢变化的情形，大范围的变化如森林和草原的过渡带，草原和荒漠的过渡带等；小范围的变化如沿一缓坡而渐次出现的群落替代等。但在多数情况下，不同的群落之间都存在过渡带，被称为群落交错区，并导致明显的边缘效应。

（三）群落种类组成

生物群落种类组成是决定群落性质最主要因素，也是区别不同群落的基本特征。群落生态学研究一般都从分析群落种类组成开始，通常采用最小面积法来统计和编制一个群落或一个地区的生物种类名录。所谓最小面积，是指基本上能够表现出某群落类型生物种类的最小面积。通常以绘制种类—面积曲线来确定最小面积。具体做法是：在群落中各物种分布比较均匀的地段，选择一处样地进行采样鉴定和物种登记，逐渐扩大样方面积，随着样方面积加大，样方内生物种数也在增加；当样方扩大至一定面积，样方内生物种数基本不再增多；反映在种类—面积曲线图上曲线呈明显变缓趋势，通常将曲线开始变缓处所对应的面积，定为该群落调查取样的最小面积。

通常组成群落的物种越丰富，该群落调查取样的最小面积相应也越大（图3-21）。如我国西双版纳热带雨林取样的最小面积为 2 500 m^2，北方针叶林为 400 m^2，落叶阔叶林为 100 m^2，草原灌丛为 25～100 m^2，草原为 1～4 m^2。

群落种类不同，它们在群落中地位和作用也各不相同，群落的类型和结构因而

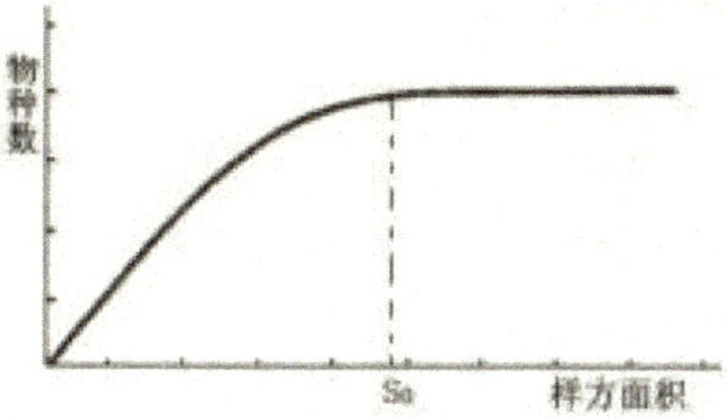

图 3-21 种—面积曲线示意图(孙儒泳等,2002a)

也不同。可根据各个种在群落中的作用而划分群落成员型。植物群落研究中,常用的群落成员型有以下几类:

1. 优势种(dominant species)

对群落的结构和群落环境的形成有明显控制作用的物种称为优势种,它们通常是那些个体数量大、生物量高、体积较大、生活能力较强,即优势度较大的种。优势种对整个群落具有控制性影响,如果群落中优势种被破坏,群落性质和环境将随之发生变化;而非优势种的去除,只会造成群落发生较小的或不显著的变化。

2. 建群种(edificator 或 constructive species))

植物群落的不同层次可以有各自的优势种,而优势层的优势种常称为建群种,比如乔木层的优势种就是森林群落的建群种。如果群落中的建群种只有一个,则该群落称为“单建群种群落”或“单优种群落”。如果具有两个或两个以上同等重要的建群种,就称为“共优种群落”或“共建种群落”。

3. 亚优势种(subdominant species)

亚优势种指个体数量与作用都次于优势种,但在决定群落性质和控制群落环境方面仍起着一定作用的物种。

4. 伴生种(companion)

伴生种为群落的常见种类,它与优势种相伴存在,但不起主要作用。

5. 偶见种或罕见种(rare species)

偶见种是指那些种群数量稀少、在群落中出现频率很低的种类。偶见种可能偶然由人类活动带入或随着某种条件的改变而侵入,也可能是衰退中的残遗种。有些偶见种的出现具有生态指示意义,有的还可以作为地方性特征种来看待。

(四)群落的数量特征

对群落的组成种类进行数量分析,是近代群落分析技术的基础。

1. 种的个体数量指标

(1)多度(Abundance)是对物种个体数目多少的一种估测指标,多用于群落的野外调查。国内多采用 Drude 的七级制多度:

Soc.(Sociales)——极多,植物地上部分郁闭;

Cop.[3](Copiosae)——很多；

Cop.[2](Copiosae)——多；

Cop.[1](Copiosae)——尚多；

Sp.(Sparsal)——不多而分散；

Sol.(Solitariae)——很少而稀疏；

Un.(Unicum)——个别或单株。

(2)密度(Density)指单位面积或单位空间内的个体数。一般对乔木、灌木和丛生草本以植株或株丛记数，根茎植物以地上枝条记数。样地内某一物种的个体数占全部物种个体数的百分比称为相对密度(relative density)。某一物种密度占群落中密度最高物种密度的百分比称为密度比(density ratio)。

(3)盖度(Cover degree 或 Coverage)指植物地上部分垂直投影面积占样地面积的百分比，即投影盖度。群落中某一物种的盖度占全部盖度之和的百分比，即为该物种的相对盖度；某一物种的盖度占盖度最大物种盖度的百分比称为盖度比(Cover Ratio)。植物基部的覆盖面积称为基盖度，对于草原群落，常以离地面 1 英寸(2.54 cm)高度的断面计算；对森林群落，则以树木胸高(1.3 m 处)的断面积计算。乔木的基盖度特称为显著度(Dominant)，林业上常用郁闭度表示林木层的盖度。

(4)频度(Frequency)指某个物种在调查范围内出现的频率。通常按包含该种个体的样方数占全部样方数的百分比来计算，即

频度 = 某物种出现的样方数 / 样方总数 × 100%

丹麦学者 Raunkiaer 依据 8 000 多种植物的频度统计，于 1934 年编制了一个标准频度图解(frequency diagram)(图 3-22)，提出了著名的频度定律(Law of Frequency)。

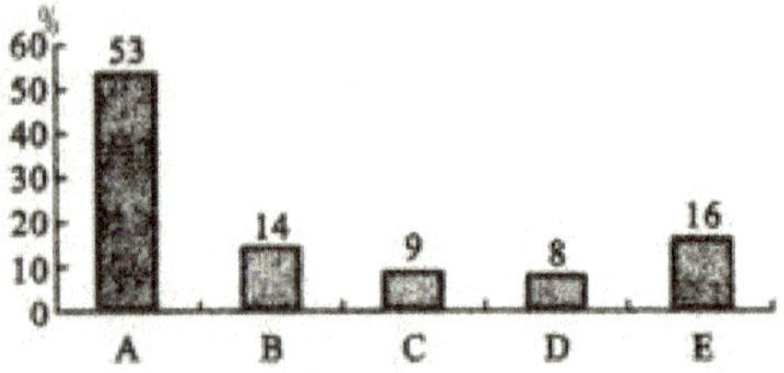

图 3-22 Raunkiaer 的标准频度图解(林育真，2004)

在此图中，凡频度在 1%～20%的植物种归入 A 级，21%～40%为 B 级，41%～60%为 C 级，61%～80%为 D 级，81%～100%为 E 级。由图 3-22 可看出：频度属于 A 级的种类占 53%，属于 B 级种类占 14%，C 级有 9%，D 级有 8%，E 级有 16%。这样按其所占比例的大小，5 个频度级的关系是：A>B>C≥D<E，此即为 Raunkiaer 频度定律。这个定律说明：在一个种类分布比较均匀一致的群落中，属于 A 级频度的种类占大多数，B、C 和 D 级频度的种类较少，E 级频度的植物是群落中的优势种和建群种，其数目也较多，所以占有的比例也较高，符合群落中低频度种数目较高频度

种数目多的事实。

(5)高度(Height)是测量植物体长指标,测量时取其自然高度或绝对高度。某种植物高度占最高种高度的百分比称为高度比。

(6)重量(Weight)是用来衡量种群生物量(biomass)或现存量(standing crop)多少的指标,可分鲜重与干重。在草原植被研究中,这一指标特别重要。单位面积或容积内某一物种的重量占全部物种总重量的百分比称为相对重量。

(7)体积(Volume)是生物所占空间大小的度量。在森林经营中,通过面积的计算可以获得木材生产量(称为材积)。单位乔木的材积可以用胸高断面积(S)、树高(h)和形数(f)三者的乘积,即 $V=Shf$ 表示。形数是树干体积与等高同底的圆柱体体积之比。草本植物或小灌木体积的测定,可用排水法进行。

2. 种的综合数量指标

(1)重要值(Important Value)也是用来表示某个种在群落中地位和作用的综合数量指标。重要值是美国人 J.T.Curtis 和 R.P.McIntosh(1951)首先使用的,他们在威斯康辛研究森林群落连续体时,以重要值来确定乔木的优势度或显著度(Conspicuousness),计算公式如下:

重要值(I.V.)= 相对密度 + 相对频度 + 相对优势度(相对基盖度)

上式用于草原群落时,相对优势度可用相对盖度代替:

重要值 = 相对密度 + 相对频度 + 相对盖度

(2)种的综合优势比(Summed Dominance Ratio)缩写形式为 SDR,是日本学者提出的一个综合数量指标,包括两因素、三因素、四因素和五因素等四类。常用的为两因素的总优势比(SDR_2),即在密度比、盖度比、频度比、高度比和重量比这五项指标中取任何两项求其平均值再乘以 100%,如 SDR_2=(密度比 + 盖度比)/2 × 100%。

(五)种间关联

种的相互作用在群落生态学中占有重要位置。在一个特定群落中,有的种经常生长在一起,有的则互相排斥。如果两个种一起出现的次数高于期望值,它们就具正关联;如果它们共同出现次数少于期望值,则它们就具负关联。正关联可能是因一个种依赖于另一个种而存在,或两者受生物的和非生物的环境因子制约而生长在一起。负关联则是由于空间排挤、竞争或他感作用,或不同的生境要求而发生。

不管引起种间关联的原因如何,它的确定是以种在取样单位中存在与否来估计,因此取样面积大小对研究结果有重大影响。在均质群落中,可预期种间关联是随样本大小的增加而增大,达到某一点后则维持不变。

表达种对之间是否关联,常采用关联系数(Association Coefficient),计算前先列出 2×2 列联表,它的一般形式为

	种B			
		+	−	
种A	+	a	b	a+b
	−	c	d	c+d
		a+c	b+d	n

表中是两个种均出现的样方数，b和c是仅出现一个种的样方数，d是两个种均不出现的样方数。如果两物种是正关联的，那么绝大多数样方为a和d型；如果属负关联，则为b和c型；如果是没有关联的，则a、b、c、d各型出现几率相等，即完全是随机的。

关联系数常用下列公式计算：

$$V=\frac{ad-bc}{\sqrt{(a+b)(c+d)(a+c)(b+d)}}$$

其数值变化范围是从 −1 到 +1。然后按统计学的 χ^2—检验法测定所求得关联系数的显著性。

随着群落中种数的增加，种对的数目会按方程 $S(S-1)/2$ 迅速增加，式中S是种数。为了说明各种对之间是否关联及它们之间的关联程度，常利用各种相关系数、距离系数或信息指数来描述一个种的数量指标对另一个种或某一环境因子的定量关系，计算结果可用半矩阵或星系图(Constellation Diagram)表示。

六、群落结构

群落结构指生物在环境中分布及其周围环境之间相互作用形成的结构，又可称为群落格局(Pattern)。群落结构可分为空间结构(或物理结构)和生物结构两方面。空间结构指群落的外貌和形态，包括决定群落外貌的植物生长型、垂直分层结构和群落外貌的昼夜和季相。生物结构是指构成群落的物种组成和相对多度、种间关系、多样性和演替几方面，群落的生物结构取决于空间结构。

(一)群落结构单元

群落空间结构决定于两个因素，即群落中各物种的生活型及相同生活型的物种所组成的层片(synusia)，它们可被看做是群落结构单元。

1. 生活型(life form)

生活型是生物对外界环境适应的外部表现形式，同一生活型的生物，不但形体相似，而且在适应特点上也相似。根据生活的气候条件不同，可将高等植物划为不同的生活型。目前广泛采用的是丹麦植物学家 Raunkiaer 提出的系统，他是按休眠芽在不良季节的着生位置作为划分生活型的标准，把高等植物划分为五个生活型(图 3-23)。

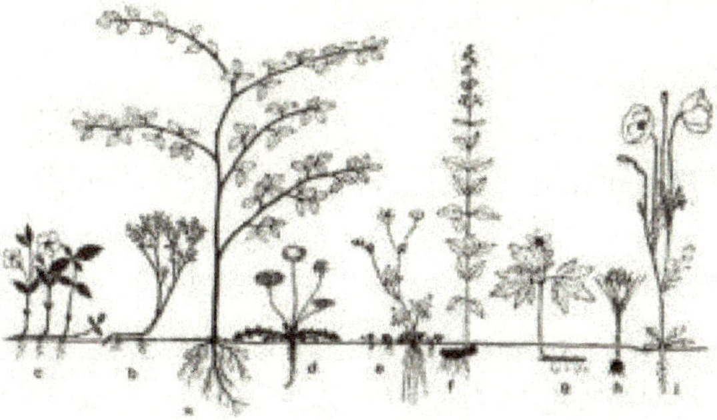

图 3-23 Raunkiaer 的植物生活型图(Remmert,1989)

a:高位芽植物;b、c:地上芽植物;d ~ f:地面芽植物;g、h:隐芽植物;i:一年生植物。黑色部分表示植物越冬时保留的部分。

(1)高位芽植物(phanerophytes)。休眠芽位于地面 25 cm 以上,又依高度分为四个亚类,即大高位芽植物(高度 >30 m),中高位芽植物(8 ~ 30 m),小高位芽植物(2 ~ 8 m)与矮高位芽植物(0.25 ~ 2 m)。

(2)地上芽植物(chamaephytes)。更新芽位于土壤表面之上、25 cm 之下,多为半灌木或草本植物。

(3)地面芽植物(hemicryptophytes)。又称半隐芽植物或浅地下芽植物,更新芽位于近地面土层内,冬季地上部分枯死,多为多年生草本植物。

(4)隐芽植物(cryptophytes)。又称地下芽植物(geophytes),更新芽位于较深土层中或水中,多为鳞茎类、块茎类,以及根茎类多为草本植物或水生植物。

(5)一年生植物(therophytes)。只能在条件良好季节中生长的植物,它们以种子的形式度过不良季节。

Raunkiaer 生活型被认为是植物在其进化过程中对气候条件适应的结果,因此,它们的组成可作为某地区生物气候的标志。

另有研究学者按植物体态划分生活型或生长型(growth form),如 A.Kerner(1863)、A.Grisebach(1872)、Du Rietz(1931)等。生长型反映了植物生活的环境条件,相同的环境条件具有相似的生长型。世界各大洲的相似环境地区,如草原和荒漠,由于趋同进化生活具有相同生长型的植物,可称之为生态等价种(ecological equivalence)。例如生活于非洲、北美、大洋洲和亚洲的许多荒漠植物,都有叶子细小的特征,这是一种减少热负荷和蒸腾失水的适应。

动物也具有不同的生活型,例如兽类中有飞行的(如蝙蝠)、滑翔的(如鼯鼠)、游泳的(如鲸、海豹)、地下穴居的(如鼹)、奔跑的(如马、鹿),它们各有各的形态、生理和行为特征,适应于各种生活方式。但动物生活型并不能决定陆地群落的外貌和物理结构。

统计某一个地区或某一个生物群落内各类生活型的数量对比关系,称为生活型谱。通过生活型谱可以分析一定地区或某一植物群落中植物与生境的关系。从各个不同地区或各个不同群落的生活型谱的比较，可以看出各个地区或群落的环境特点，特别是对生物有重要作用气候的特点。

制定生活型谱的方法，首先要搞清整个地区或群落的全部植物种类，列出植物名录，确定每种植物的生活型，然后把同一生活型的种类归到一起。按下列公式计算：

某一生活型的百分率 = 该地区该生活型植物 / 该地区全部植物种数 × 100%

从各个不同地区或各个不同群落的生活型谱的比较，可以看出各个地区或群落的环境特点，特别是对生物有重要作用的气候的特点。通常每一类植物群落都是由几种生活型植物所组成，但其中有一类生活型占优势。生活型与环境关系密切，高位芽植物占优势是温暖、潮湿气候地区群落的特征，如热带雨林群落；地面芽植物占优势的群落，反映该地区具有较长的严寒季节，如温带针叶林、落叶林群落；地下芽植物占优势的，环境比较冷、湿，如寒温带针叶林；一年生植物占优势则是干旱气候的荒漠和草原地区群落的特征，如东北温带草原（表 3-2）。

表 3-2　我国几种主要植物群落类型的生活型谱

群落名称	高位芽植物	地上芽植物	地面芽植物	隐芽植物	一年生植物
海南岛热带雨林	96.88	0.77	77	0.98	0
福建和溪亚热带常绿阔叶林	63.0	5.0	12.0	6.0	14.0
秦岭北坡暖温带落叶阔叶林	52.0	5.0	38.0	3.7	1.3
长白山寒温带针叶林	25.4	4.4	39.6	26.4	3.2
东北温带草原	3.6	2.0	41.1	19.0	33.4

* 表内数字均为百分数(林育真，2004)。

2. 层片(synusia)

层片又称层群，指由相同生活型或相似生态需求物种所组成的机能群落(functional community)，也是群落基本结构单位之一，层片一词最初由瑞典植物学家 H.Gams 于 1918 年提出。群落的不同层片是由属于不同生活型的不同种个体组成。

层片作为群落的结构单元，是在群落产生和发展过程中逐步形成的，层片具有以下特征：

(1)属于同一层片的植物是同一个生活型类别。但同一生活型植物种只有其个体数量达到一定程度，并且相互之间存在着一定的联系时才能组成层片。

(2)每一个层片在群落中都具有一定的小环境，不同层片小环境相互作用结果构成了群落环境。

(3)每一个层片在群落中都占据着一定的空间和时间，而且层片的时空变化形成了植物群落不同的结构特征。

(4)每一个层片都具有自己的相对独立性，可以按其作用和功能的不同，划分为优势层片、伴生层片、偶见层片等。

层片与层相比，既有相同之处，又有本质的区别。一般层片的范围比层要窄，层片或者相当于层，或者相当于层的一部分，因为一个层的类型可由若干生活型植物所组成。如森林群落的乔木层，在北方可能属一个层片，但在热带雨林中可能属于不同的层片。常绿落叶阔叶混交林、常绿阔叶乔木和落叶阔叶乔木同属于乔木层，但却属于不同的两种层片，分别是常绿阔叶乔木层片和落叶阔叶乔木层片。

(二)群落空间结构

1. 群落的垂直结构

生物群落的组成在垂直高度上的分化状况称为垂直结构，又称为垂直分层现象(vertical stratification)。群落的分层结构取决于植物的生活型——高低、大小、分枝、叶等，主要受光照强度的递减所决定。陆地群落的分层，与光的利用有关。森林群落的林冠层吸收了大部分的光辐射，往下光照强度递减，并依次发展为林冠层、下木层、灌木层、草本层和地被层等。

群落的成层性包括地上成层和地下成层。陆地群落的成层结构是不同高度植物或不同生活型植物在空间上垂直排列的结果，而水生群落则在水面以下不同深度分层排列。

通常温带夏绿阔叶林的地上分层现象最为明显，寒温带针叶林的成层结构简单，热带森林的成层结构最为复杂。

植物群落的地下成层性是由不同植物根系在土壤中达到的深度不同而形成。表层集中着最大的根系生物量，土层越深，根系生物量越少。

成层结构的生态学意义在于它显著提高了植物利用环境资源的能力，通过分层利用资源，减少对日光、水分、矿质营养的竞争，从而扩大群落对环境资源的利用范围。成层越复杂，对环境资源的利用就越充分。如在发育成熟的森林中，上层乔木可以充分利用阳光，往下则是被能有效利用弱光的下木所占据。能穿过乔木层的光，有时仅占到达树冠全光照的十分之一，但林下灌木层却能利用这些微弱的光。在灌木层下的草本层能够利用更微弱的光，草本层下还有更耐荫的苔藓层。

水体群落的分层主要取决于阳光、温度、食物和含氧量，如上湖层、湿跃层和下湖层等。水生动物的分层现象也很明显，一般可分为漂游生物(neuston)、浮游生物(plankton)、游泳生物(nekton)、底栖生物(benthes)、附底生物(epifauna)和底内生物(infauna)等类型。

在群落的每一层次中，都栖息着一种可以作为各层特征的动物，它们以这一层次的植物为食料，或以这一层次作为栖息场所。因此，动物在群落中也存在分层现象。一般而言，群落中植物层次越多，动物种类往往也越多，如在森林群落中，虽然大多数鸟类可以同时利用几个不同的层次，但每一种鸟类都有自己最喜欢的层次，有的喜欢在林冠层，有的喜欢在乔木层，有的喜欢在灌木层，有的喜欢在地面层。在珠穆朗玛峰河谷森林里，白翅拟嘴雀总是成群地在森林的最上层活动，吃大量的滇藏方枝柏的种子；血雉和棕尾虹雉则是典型的森林底层鸟类，吃地面的苔藓和昆虫；煤山雀(*Tit*)、黄腰柳莺(*Willow warbler*)和橙胸鹟则喜欢在森林中层营巢。

2. 群落的水平结构

群落的水平结构是指群落的配置状况或水平格局，有人称之为群落的二维结构。根据群落组成成员的分布情况，构成了生物群落的水平格局(horizontal pattern)。

陆地群落的水平格局主要取决于植物的内在分布型。植物群落中某个物种或不同物种的水平配置是不一样的，多数群落中各物种常常形成斑块状镶嵌，也有的可能分布均匀。

植被的斑块性(patchness)和镶嵌性(mosaic)都是一种空间异质性的表现，这种空间异质性对于群落结构和演替有重要的影响。二层片在二维空间中的不均匀配置，使群落的外形表现为斑块相间，称之为镶嵌性，具有这种特征的植物群落叫做镶嵌群落。导致水平结构复杂性的原因有3个方面(图3-24)：

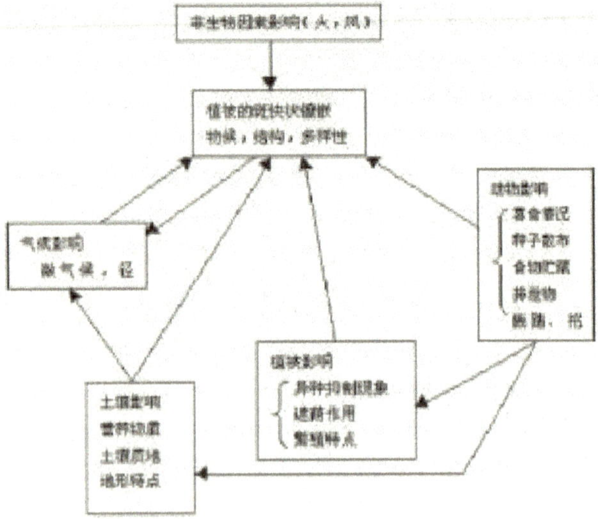

图3-24 陆地生物群落水平格局主要决定因素(Smith,1980)

(1) 亲代的扩散分布习性。风布植物（wind dispersal)、动物传布植物(animal dispersal)、水布植物(water dispersal)分布可能广泛，而种子较重或无性繁殖的植物，往往在母株周围呈群聚状。同样是风布植物，在单株、疏林、密林等情况下扩散能力也各不相同。

(2)环境异质性。由于成土母质、土壤质地和结构、水分条件的异质性导致动植物形成各自的水平分布格局。

(3)种间相互作用的结果。植食动物明显地依赖于它所取食的植物分布,再加上竞争、互利共生、偏利共生等结果。

3. *群落外貌、昼夜相和季相*

群落的形态与结构一般称为群落外貌(physiognomy)。群落外貌是认识植物群落的基础,也是区分不同植被类型的主要标志,如森林、草原和荒漠等。群落外貌决定于群落的种类组成和层片结构。

群落的外貌常常随时间的推移而发生周期性变化,这是群落的另一重要特征,即群落的时间结构。很多环境因素具有明显的时间节律(昼夜节律、季节节律)影响,群落结构表现出随时间而明显变化的特征,称为群落的时间格局(temporal pattern)。

群落的时间格局包括:一是由自然环境因素的时间节律引起群落各物种在时间上相应的周期性变化;二是群落在长期历史发展过程中,由一种群落类型转变为另一种群落类型的顺序过程,即群落的发展演替。可分为:

(1)昼夜相。如白天活动的动物(鸟类、蜻蜓)、夜晚活动的动物(猫头鹰、蛾类)。

(2)季相。如动物种的替代,植物的生长期,一年中的四季,热带雨林的旱季、雨季等。

群落的昼夜节律例子很多,在农田中,白天活动的有各种蝶类、蝇类等,夜间活动的有蛾类等。在树林里,白天可看到多种鸟类,夜间活动的有猫头鹰等。由于物种活动时间的差异,使群落结构在白天和夜间有所不同。

群落的季相也很普遍,在温带草原群落中,一年可有四或五个季相。早春,植物开始发芽,出现返青;夏季,雨水充沛,植物生长茂盛,呈现夏季季相;秋季,植物开始干枯,呈秋季季相;冬季季相则呈遍地枯黄。动物的季相变化也很明显,如在冬季,候鸟迁往南方,大多数变温动物进入休眠状态,有些种类在夏季进入夏眠。这些都是动物对不同环境变化的一种适应。

4. *群落交错区和边缘效应*

群落交错区(ecotone)是两个或多个群落之间(或生态地带之间)的过渡区域,又称生态交错区或生态过渡带。例如在森林和草原之间,或在一个柔软海底和坚硬海底,海洋群落之间存在着交错区。它是交叉地带或紧张地带,这种过渡带有的宽,有的窄,有的逐渐过渡,有的突然变化。

由于群落交错区的环境条件比较复杂,其植物种类往往更加丰富,从而能更多地为动物提供营巢、隐蔽和摄食的条件。因而在群落交错区中,既有相隔群落的生物种类,又可有交错区特有的生物种类,这种在群落交错区生物物种的数目及一些种密度增大的趋势被称为边缘效应(edge effect)。例如我国大兴安岭森林边缘,具有呈狭带状分布的林缘草甸,每平方米植物种数达30种以上,明显高于其内侧的森林群落与外侧的草原群落。比彻(Beccher,1942)在一大片包括一定数量沼泽和高地群落的土地上确定所有鸟类的位置，他发现大区段猫尾沼泽地里比有同样面积但含有无数小区段和植物群落的鸟巢要少，说明种群密度的增加与群落每单位地区边缘尺数的增加是同时进行的。美国伊利诺斯州森林内部的鸟仅登记14种,但在林缘地带达22种。

目前,人类活动正在大范围地改变自然环境,形成许多交错带,如城市发展、工矿建设、土地开发,均使原有景观的界面发生变化。这些新的交错带可看作半渗透界面,它可以控制不同系统之间能量、物质与信息的流通。

七、群落的动态

动态(dynamics)一词意义十分广泛,生物群落的动态至少应包括3方面的内容:①群落内部的季节变化与年际变化;②群落演替;③生物群落进化。

(一)季节动态

生物群落的季节变化(seasonal change)受环境条件(特别是气候)周期性变化的制约,并与生物种的生活周期关联。尤其是温带地区,气候的季节变化极为明显,树木和花草在春天发芽、生长,到了冬季,则进行休眠或枯萎。这种变化,年年如此,与气候的季节变化相一致。动物群落也同样有周期活动:蛇、熊和刺猬到冬季进行冬眠,到了春天就苏醒过来。浮游生物的数量变化也按周期上下波动。

群落的季节动态是生物群落本身内部的变化,并不影响整个群落的性质,有人称此为群落的内部动态。在中纬度及高纬度地区,气候四季分明,群落的季节变化也最明显。

草原生物的季节变化就是一个例子。我国北方羊草草原5月初植物萌动返青,7月开花结实,8月中旬地上生物量达到高峰值,9月下旬植物地上部分枯黄并停止生长。

(二)年变化

在不同年度之间,生物群落常有明显变动。这种变动反映于群落内部的变化,不产生群落的更替现象,一般称为波动(fluctuation)。群落的波动多数是由群落所在地区气候条件的不规则变化引起,其特点是群落区系成分相对稳定性,群落数量特征变化的不定性以及变化的可逆性。在波动中,群落在生产量、各成分的数量比例、优势种的重要值,以及物质和能量的平衡方面,也会发生相应变化。根据群落变化的形式,可将波动划分为以下3种类型:

(1)不明显波动。其特点是群落各成员的数量关系变化很小,群落外貌和结构基本保持不变。这种波动可能出现在不同年份气象、水文状况差不多一致的情况下。

(2)摆动性波动。其特点是群落成分在个体数量和生产量方面的短期变动(1~5年),它与群落优势种的逐年交替有关。例如在乌克兰草原上,遇干旱年份旱生植物(针茅和羊茅等)占优势,草原旅鼠(Lagurus lagurus)和社会田鼠(Microtus socialis)也繁盛起来;而在气温较高且降水较丰富的年份,群落以中生植物占优势,同时喜湿性动物如普通田鼠与林姬鼠增多。

(3)偏途性波动。这是气候和水分条件长期偏离而引起一个或几个优势种明显变更的结果。通过群落的自我调节作用,群落还可恢复接近于原来的状态,这种波动的时期可能较长(5~10年)。例如草原看麦娘占优势的群落,可能在缺水的情况下转变为匐枝毛茛群落占优势,以后又会恢复草原看麦娘群落占优势的状态。

需要指出的是,虽然群落的波动具有可逆性,但这种可逆是不完全的。一个生物群落经过波动之后的复原,通常不是完全恢复原来的状态,而只是向平衡状态靠近。群落中各种生物生命活动的产物总有一个积累的过程,土壤就是这些产物一个主要积累场所。这种量上的积累到一定程度就会发生质的变化,从而引起群落的演替,即群落基本性质的改变。

(三)演替

1. 演替概念

群落演替(commmuity succession)又称生态演替(ecological succession),是指在一定区域内,群落随时间而变化,由一种类型转变为另一种类型的生态过程。

举一个常见的例子,一块农田弃耕休闲后,初期的一两年内出现大量的一年生和两年生田间杂草,随后多年生植物开始侵入并定居下来,田间杂草的生长和繁殖开始受到抑制。随着时间进一步推移,多年生植物取得优势地位,一个具备特定结构和功能的植物群落形成了。相应地,适应于这个植物群落的动物区系和微生物区系也逐渐确定下来,整个生物群落仍在向前发展,当它达到与当地的环境条件,特别是气候和土壤条件都比较适应的时候,即成为稳定的群落。在草原地带,这个群落将恢复原生群落;若处于森林地带,它将进一步发展为森林群落。

这种有次序、按部就班的物种之间的替代过程,就是演替。

2. 演替基本类型

演替类型按照不同的原则可划分为多种演替类型:

(1)按照演替发生的时间进程,可分为:快速演替,是在几年或几十年期间发生的演替,草原弃耕地的恢复可以作为快速演替例子;长期演替,是延续几十年,有时是几百年期间内发生的演替,云杉林被采伐后的恢复演替可作为长期演替实例;世纪演替,延续的时间相当长久,一般以地质年代计算,常伴随气候的历史变迁或地貌的大规模改变而发生。

(2)按照演替发生的起始条件,可分为原生演替(primary succession)和次生演替(secondary succession)。前者是指开始于原生裸地或原生芜原(完全没有植被并且也没有任何植物繁殖体存在的裸露地段)上的群落演替,其演替系列称为原生演替系列;后者是指开始于次生裸地或次生芜原(不存在植被,但在土壤或基质中保留有植物繁殖体的裸地)上的群落演替,其演替系列称为次生演替系列。

(3)按基质的性质,分为水生演替、旱生演替和中生演替。后者是介于前两者之间的中生生境开始的演替。

(4)按控制演替的主导因素,可分为内因性演替和外因性演替。前者一个显著特点是,群落中生物生命活动的结果首先是它的生境得到改造,然后被改造了的生境又反作用于群落本身,如此相互促进,使演替不断向前发展。一切源于外因的演替最终都是通过内因生态演替来实现,因此,内因生态演替是群落演替最基本和最普遍的形式。后者是由于外界环境因素作用引起的群落变化,其中包括气候发生演替(由气候的变化导致)、地貌发生演替(由地貌变化引起)、土壤发生演替(起因于土壤的演变)、火成演替(由火的发生作为先导原因)和人为发生演替(由人类的生产及其他活动导致)。

(5)按群落代谢特征,可划分为自养性演替(autotrophic succession)和异养性演替(hetrotrophic succession)。自养性演替中,光合作用固定的生物量积累越来越多,例如由裸岩→地衣→苔藓→草本→灌木→乔木的演替过程。异养性演替如出现在有机污染的水体,由于细菌和真菌分解作用特别强,有机物质随演替而减少。群落生产 P 与群落呼吸 R 的比率是表示群落演替方向的良好指标, 也是表示污染程度的指标。

(6) 按演替方向, 可划分为进展演替 (progressive succession) 和逆行演替(retrogressive succession)。群落演替显示群落是从先锋群落经过一系列阶段,到达中生性顶极群落,这种沿着顺序阶段向顶极群落的演替过程称之为进展演替。逆行演替发生在人为破坏或自然灾害干扰因素之后,原来稳定性较大、结构较复杂的群落消失,代以结构简单、稳定性小的群落,利用环境和改造环境能力相对减弱,甚至倒退到裸地。

多数群落演替具有一定的方向性,但也有一些群落有周期性的变化,即由一个类型转变为另一个类型,然后又回到原有类型,称为周期性演替。例如石楠群落,其优势植物是石楠,在逐渐老化以后石蕊(一种地衣)侵入,石蕊死亡出现裸露的土壤,于是熊果入侵,以后石楠又重新取代之,如此循环往复。

3. 控制演替的几种主要因素

生物群落演替是群落内部关系(包括种内和种间关系)与外界环境中各种生态因子综合作用的结果。到目前为止,人们对于演替的机制了解还不够。要搞清演替过程中每一步发生的原因以及有效地预测演替的方向和速度，还有大量的工作要做。下面列出的仅是部分原因：

(1)植物繁殖体的迁移、散布和动物的活动性。植物繁殖体的迁移和散布普遍而经常发生。因此，任何一块地块，都有可能接受这些扩散来的繁殖体。当植物繁殖体到达一个新环境时，植物定居过程就开始了，植物定居包括植物发芽、生长和繁殖三个方面。经常可以观察到这样的情况：植物繁殖体虽到达了新的地点，但不能发芽；或是发芽了，但不能生长；或是生长成熟，但不能繁殖后代。只有当一个种的个体在新的地点上能繁殖时，定居才算成功。任何一片裸地上生物群落的形成和发展，或是任何一个旧的群落为新的群落所取代，都必然包括植物定居过程。因此，植物繁殖体的迁移和散布是群落演替的先决条件。

对于动物来说，植物群落成为它们取食、营巢、繁殖的场所。当然，不同动物对这种场所的要求不同。当植物群落环境变得不适宜它们生活的时候，它们便移出去另找新的合适生境，与此同时，又会有一些动物从别的群落迁来找新栖居地。因此，每当植物群落的性质发生变化的时候，居住在其中的动物区系实际上也在作相应的调整，使得整个生物群落内部动物和植物又以新的联系方式统一起来。

(2)群落内部环境的变化。有些情况下，群落内部环境的变化是由群落本身的生命活动造成的。比如，据 E.L.Rice 研究，在美国 Oklahoma 草原弃耕地恢复的第一阶段中，向日葵分泌物对自身的幼苗具有很强的抑制作用，但对第二阶段的优势种 Aristida oligantha 幼苗却不产生任何抑制作用。于是向日葵占优势的先锋群落很快被 Aristida oligantha 群落所取代。

由于群落中植物种群特别是优势种的发育导致群落内光照、温度、水分及土壤养分状况改变，也可为演替创造条件。比如，在云杉采伐后的林间空旷地带，首先出现的是喜光草本植物。但当喜光的阔叶树种定居下来，并在草本层以上形成郁闭树冠时，喜光草本便被耐荫草本取代。以后当云杉伸出于群落上层并郁闭时，原来发育很好的喜光阔叶树种便不能更新。这样，随着群落内光照由强到弱及温度变化由不稳定到较稳定，依次发生了喜光草本植物、阔叶树种阶段和云杉阶段的更替过程，也就是演替的过程。

(3)种内和种间关系的改变。组成一个群落的物种在其种群内部以及物种之间都存在特定的相互关系，这种关系随着外部环境条件和群落内环境的改变而不断地进行调整。当密度增加时，不但种群内部的关系紧张化了，而且竞争能力强的种群得以充分发展，竞争能力弱的种群则逐渐缩小自己的地盘，甚至被排挤到群落之外，这种情形常见于尚未发育成熟的群落。

处于成熟、稳定状态的群落在接受外界条件刺激的情况下，也可能发生种间数量关系重新调整的现象，使群落特性或多或少地改变。

(4)外界环境条件的变化。虽然决定群落演替的根本原因存在于群落内部,但群落之外的环境条件诸如气候、地貌、土壤和火等,常可成为引起演替的重要条件。气候决定群落的外貌和群落的分布,也影响群落的结构和生产力。气候的变化,无论是长期还是短暂的,都会成为演替的诱发因素。地貌的改变会使水分、热量等生态因子重新分配,反过来又影响群落本身。冰川、地震、火山活动等,可使地球表面的生物部分或完全毁灭,从而使演替从头开始。小范围的地表形态变化(如滑坡、洪水冲刷)也可以改造一个生物群落。土壤的理化性质对于置身于其中的植物、土壤动物和微生物的生活有密切关系,土壤性质的改变势必导致群落内部物种关系的重新调整。火是一个重要的诱发演替的因子,火烧可以造成大面积的次生裸地,演替可以从裸地上重新开始;火也是群落发育的一种刺激因素,它可使耐火的物种更旺盛地发育,而使不耐火的物种受到抑制。当然,影响演替的外部环境条件并不仅限于上述几种。凡是于群落发育有关的直接或间接的生态因子都成为演替的外部因素。

(5)人类的活动。人对生物演替的影响远远超过其他所有的自然因子,因为人类生产活动通常是有意识、有目的地进行,可以对生态环境中的生态关系起着促进、抑制、改造和重建的作用。放火烧山、砍伐森林、开垦土地等,都可使生物群落改变面貌。人还可以经营、抚育森林,管理草原,治理沙漠,使群落演替按照不同于自然的道路进行。人们甚至还可以建立人工群落,将演替的方向和速度置于人为控制之下。

4. 演替系列

群落演替过程从植物定居开始,到形成稳定的植物群落为止,这个过程称为演替系列。演替系列中的每一个明显步骤,称为演替阶段或演替时期。

(1)水生演替系列。一般淡水湖泊中,只在5~7 m以内的湖底,才有较大型水生植物生长;水深超过5~7 m时,便是水底裸地了。通常依据淡水湖湖底由深至浅的变化,水生演替系列(hydrosere)将依次出现以下演替阶段:①自由漂浮植物阶段。浮萍、满江红以及藻类植物等漂浮生长,其死亡的残体将增加湖底的有机物质,同时湖岸雨水冲刷及入湖河流带来的矿物质微粒也会逐渐淤高湖底。②沉水植物阶段。在水深5~7 m处,湖底裸地上最先出现的先锋植物是轮藻属(Chana)植物,其生物量相对较大,使湖底有机质积累加快。当水深至2~4 m时,金鱼藻(*Cerotoohyllum*)、眼子菜(*Potamogeton*)、黑藻(*Hydrilla*)、茨藻(*Najas*)等高等水生植物开始大量出现,这些植物生长繁殖能力更强,垫高湖底的作用更加强烈。③浮叶根生植物阶段。湖底日益变浅,导致莲、睡莲等浮叶根生植物出现。这些植物一方面由于其自身生物量较大,其残体对进一步抬升湖底有明显作用,另一方面,由于这些植物的叶片漂浮在水面,使水下光照条件变差,不利于沉水植物的生长,迫使沉水植物向较深的湖底转移,这又起到了垫高湖底的作用。④直立水生植物阶段。浅湖底为直立水生植物(如芦苇、香蒲、泽泻等)创造了良好的条件,此类植物的出现和繁衍,最终取代了浮叶根生植物。这类植物的根茎极为茂盛,常交织在一起,使湖底更迅速地抬高,有的地方甚至可以形成一些浮岛,该处开始具有陆地生境的特点。⑤湿生草本植物阶段。从湖中露出的地面,不仅含有丰富的有机质,而且含有近于饱和的土壤水分,喜湿的沼泽植物(如莎草科和禾本科中一些湿生种类)开始在此定居。随着生境中水分的大量丧失,旱生草类将很快取代湿生草类。⑥木本植物阶段。在湿生草本植物群落中,最先出现的木本植物是灌木,而后随着树木的侵入,逐渐形成森林,其湿生生境也最终改变为中生生境。

(2)旱生演替系列。旱生演替系列(xerosere)是从环境条件极端恶劣的岩石表面或砂地上开始的,包括以下几个演替阶段:①地衣植物群落阶段。岩石表面无土壤,光照强,温度变化大,贫瘠而干燥。在这样的环境条件下,最先出现的是地衣,而且是壳状地衣。地衣分泌的有机酸腐蚀了坚硬的岩石表面,加之物理和风化作用,岩石表面出现了一些小颗粒,在地衣残体的作用下,该细小颗粒有了有机成分。其后,叶状地衣和枝状地衣继续作用于岩石表层,使其更加松软,岩石碎粒中的有机质也逐渐增多。此时地衣植物群落创造的较好生境,反而不适于它自身的生存,却为较高等植物类群创造了生存条件。②苔藓植物群落阶段。地衣群落发展的后期,开始出现苔藓植物。苔藓植物也能耐受极端干旱的生境。苔藓残体比地衣大得多,它们的繁殖可以积累更多的腐殖质,同时对岩石表面的改造作用更加强烈。岩石颗粒变得更细小,松软层更厚,为土壤的发育和形成创造了更好的条件。③草本植物群落阶段。一些耐旱的植物开始侵入,如禾本科、菊科、蔷薇科等。种子植物对环境的改造作用更加强烈,小气候和土壤条件更有利于植物的生长。④灌木群落阶段。草本群落发展到一定程度时,一些喜阳的灌木开始出现。它们常与高草混生,形成"高草灌木群落"。其后灌木数量大量增加,成为以灌木为优势的群落。⑤乔木群落阶段。灌木群落发展到一定时期,为乔木的生存提供了良好的环境,喜阳树木开始增多。随着时间推移,逐渐就形成了森林。最后,形成与当地大气候相适应的乔木群落,形成了地带性植被,即顶极群落。

应指出的是,在旱生演替系列中,地衣和苔藓植物阶段所需时间最长,草本植物群落到灌木阶段所需时间较短,到了森林阶段,其演替的速度又开始放慢。

5. 演替顶极

有关演替顶极的理论主要有 3 种:单元顶极论、多元顶极论和顶极—格局假说。

(1)单元顶极论(monoclimax hypothesis)。这个学说在 19 世纪末、20 世纪初就已基本形成,首创人是 H.C.Cowles 和 Clements。Clements 认为,演替就是在地表上同一地段顺序出现各种不同生物群落的时间过程。任何一类演替都经过迁移、定居、群聚、竞争、反应、稳定6个阶段。到达稳定阶段的群落，就是和当地气候条件保持协调和平衡的群落，这是演替的终点，这个终点就称为演替顶极。在某一地段上，从先锋群落到顶极群落按顺序发育的那些群落，都可以称为演替系列群落(sere)。Clements指出，在同一气候区内，无论演替初期的条件多么不同，群落总是趋向于减轻极端情况而朝向顶极方向发展，从而使生境适合于更多的生物生长。演替初始的先锋群落可能极不相同，但演替过程中群落间的差异会逐渐缩小，逐渐趋向一致。因而，无论是水生型生境，还是旱生型生境，最终都趋向于中生型生境，均会发展成为一个稳定的气候顶极(climatic climax)。

在一个气候区内，除了气候顶极之外，还会出现一些由于地形、土壤或人为等因素决定的稳定群落。为了和气候顶极相区别，Clements将它们统称为前顶极(preclimax)，并在其下又划分了若干前顶极类型，如在气候顶极以前一个相当稳定的亚顶极(subclimax)；由于强烈而频繁干扰引起的相对稳定的偏途顶极(disturbans climax或disclimax，也称分顶极或干扰顶极)；由于局部气候比较适宜而产生的预顶极(preclimax，也称先顶极)；由于局部气候条件较差(如炎热、干燥)而产生的超顶极(postclimax，也称后顶极)。

但无论是哪种形式的前顶极，按照Clements的观点，只要时间足够，它们都能够发展为气候顶极。关于演替的方向，他认为，在自然状态下，总是表现为进展演替(progressive succession)，而不可能是后退的逆行演替(regressive或retrogressive succession)。

单元顶极论提出以来，在世界各国尤其是英美等国引起强烈反响，得到不少学者支持，但也有人提出批评意见甚至持否定态度。他们认为，只有在排水良好、地形平缓且人为影响较小的地带性生境才能出现气候顶极。再者，从地质年代看，气候也并非永远不变，有时极端气候的影响很大。例如，1930年美国大平原大旱引起群落的变更，直到现在尚未完全恢复原来真正草原植被的面目。此外，植物群落的变化往往落后于气候的变化，残余群落的存在即可说明这一事实。例如，内蒙古毛乌素沙区的黑格兰(Rhamnus erythroxylon)灌丛就是晚更新世早期的森林植被残余下来的。

(2)多元顶极论(polyclimax theory)。多元顶极论由英国A.G.Tansley提出，他认为，如果一个群落在某种生境中基本稳定，能自行繁殖并结束它的演替过程，就可看作顶极群落。在一个气候区域内，群落演替的最终结果，不一定都汇集于一个共同的气候顶极终点。除了气候顶极之外，还有土壤顶极(edaphic climax)、地形顶极(topographic climax)、火烧顶极(fire climax)、动物顶极(zootic climax)；还可存在一些复合型的顶极，如地形—土壤顶极(topo-edaphic climax)和火烧—动物顶极(fire-zootic climax)等。这样一来，一个植物群落只要在某一种或几种环境因子的作用下，较长时间内保持稳定状态，都可认为是顶极群落，它和环境之间达到了较好的协调。

不论是单元顶极论还是多元顶极论，都承认顶极群落是经过单向变化而达到稳定状态的群落；而顶极群落在时间和空间上的分布，都和生境相适。两者不同点在于：①单元顶极论认为，只有气候才是演替的决定因素，其他因素都是次要的，但可阻止群落发展为气候顶极；而多元顶极论则强调生态系统中各个因素的综合影响，除气候外的其他因素，也可以决定顶极的形成。②单元顶极论认为，在一个气候区域内，所有群落都有趋同性的发展，最终形成气候顶极；而多元顶极论不认为所有群落最后都会趋于一个顶极。

(3)顶极—格局假说(climax-pattern hypothesis)。该学说由 Whittaker 提出，他认为植物群落虽然由于地形、土壤的显著差异及干扰，必然产生某些不连续，但从整体上看，植物群落是一个相互交织的连续体。他强调景观中的种群各以自己的方式对环境因素的相互作用进行独特的反应。该学说认为，在任何一个区域内，环境因子都是连续不断变化的；随着环境梯度的变化，各种类型的顶极群落，如气候顶极、土壤顶极等，不是截然成离散状态，而是连续变化的，因而形成连续的顶极类型，构成一个顶极连续变化的格局；格局中分布最广泛、位于格局中心的顶极群落，称为优势顶极，它是最能反映该地区气候特征的顶极群落。

八、群落分类与排序

群落分类通常分为人为分类和自然分类两种。人为分类是人们依据群落的个别特征或某些实用价值而进行的分类，如将森林划分为用材林、防护林、水土保持林等；自然分类主要依据群落的亲缘关系及其综合特征，是力图反映群落内在联系的分类方法。现有的自然分类系统中，有的以植物区系组成为分类基础，有的以生态外貌为依据，也有的以动态特征为根据。事实上，不管是哪种分类，都以植物群落本身的特征作为分类依据，同时十分注意群落的生态关系。

(一)群落分类

1. 分类原则及系统

我国生态学家在《中国植被》(1980)一书中，采用了不重叠的等级分类方法，贯穿了“群落学生态学”原则，以群落本身的综合特征作为分类依据，群落的种类组成、外貌和结构、地理分布、动态演替及其生态环境特征等，在不同的等级中均作了相应的反映。所采用的主要分类单位分三级：植被型(高级单位)、群系(中级单位)和群丛(基本单位)。每一等级之上和之下又各设一个辅助单位和补充单位，高级单位的分类依据侧重于外貌、结构和生态地理特征，中级和中级以下的单位侧重于种类组成。其系统如下：

植被型组(vegetation type group)
植被型(vegetation type)
植被亚型(vegetation subtype)
群系组(formation group)
群系(formation)
亚群系(subformation)
群丛组(association group)
群丛(association)
亚群丛(subassociation)

2. 各分类单位的依据

群丛是植物群落分类的基本单位，相当于植物分类中的种。凡是层片结构相同,各层片的优势种或共优种相同的植物群落联合为群丛。如羊草+大针茅这一群丛组内，羊草+大针茅+黄囊苔（*Carex korshinskyi*）草原和羊草+大针茅+柴胡(*Bupleurum scorzonerifolium*)草原属于不同群丛。

凡是建群种或共建种相同的植物群落联合为群系。例如,凡是以大针茅为建群种的任何群落都可归为大针茅群系,依此类推,如兴安落叶松群系、羊草群系、红沙(*Reaumuria soongorica*)群系等。如果群落具共建种,则称共建种群系,如落叶松、白桦(*Betula platyphylla*)混交林。

植被型在植被型组内,与建群种生活型(一级或二级)相同或相似,同时对水热条件生态关系一致的植物群落联合为植被型,如寒温性针叶林、暖性针叶林或夏绿阔叶林、常绿阔叶林等。

3. 群落命名

群落命名就是给表征每个分类单位的群落定以名称。我国习惯采用联名法进行群丛命名,即将各个层中的建群种或优势种和生态指示种的学名按顺序排列,并在前面冠以 Ass.(association 的缩写)，不同层之间的优势种以“—”相连。如 Ass. *Larix gmelini–Rhododendron dahurica–Phyrola incarnata*（兴安落叶松—杜鹃—红花鹿蹄草群丛)。如果某一层具共优种，这时可用“+”相连如。如 Ass.*Larix gmelini–Rhododendron dahurica–Phyrola incarnata+Carexsp*。如果最上层的植物不是群落的建群种,而是伴生种或景观植物,这时用“ < ”(或用“ ‖ ”或“( )”)来表示层间关系。如 Ass.*Caragana microphylla*<(或‖)*Stipa grandis–Cleistogenes squarrasa–Artemisia frigida* 或 Ass.(*Caragana microphylla*)*Stipa grandis–Cleistogenes squarrasa*。对草本群落命名时,习惯上用“+”来连接各亚层的优势种,而不用“–”。

群系命名是只取建群种的名称,如东北草原以羊草为建群种组成的群系,称为羊草群系,即 Form Aneurolepidium chinense。如果该群系具两个以上优势种,则两优势种中间“+”连接。

群系以上高级分类单位不以优势种来命名，一般以群落外貌——生态学的方法命名，如山顶常绿阔叶矮林、湖岸落叶阔叶林等。

(二)群落排序

排序(ordination)一词最早由 Ramansky 于 1930 年提出。所谓排序，就是把一个地区内所调查的群落样地，按照相似度(similarity)来排定位序，从而分析各样地之间及其与周围生境之间的相互关系。

排序基本上是一个几何问题，即把样地作为点，在以属性为坐标轴的 P 维空间中(P 个属性)，按其相似关系把它们排列出来。简单地说，按属性去排序实体叫正分析(normal analysis)或叫 Q 分析(Q analysis)。排序也可有逆分析(inverse analysis)或叫 R 分析(R analysis)，即按实体去排序属性。通过排序可以显示实体在属性空间中位置的相对关系和变化趋势。如果它们构成分离的若干点集，也可达到分类的目的；结合其他生态学知识，还可以用来研究演替过程，找出演替的数量指标。如果我们既用物种组成的数据，又用环境因素的数据去排序同一实体集合，从两者的变化趋势，容易揭示物种与环境因素的关系，从而提出生态解释的假设。特别是，可以同时用这两类不同性质的属性(种类组成及环境)一起去排序实体，更能找出两者的关系。

排序方法可分为两类。利用环境因素排序称为直接排序(direct ordination)，又称直接梯度分析(direct gradiant analysis)或者梯度分析，即以群落生境或其中某一生态因子的变化，排定样地生境的位序；另一类排序是群落排序，是用群落本身属性(如种的出现与否，种的频度、盖度等)排定群落样地的位序，称为间接排序(indirect ordination)，又称间接梯度分析(indirect gradiant analysis)或者组成分析。

第四节 生态系统

一、生态系统概念与特征

(一)生态系统概念

生态系统(ecosystem)是指在一定空间区域内，生物与非生物环境之间通过不断地进行物质循环、能量流动和信息传递过程而形成相互作用和相互依存的统一整体。研究生态系统的科学就叫生态系统学或生态系统生态学。

生态系统是生态学中最重要的概念之一，也是自然界最重要的功能单位之一。生态系统一词是英国生态学家 A.G.Tansley 于 1935 年首先使用，生态系统这个术语主要强调一定地域中各种生物相互之间、它们与环境之间功能上的统一性。

稍后,前苏联学者苏卡乔夫提出了“生物地理群落”概念。苏卡乔夫把生物地理群落概括为一个简单而明确的公式:生物地理群落=生物群落+生境。生物群落包括植物群落、动物群落和微生物群落,生境包括气候和土壤。生物地理群落是自然界的基本单位。1965年,在丹麦哥本哈根召开的国际学术会议上,生物地理群落和生态系统被认定为是同义语。

对生态系统理论建立起重大作用的学者还有 Lindeman,他于20世纪30年代末对塞达波格湖(Cedar Bog Lake)展开了详细生态学研究工作,揭示了营养物质转移规律,创造了营养动态模型,提出了著名的“百分之十规律”,标志生态学从定性走向定量阶段。

当代生态学家对生态系统生态学贡献卓著者,首先应该提到 E.P.Odum 和 H.T.Odum 两兄弟,他们创造性地提出了生态系统发展中结构和功能特征的变化规律。他们共同出版的《生态学基础》一书,是一部以生态系统为框架极富新意的著作。

(二)生态系统特征

在自然界只要在一定空间内存在生物和非生物两种成分,并能互相作用达到某种功能上的稳定性,这个整体就可以视为一个生态系统。因此,在我们居住的这个地球上有许多大大小小的生态系统,大至生物圈(biosphere)或生态圈(ecosphere)、海洋、陆地,小至森林、草原、湖泊和小池塘,他们都具有一些共同特征:

(1)生态系统是生态学上一个主要结构和功能单位,属于生态学研究的最高层次。

(2)生态系统内部具有自我调节能力,生态系统的结构越复杂,物种数目越多,自我调节能力就越强。

(3)能量流动、物质循环和信息传递是生态系统三大功能。通常,物种组成的变化、环境因素的改变和信息系统的破坏是导致系统自我调节失效的主要原因。

(4)生态系统中营养级数目受限于生产者所固定的最大能值和这些能量在流动过程中的巨大损失,生态系统营养级的数目一般不会超过五个。

(5)生态系统是一个动态系统,要经历一个从简单到复杂、从不成熟到成熟的发育过程。

(三)生态系统类型

根据人类活动对生态系统影响的大小,可以分为自然生态系统(natural ecosystem)和人工生态系统(artificial ecosystem)。热带雨林、珊瑚礁等都是典型的自然生态系统，而农业生态系统和城市生态系统等则属于人工生态系统。

根据生态系统所在环境的性质，可分为水生生态系统（aquatic ecosystem，包括淡水生态系统、海洋生态系统等）和陆地生态系统（terrestrial ecosystem，包括森林生态系统、草原生态系统、荒漠生态系统等）。

二、生态系统组成

自然界中存在着各种各样的生态系统，但任何生态系统都是由非生物部分和生物部分组成。非生物部分主要包括气候（光照、温度、湿度、风和雨雪等）、基质和介质（岩石、土壤、水、空气）、无机物质（氧、氮、二氧化碳、水和无机盐等）和有机物质（腐殖质、蛋白质、碳水化合物和脂类等）。根据生物在生态系统中的地位和发挥的作用，生物成分可划分为生产者、消费者和分解者，即三大功能类群。生态系统的成分都可以概括为：生命支持系统（非生物环境）、生产者、消费者和分解者 4 种基本成分（如图 3-25）。

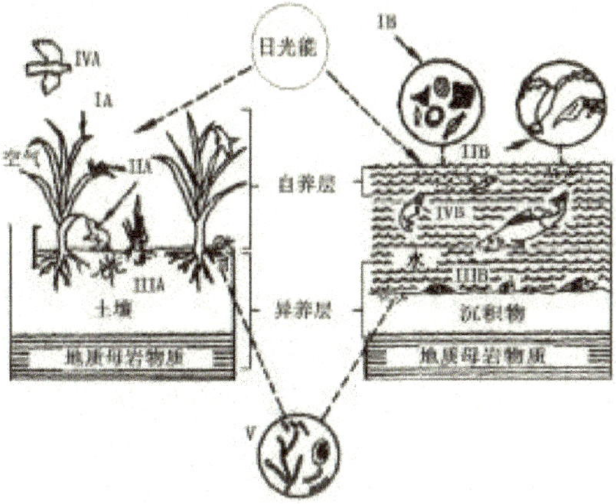

图 3-25　陆地生态系统（草地）和水生生态系统（池塘）营养结构的比较（仿 Odum，1983）

Ⅰ自养生物：ⅠA 草本植物，ⅠB 浮游植物；Ⅱ食草动物：ⅡA 食草性昆虫和哺乳动物，ⅡB 浮游动物，Ⅲ食碎屑动物：ⅢA 土壤土壤动物，ⅢB 水体底栖土壤动物；Ⅳ食肉动物：ⅣA 鸟类及其他；ⅣB 鱼类及其他；Ⅴ腐食性生物、细菌和真菌。

（一）生产者

生产者（producers）包括所有绿色植物、蓝绿藻和少数化能合成细菌等自养生物。这些生物可以通过光合作用把水和二氧化碳等无机物合成为碳水化合物、蛋白质和脂肪等有机物，并能把太阳能转变为化学能，贮存在合成的有机物中。生产者通过光合作用不仅为本身的生存、生长和繁殖提供营养物质和能量，而且它所制造的有机物也是消费者和分解者惟一的能量来源。生态系统中的消费者和分解者是直接或间接地依赖生产者为生,没有生产者也就不会有消费者和分解者。由此可见,生产者是生态系统中最基本和最关键的生物成分。太阳能只有通过生产者的光合作用才能源源不断地输入生态系统,然后被其他生物所利用。

(二)消费者

消费者(consumers)是指依靠活着的动植物为食物的生物。直接以植物为食的动物叫植食动物(herbivores),又叫一级消费者(如马、牛、羊等)。以植食动物为食的动物叫肉食动物(carnivores),也叫二级消费者,如食野兔的狐和捕捉羚羊的猎豹等。此外,还有二级肉食动物(三级消费者)、三级肉食动物(四级消费者)直至顶级肉食动物。

消费者也包括那些既吃植物也吃动物的杂食动物(omnivores)。有些鱼类是杂食性的,它们吃水藻、水草,也吃水生无脊椎动物。许多动物的食性随着季节和年龄变化,麻雀在秋季和冬季以吃植物为主,但是到夏季的生殖季节就以吃昆虫为主。食碎屑者(detritivores)也应属于消费者,它们的特点是只吃死的动植物残体。消费者中还应包括寄生生物,寄生生物靠取食其他生物的组织、营养物和分泌物为主。

(三)分解者

分解者(decomposers,redusers)在生态系统中的基本功能是把动植物死亡后的残体分解为最简单的无机物,以把它们释放到环境中去,供生产者重新吸收和利用。若生态系统中没有分解者,动植物遗体就会很快堆积起来,各种营养物质很快会发生短缺,导致整个生态系统瓦解和崩溃。由于分解过程对于物质循环和能量流动具有非常重要的意义,所以分解者在任何生态系统中都是不可缺少的组成成分。有机物质的分解过程是一个复杂、逐步降解的过程,除了细菌和真菌两类主要的分解者之外,其他大大小小以动植物残体和腐殖质为食的各种动物在分解过程中也不同程度地发挥作用,如专吃兽尸的兀鹫,食朽木、粪便和腐烂物质的甲虫、白蚁、粪金龟子、蚯蚓和软体动物等。有专家把这些动物称为大分解者,把细菌和真菌称为小分解者。

三、生态系统结构

生态系统各组分只有通过一定的方式组成一个完整、可以实现一定功能的系统时,才能称其为完整的生态系统。生态系统要正常的运转,除了生态系统的组分外,还必须要有结构。图 3-26 表示生态系统结构的一般模型。由图可见,生态系统可分为 3 个亚系统,即生产者亚系统、消费者亚系统和分解者亚系统。在长期的进化过程中，3个亚系统相互作用，形成一个统一的整体。生产者、消费者和分解者3个亚系统和非生物环境系统都是生态系统维持其生命活动必不可少的成分。

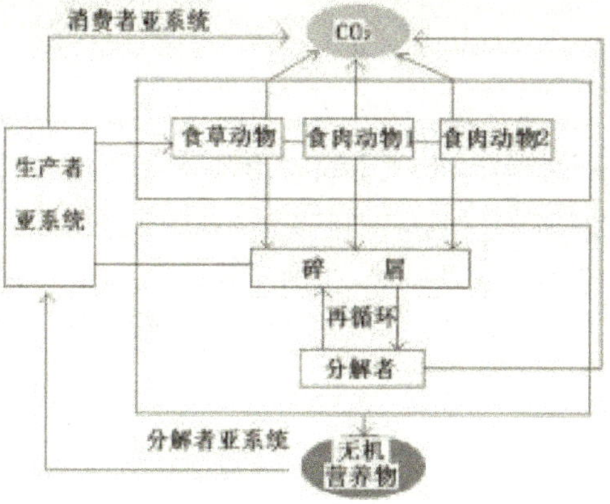

图3-26　生态系统结构的一般模型(仿Anderson,1981)

(一)形态结构

生态系统形态结构(morphological structure)是指生态系统中的生物种类、种群数量、种的空间配置(水平和垂直分布)、种的时间变化(发育和季相)是生态系统的结构特征。这些特征实际上与生物群落的结构特征一致，如绿色植物在垂直方向上的成层现象，是根据光在垂直方向上沿高度变化的规律，在不同高度上出现了不同植物种类、数量的现象。动物在垂直方向也有一定的空间分布特征，如不同鸟类可以在不同高度上觅食、生存。地面以下也具有分层现象，如植物的根系在土壤中不同深度的配置，构成地下部分的结构特征。与之相适应，动物和微生物分布在根际周围或穴居在土壤不同深度。生态系统中生物群落水平结构一般分为均匀分布、团块分布和不均匀分布3种类型。

(二)营养结构

生态系统营养结构(trophic structure)是一种以营养为纽带，把生物和非生物紧密结合起来，构成以生产者、消费者、分解者为中心的3大功能类群。生态系统营养结构对于每一个生态系统都有其特殊性和复杂性。生态系统营养结构一般从食物链、食物网、营养级、生态金字塔等方面来研究。

1. 食物链

绿色植物固定的太阳能通过一系列的取食和被取食关系在生态系统中传递，生物之间存在的这种传递关系称为食物链(food chain)。由于受能量传递效率的限制，食物链的长度不可能太长，一般食物链都是由4～5个环节构成，如鹰捕蛇、蛇吃小鸟、小鸟捉昆虫、昆虫吃草，最简单的食物链由3个环节构成，如狐狸捕食兔、兔吃草。

在生态系统中，存在 4 种食物链类型：捕食食物链（grazing food chain）、碎屑食物链（ditrital food chain）、寄生食物链（parasitial food chain）、腐食食物链（saprophagous food chain）。

（1）碎屑食物链。碎屑食物链以碎屑为基础，其构成方式：碎屑物→碎屑物消费者→小型肉食动物→大型肉食动物，如枯枝落叶→真菌→红松鼠、花鼠食物链。碎屑食物链是以死生物或腐屑为起点的食物链。在大多数陆生生态系统和浅水生态系统中，生物量的大部分不是被捕食，而是死后被微生物所分解，能流是以碎屑食物链为主。例如，在潮间带的盐沼生态系统，活植物被动物吃掉的大约 10%，其他 90%是在死后被腐食动物和小分解者利用。据研究，一片杨树林的生物量 6%是被动物取食，其余 94%都是在枯死后被分解者所分解。

（2）捕食食物链。捕食食物链直接以生产者为基础，其构成方式为：植物→植食动物→肉食动物。如在草原上：草→野兔→狐狸→狼；在湖泊中：藻类→甲壳类→小鱼→大鱼。捕食食物链虽然是人们最容易看到的，但它在陆生生态系统和很多水生生态系统中并不是主要的食物链，只是在某些水生生态系统中，捕食食物链才成为能量流动的主要渠道，如 Carter 和 Lund 曾发现某些植食性的原生动物在 7 ~ 14 天内就可将 99%的某些浮游藻类吞食掉。

（3）寄生食物链。寄生食物链由宿主和寄生生物构成，由于寄生生物的生活史很复杂，所以寄生食物链也很复杂。例如寄生在哺乳动物和鸟类身上的跳蚤可以被细滴虫（*Leptomonas*，一种寄生原生动物）所寄生。又如，小蜂幼虫寄生在姬蜂或寄生蝇的幼虫体内，而后者又寄生于其他昆虫幼虫体内。在这些寄生食物链内，寄主的体积最大，以后沿着食物链寄生物的数量越多，体积越来越小。

（4）腐食食物链。腐食食物链以动植物的遗体为基础。例如，丽蝇在动物尸体内产卵，卵孵化出蝇幼虫，蝇幼虫分泌出特殊的酶，把肉降解为腐臭物质，然后以其中的蛋白质为生。

2. 食物网

生态系统中许多的食物链不是孤立的，而是纵横交错、紧密连接在一起。例如，食虫鸟不仅捕食瓢虫，还捕食蝶、蛾类等多种无脊椎动物，而食虫鸟自己不仅被鹰隼捕食，同时也是猫头鹰的捕食对象。由此可见，在生态系统中，生物成分之间通过能量传递关系存在一种错综复杂的普遍联系，这种联系就如同一个无形的网把所有生物都包括在内，使它们彼此之间都有某种直接或间接的关系，称为食物网（food web），图 3-27 就是一个陆地生态系统食物网的一部分，食物网是自然界普遍存在的现象。生产者制造有机物，各级消费者消耗这些有机物，生产者和消费者之间相互矛盾，又相互依存。无论是生产者还是消费者，其中某一种群数量突然发生变化，必然牵动整个食物网，并且在食物链上反映出来。

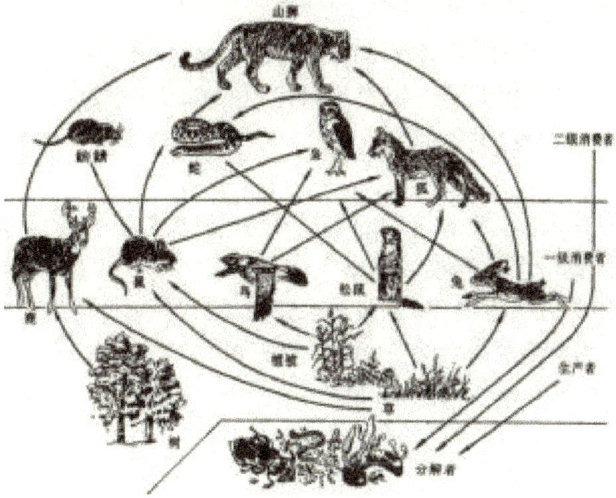

图 3-27 陆地生态系统的部分食物网(李博等,2000)

一般认为,食物网越复杂,生态系统抵抗外力干扰的能力就越弱,食物网越简单,生态系统就越容易发生波动和毁灭。例如,在一个岛屿中只生活着草、兔和狼,在这种情况下,兔一旦消失,狼就会饿死。在一个具有复杂食物网的生态系统中,一般不会由于一种生物消失而引起整个生态系统失调,但任何一种生物灭绝都会对生态系统产生不同程度的影响。当一个生态系统的食物网变得非常简单时,任何外力都可能引起整个生态系统发生剧烈的波动。

(三)营养级

自然界中的食物链和食物网是物种和物种之间的营养关系,这种关系错综复杂,至今还没有一种食物网能够如实地反映出自然界食物网的复杂性。为了便于进行能量流动分析和物质循环研究,生态学家提出了营养级(trophic levels)概念。

一个营养级是指处于食物链某一环节上所有生物种的总和。营养级之间的关系已经不是一种生物与另一种生物之间的关系,而是一类生物与另一类生物之间的关系。作为生产者的绿色植物和其他自养生物位于食物链的起点,即食物链的第一环节,为第一营养级;所有以生产者(主要是绿色植物)为食的动物都属于第二营养级;第三营养级包括所有以植食动物为食的肉食动物。依此类推,还可以有第四营养级和第五营养级。由于食物链的环节数目受到限制,所以营养级的数目也不可能很多,一般为 3~5 个。

很多生物往往难以根据它们的营养关系,把它们放在某一特定的营养级中,因为它们可以同时在几个营养级取食或随着季节的变化而改变食性。如螳螂既捕食植食性昆虫,又捕食肉食性昆虫;野鸭既吃水草,也吃螺虾,还有些动物幼虫和成虫的食性也不一样，如大多数寄生昆虫的幼虫是肉食性的，而成虫则主要是植食性的。一般来说，距离第一营养级越远的动物越有可能捕食两个或更多营养级中的生物，距离第一营养级越近的生物受到取食和捕食的压力也越大，因而这些生物的种类和数量也就越多，生殖能力也越强，这样可以补偿因遭强度捕食而受到的损失。

通过对捕食者和被捕食者之间的关系、植食动物和植物之间关系广泛的研究，现已发现，在输入到一个营养级的能量中，大约只有10%～20%能够流通到下一个营养级，其余的则为呼吸所消耗。与各种机器比较，这种能量转化效率相当低。不过重要的一点，生物机器是自我维持和自我繁殖的系统，为此必须消耗大量的呼吸能。倘若将人造机器和生物作比较，则必须把建造和维持这两种系统所消费的能量都包括在内。

（四）生态效率

生态效率（ecological efficiency）是指各种能流参数中的任何一个参数在营养级之间或营养级内部的比值，常用百分数表示，也可以称为传递效率（transfer efficiency）。

同化效率（assimilation efficiency）和生长效率（Production efficiency）是最常用的描述营养级内生态效率的指标。同化效率指植物吸收的日光能中被光合作用所固定的能量比例，或被动物摄食的能量中被同化了的能量比例。一般肉食动物的同化效率比植食动物要高些。生长效率包括生态生长效率和组织生长效率，通常植物的生长效率大于动物的，大型动物的生长效率小于小型动物的，年老动物的生长效率小于幼年的，变温动物的生长效率大于恒温动物。生物的组织生长效率高于其生态生长效率。

林德曼效率（Lindemans efficiency）是最重要的描述营养级之间生态效率指标。林德曼效率是Lindeman在经典能流研究中提出的，它相当于同化效率、生长效率和消费效率的乘积，但也有学者把营养级间的同化能量之比值视为林德曼效率：

$$林德曼效率=(n+1)营养级摄取的食物/n营养级摄取的食物$$

或

$$林德曼效率=(n+1)营养级同化量/n营养级同化量$$

根据林德曼测量结果，这个比值大约为1/10，曾被认为是重要的生态学定律，称作十分之一定律（或百分之十定律），即从一个营养级到另一个营养级的能量转换效率为10%，也就是说，能量每通过一个营养级就损失90%。因此，营养级一般不能超过4级。但这仅是在湖泊生态系统中的一个近似值，在其他生态系统中，林德曼效率变化很大，高可达到30%，而低可能只有1%，甚至更低。

(五)生态金字塔

生态金字塔(ecological pyramids)是指各个营养级之间的数量关系,这种数量关系可采用生物量单位、能量单位和个体数量单位,采用这些单位构成的生态金字塔分别称为生物量金字塔(pyramid of biomass)、能量金字塔(pyramid of energy)和数量金字塔(pyramid of number)(图 3-28)。

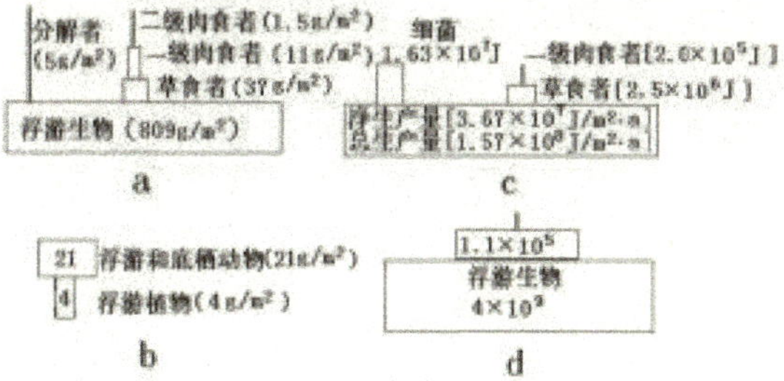

图 3-28 三种类型的生态锥体(李博等,2000)

a:生物量金字塔;b:生物量金字塔(倒形);c:能量金字塔;d:数量金字塔。

1. 生物量金字塔

生物量金字塔以生物干重表示每一个营养级中生物的总重量。一般来说,绿色植物的生物量要大于它们所养活的植食动物的生物量,植食动物的生物量大于以它们为食的肉食动物的生物量。例如,有人曾计算过一块荒地中各个营养级的生物量,植物的生物量为 500 g/m^2,植食动物的生物量为 1g/m^2,肉食动物的生物量只有 0.01g/m^2。因此,从低营养级到高营养级,生物量通常是逐渐减少的,利用生物量资料所绘出的生态金字塔图形是下宽上窄的锥形体。这种情况在陆地和浅水生态系统中最为常见,因为在这些生态系统中,生产者个体大,积累的有机物质多,生活史长且只有很少量被取食。但是,在湖泊和开阔的海洋生态系统中,微小的单细胞藻类是主要的生产者,它们的世代周期短,繁殖迅速,只能积累很少的有机物质,而且浮游生物对它们的取食强度很大,因此生物量很小,常表现为倒锥形金字塔。例如,对英吉利海峡各营养级生物量的测定表明,浮游植物的生物量只有 4 g/m^2,而以浮游植物为食的浮游动物和底栖动物的生物量却高达 21 g/m^2。可见,有时一些生物的生物量虽然很小,但是它们在生态系统能量转化中所起的作用,却比它们的生物量所显示的大(如海洋单细胞藻类)。

2. 数量金字塔

数量金字塔是以生物个体数量表示各个营养级的数量特征。通常在食物链的始端,生物个体数量最多,以后各环节生物个体数量逐渐减少,到了位于食物链顶位的肉食动物,数量就会变得极少,因此数量金字塔一般也是下宽上窄的正锥体。有人曾仔细统计过 0.1hm^2 草原上各个营养级的生物数量,结果发现草类 150 万株,食草动物20万头（鼠、兔、羊和各种植食性昆虫等），一级肉食动物9万头（鼬、狐、狼和各种肉食性昆虫等），顶位肉食动物1头。数量金字塔的缺点是它忽视了生物的重量因素，如一头大象和一只昆虫，生物数目都是1，但是它们的重量差别很大，有时一些生物的数量可能很多，但它们的总重量不一定比较大的生物总重量多。数量金字塔在有些情况下也可以呈现出倒锥形，例如夏季的温带森林，生产者的个体数量要比捕食动物的个体数量少得多，前者0.1hm^{2}只有200株，植食动物（主要是昆虫）却有150 000个之多，表现为明显的上宽下窄的倒金字塔形。

3. 能量金字塔

能量金字塔是利用各营养级固定的总能量值多少来构成的生态金字塔。不同营养级单位时间面积上固定的能量值存在巨大差异，例如一个泉水生态系统，生产者营养级固定的能量为8.7×10^7 J/（m^2·a），一级消费者营养级固定的能量为1.4×10^7 J/(m^2·a)，二级消费者营养级固定的能量为1.6×10^6 J/(m^2·a)，顶位消费者营养级固定的能量为8.8×10^4 J/(m^2·a)。由此可见，能量从一个营养级到另一个营养级的流动逐渐减少，生物量金字塔和数量金字塔在某些生态系统中可以呈倒锥形，但能量金字塔决不会这样，因为生产者在单位时间单位面积上固定的能量决不会少于以它们为食的植食动物所生产的能量，同样，肉食动物所生产的能量是靠吃植食动物获得的，根据热力学第二定律，它们的能量也决不会多于植食动物所生产的能量。即使是在生产者的生物量小于消费者生物量的情况下，生产者固定的能量也必定多于消费者生产的能量，因为消费者的生物量归根结底是靠消费生产者转化而来。总之，能量从一个营养级流向另一个营养级总是逐渐减少的，流入某一个营养级的能量总是多于从这个营养级流入下一个营养级的能量，这一点在任何生态系统中都不会例外。

四、生态系统的能量流动

（一）生态系统的初级生产量与生物量

1. 初级生产量

生态系统中能量流动开始于绿色植物的光合作用和绿色植物对太阳能的固定。绿色植物固定的太阳能是生态系统中第一次能量固定，因此绿色植物固定的太阳能或制造的有机物质就称为初级生产量或第一性生产量（primary production）。

在初级生产量中，有一部分被植物自身的呼吸（Respiration）消耗掉了，剩余部分才以可见有机物质的形式用于植物的生长和繁殖，这部分生产量称为净初级生产量（Net Primary Production），而把包括呼吸消耗在内的全部生产量称为总初级生产量（Gross Primary Production）。总初级生产量、净初级生产量和呼吸量三者之间的

关系是:

$$GP=NP+R, NP=GP-R$$

初级生产量通常是用每年每平方米所生产的有机物质干重[g/(m^2·a)]或每年每平方米所固定的能量值[J/(m^2·a)]来表示。初级生产量也可称之为初级生产力,它们的计算单位完全一样,但在强调力的概念时,应当使用生产力。克干重和焦干重之间可以互相换算:植物组织平均每千克干重换算为 1.8×10^4 J,动物组织平均每千克干重换算为 2.0×10^4 J。表 3-3 列出了地球主要生态系统的净初级生产量。

表 3-3　地球各种生态系统的植物净初级生产力和生物量(林育真,2004)

生态系统类型	面积 /10^9 km^2	净初级生产力 /g/m^2/a		全球净初级生产总量	生物量 /kg/m^2		全球生物量 /10^9t
		范围	平均		范围	平均	
热带雨林	17.0	1 000~3 500	2 200	37.40	6~80	45.00	765.00
热带季雨林	7.5	1 000~2 500	1 600	12.00	6~60	35.00	262.50
温带常绿林	5.0	—	1 300	6.50	6~200	35.00	175.00
温带落叶林	7.0	600~2 500	1 200	8.4	6~60	30.00	210.00
北方落叶林	12.0	400~2 000	800	9.60	6~40	20.00	240.00
灌丛和林叶地	8.5	250~1 200	700	6.00	2~20	6.00	51.00
热带稀树草原	15.0	200~2 000	900	13.50	6.2~15.0	4.00	60.00
温带草原	9.0	200~1 500	600	5.4	0.2~5.0	1.60	14.40
寒漠和高山	8.0	10~400	140	1.10	0.1~3.0	0.60	5.00
荒漠和半荒漠、灌丛	18.0	10~250	90	1.60	0.1~4.0	0.70	12.60
岩石、沙漠、荒漠和冰地	24.0	0~10	3	0.07	0~0.2	0.02	0.500
栽培地	14.0	100~3 500	650	9.10	0.4~12.0	1.00	14.00
沼泽和沼泽湿地	2.0	800~3 500	2 000	4.0	3~50.0	15.00	30.00
湖泊和河流	2.0	100~1 500	250	0.50	0~0.1	0.02	0.04
大陆统计	149.0	—	773	115.17	—	12.3	1 840
大洋	332.0	2~400	125	41.5	0~0.005	0.003	1.000
上涌流区域	0.4	400~1 000	500	0.20	0.005~0.100	0.02	0.008
大陆架	26.6	200~600	360	9.6	0.001~0.040	0.01	0.270
海藻床或珊瑚礁	0.6	500~4 000	2 500	1.6	0.04~4.00	2.00	1.20
河口湾	1.4	200~3 500	1 500	2.1	0.01~6.00	1.0	1.40
海洋统计	361.0	—	152	55.0	—	0.01	3.9
全球统计	510.0	—	353	170.17	—	3.60	1 841.0

从上表可以看出,地球上初级生产量的分布并不均匀,具有以下特点:

(1)陆地比水域的初级生产量大。陆地生态系统约占地球表面 1/3,而初级生产量约占全球 2/3。主要原因是占海洋面积最大的大洋区缺乏营养物质,其生产力很低,平均仅 125 $g/m^2 \cdot a$,有“海洋荒漠之称”。

(2)陆地上初级生产量随纬度增加逐渐降低。陆地生态系统类型中,以热带雨林生产力最高,平均为 2 200 $g/m^2 \cdot a$。由热带雨林向常绿林、落叶林、北方针叶林、稀树草原、温带草原、寒漠依次减少(图 3-29)。初级生产量从热带至亚热带、经温带到寒带逐渐降低。一般认为,太阳辐射、温度和降水是导致初级生产量随纬度增大而降低的原因。

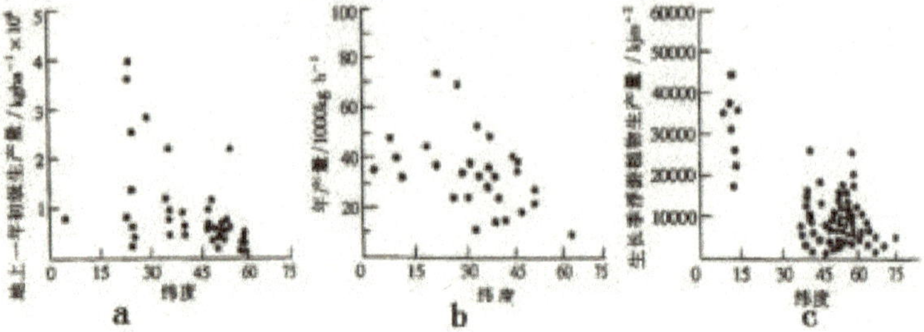

图 3-29 生态系统的净初级生产量与纬度的关系(仿 Begon,1996)

a:草地和寒漠;b:作物栽培地;c:湖泊。

(3)海洋中初级生产量有由河口湾向大陆架和大洋区逐渐降低的趋势。河口湾由于有大陆河流的辅助能输入,它们的净初级生产力平均为 1 500 $g/(m^2 \cdot a)$,产量较高,但所占的面积不大,到大洋区净生产量平均为 125 $g/m^2 \cdot a$。

(4) 水体和陆地生态系统的生产量垂直变化。无论是水体或陆地的生态系统,初级生产力都有垂直变化的规律,从图 3-30 可以看得很清楚,对植物的地上部分来说,乔木层的生产力最高,灌木层就低了很多,地表草本层的生产力更低。植物的地下部分也反映了同样的情况,水体生态系统也有类似规律。

(5)生态系统的初级生产力,往往随系统的发育年龄而改变。早期植物生物量很低,初级生产量不高;随着演替进行,生物量逐渐增加,生产量也提高;森林一般在叶面积指数为 4 时,净初级生产量最高;系统到达顶极时,生物量接近最大,但净生产量反而降低。

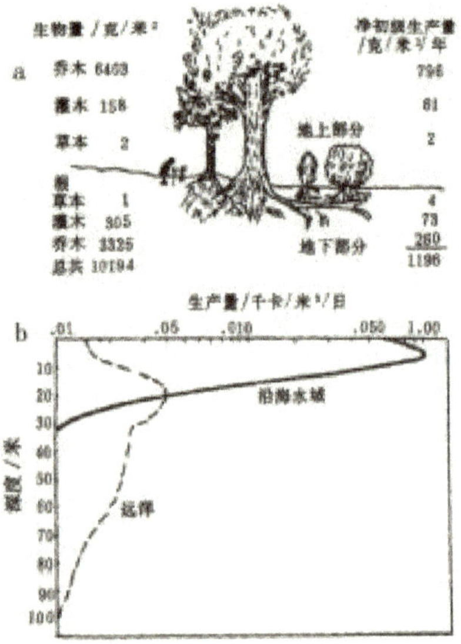

图 3-30 生态系统初级生产量的垂直分布(仿 Odum,1971) a:森林;b:海洋。

2. 影响生态系统初级生产量的因素

影响初级生产量的因素很多，除了日光外，还有3个重要的物质因素(水，二氧化碳和营养物质)和2个重要的环境调节因素(温度和氧气)。可以说初级生产量是由光、二氧化碳、水、营养物质、氧和温度6个因素决定的，6个因素各种不同的组合都可能产生等值的初级生产量，但是在一定条件下，单一因素可能成为限制这个过程的最重要因素。

在全球范围内，决定陆地生态系统初级生产力的因素往往是日光、温度和降水量，但在局部地区，营养物质的供应状况往往决定某些陆地生态系统的生产力。例如，施用氮、磷、钾肥的农作物往往能够获得高产，试验表明，施肥玉米的生产量可高达1 050 g / m^2·a，而不施肥玉米的生产量则只有410 g / m^2·a。

淡水生态系统中，水体中温度同光强度密切相关，因此很难作为一个独立因子对它进行分析，但营养物对湖泊的初级生产量有明显影响，植物的生长需要氮、磷、钾、钙、硫、氯、钠、镁等多种元素。这些营养元素并不是都能单独起作用的，因此很难分析每一种元素的具体作用。海洋生态系统中，光对于初级生产量有重要影响。

海水很容易吸收太阳辐射能，在距海洋表面1 m深处，便可有一半以上的太阳辐射能被吸收掉(几乎包括全部红外光能)，即使是在清澈的水域，也只有大约5%～10%的太阳辐射能可到达20 m深处。

同陆地相比，海洋的生产力明显偏低，原因主要是海水中缺乏营养物质。肥沃的土壤可含5%的有机物质和多达0.5%的氮，但在海洋中，富饶的海水也只含有0.000 05%的氮，而在深水中虽然含有高浓度的营养物质，但光线又不足。

3. 生物量

生物量(biomass)是生态系统某一特定时刻所积存的活有机物质量，生物量实际上就是净初级生产量的累积量，生物量的单位通常以每平方米生物体的干重(g/m^2)或每平方米生物体的热值(J/m^2)表示。可推断，如果总初级生产量大于呼吸消耗的能量，则生物量增加；如果总初级生产量小于呼吸消耗的能量，则生物量减少；如果总初级生产量等于呼吸消耗的能量，则生物量不变。生态系统某一个时期生物量的变化可用下式表示：

$$dB/dt=GP-H-D$$

其中的dB/dt代表某一个时期内生物量的变化，H代表被较高营养级动物所取食的生物量，D代表因死亡而损失的生物量。

在生态系统演替过程中，通常$GP>R$，NP为正值，这就是说，净生产量除去被动物取食和死亡的一部分，其余则转化为生物量，因此，生物量随时间推移而逐渐增加。当生态系统的演替达到顶极状态时，生物量便不再增长，保持一种动态平衡。值得注意的是，当生态系统发展到成熟阶段时，虽然生物量最大，但净初级生产量却很小。可见生物量与生产量之间存在着一定的关系，生物量的大小对生产量有某种影响，例如树木稀疏的森林由于生物量很小，不能充分利用可利用的资源和能量进行生产，生产量当然也不会高。

（二）次级生产量

动物和其他异养生物也能制造有机物质和固定能量，但它们不是直接利用太阳能，而是靠消耗植物的净初级生产量，因此，动物和其他异养生物的生产量称为次级生产量或第二性生产量（secondary production）。

从理论上讲，净初级生产量都可被该生态系统的异养生物利用，转化为次级生产量（如动物的肉、蛋、奶、毛皮、骨骼、血液、蹄、角以及各种内脏器官等），但是，实际上异养生物只能利用其中的一小部分。对动物来讲，初级生产量或因得不到，或因不可食，或因动物种群密度低等原因，总有相当一部分不能被利用。对陆地生态系统和浅水生态系统来说，一般只有 10%的初级生产量被消费者转化为次级生产量，其余 90%被还原者分解。深水生态系统正好相反，大部分净初级生产量都被消费者转化为次级生产量，只有一小部分被还原者分解。例如，阔叶林只有 1.5%～2.5%的净初级生产量被昆虫和其他动物所利用，其余的留给了还原者。而海洋 60%～90%的净初级生产量（浮游生物）被消费者转化为次级生产量，小部分被还原者分解。次级生产量的生产过程如图 3-31 所示：

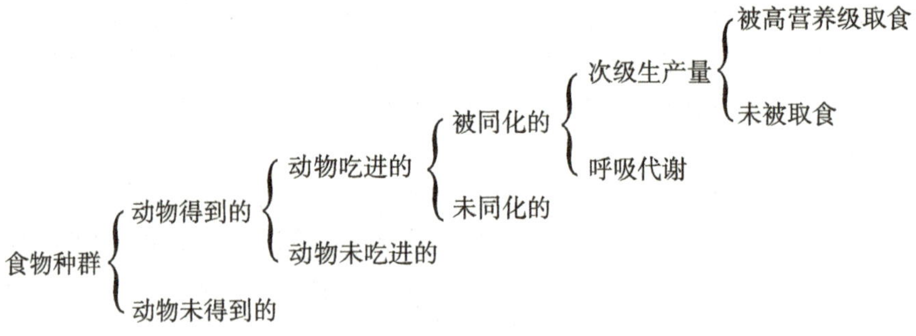

图 3-31　次级生产量的生产过程

肉食动物以食草动物为食，属于第二级消费者。肉食动物吃食草动物以后，一部分用来建造自身的生活物质，这是对第二性生产产品的再利用和再生产，叫做三级生产。食肉动物之间弱肉强食，还会有四级生产和五级生产。由此可见，第二性生产是由一系列次级生产组成。

（二）生态系统能量流动

1. 能量在生态系统中流动的特点

能量是生态系统的动力，是一切生命活动的基础，能量在生态系统中流动具有如下特点：

(1)生态系统中的能源。太阳辐射能是生态系统中能量的最主要来源。太阳辐射中红外线主要作用是产生热效应，形成生物的热环境；紫外线具有消毒灭菌和促进维生素D生成的生物学效应；可见光为植物光合作用提供能源。除太阳辐射外，也存在对生态系统发生作用的一些其他形式的辅助能量。辅助能不能直接转换为生物化学潜能，但可以促进辐射能的转化，对生态系统中光合产物形成、物质循环、生物生存和繁殖起着极大的辅助作用。辅助能分为自然辅助能(如潮汐作用、风力作用、降水和蒸发作用)和人工辅助能(如施肥、灌溉等)。

(2)生态系统中能量流动的主要路径。能量以日光(Sunlight)形式进入生态系统。以植物物质形式贮存起来的能量，沿着食物链和食物网流动，通过生态系统，以动物、植物物质中的化学潜能形式贮存在系统中，或作为产品输出，离开生态系统，或经消费者和分解者生物有机体呼吸释放的热能自系统中丢失。生态系统是开放的系统，某些物质还可通过系统的边界输入，如动物迁移、水流携带、人为补充等。

(3)生态系统中能量流动是单向、逐级递减的。生态系统能量流动是单一方向的(one way flow of energy)。能量以光能的状态进入生态系统后，就不能再以光的形式存在，而是以热的形式不断地逸散于环境中。

从太阳辐射能到被生产者固定，再经植食动物，到肉食动物，再到大型肉食动物，能量是逐级递减的过程，这是因为各营养级消费者不可能百分之百地利用前一营养级的生物量；各营养级的同化作用也不是百分之百的，总有一部分不被同化；生物在维持生命过程中进行新陈代谢，总要消耗一部分能量。

(4)生态系统中能量在流动过程中，质量不断提高。能量在流动过程中有一部分以热能形式耗散，另一部分则转化为另一种高质量能。在能量流动过程中，能的质量逐步提高和浓集。

2. 食物链层次上的能流分析

对生态系统中的能量流动进行研究可以在种群、食物链和生态系统3个层次上进行，所获资料可以互相补充，有助于了解生态系统功能。

在食物链层次上进行能流分析是把每一个物种都作为能量从生产者到顶位消费者移动过程中的一个环节，当能量沿着一个食物链在几个物种间流动时，测定食物链每一个环节上的能量值，就可提供生态系统内系列特定点上能流的详细、准确资料。1960年，美国生态学家F.B.Golley在密执安荒地对一个由植物、田鼠和鼬3个环节组成的食物链进行了能流分析(图3-32)。

从图中可以看到，食物链每个环节的净初级生产量(*NP*)只有很少部分被利用。例如，99.7%的植物没有被田鼠利用，其中包括未被取食(99.6%)和取食后未被消化的(0.1%)，而田鼠本身又有62.8%(包括从外地迁入的个体)没有被食肉动物鼬所利用，其中包括捕食后未消化的1.3%。能流过程中能量损失的另一个重要方面是生物的呼吸消耗（*R*），植物的呼吸消耗比较少，只占总初级生产量（GP）的 15%，但田鼠和鼬的呼吸消耗相当高，分别占总同化能量的 97%和 98%，这就是说，被同化能量的绝大部分都以热的形式消散掉了，而只有很小一部分被转化成净次级生产量。由于能量在沿着食物链从一种生物到另一种生物的流动过程中，未被利用的能量和通过呼吸以热的形式消散的能量损失极大，致使鼬的数量不可能很多，因此鼬的潜在捕食者（如猫头鹰）即使能够存在，也要在该研究地区以外的大范围内捕食才能维持其种群的延续。

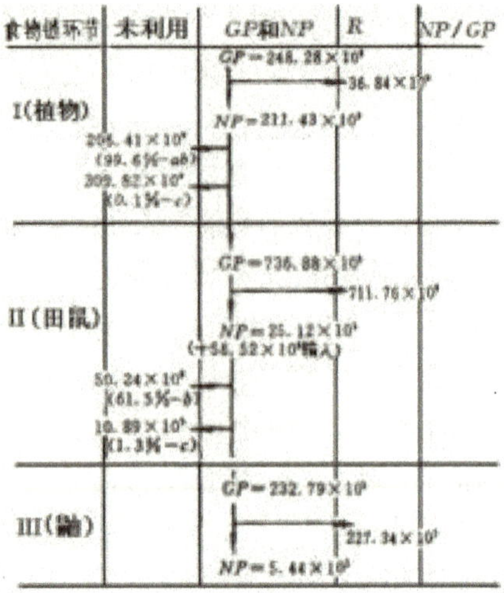

图 3-32 食物链层次上的能流分析（孙儒泳等，1993）

a：前一环节 *NP* 的百分比；b：未摄食量；c：未同化量（单位：大卡 /ha·a）。

应当指出的是，F.B.Golley 所研究的食物链中的能量损失，有相当一部分是被该食物链以外的其他生物取食了，据估计，仅昆虫就吃掉了该荒地植物生产量的 24%。另外，在这样的生态系统中，能量的输入和输出是经常发生的，当动物种群密度太大时，一些个体就会离开荒地去寻找其他的食物，这也是一种能量损失。另一方面，能量输入也是经常发生的，据估算，每年从外地迁入该荒地的鼬的能量值为 5.7×10^4 J/（hm^2·a）。

3. 生态系统层次上的能流分析

在生态系统层次上分析能量流动，是把每个物种都归属于一个特定的营养级中（依据该物种主要食性），然后精确地测定每一个营养级能量的输入值和输出值。这种分析目前多见于水生生态系统，因为水生生态系统边界明确，便于计算能量和物质的输入量和输出量，整个系统封闭性较强，与周围环境物质和能量交换量小，内环境比较稳定，生态因子变化幅度小。由于上述种种原因，水生生态系统（湖泊、河流、溪流、泉等）常被生态学家用来作为研究生态系统能流的对象。

1957 年，美国生态学家 H.T.Odum 对美国佛罗里达州的银泉进行了能流分析，

图 3-33 是银泉能流分析图。从图中可以看出：当能量从一个营养级流向另一个营养级时，其数量急剧减少，原因是生物呼吸的能量消耗和相当数量的净初级生产量(57%)没有被消费者利用，而是通向分解者被分解了。由于能量在流动过程中急剧减少，以致到第四个营养级时能量已经很少，该营养级只有少数的鱼和龟，它们的数量已经不足以维持第五个营养级的存在。H.T.Odum 对银泉能流的研究比 R.L. Lindeman 1942 年对 CedarBog 湖的研究要深入细致得多。他首先是依据植物的光合作用效率来确定植物吸收了多少太阳辐射能，并以此作为研究初级生产量的基础，而不像通常那样是依据总入射日光能；其次，他计算了来自各条支流和陆地的有机物质补给，并把它作为一种能量输入加以处理；更重要的是，他把分解者呼吸代谢所消耗的能量也包括在能流模式中，他虽然没有分别计算每一个营养级通向分解者的能量有多少，但他估算了通向分解者的总能量是 2.12×10^7 J/(m^2·a)。

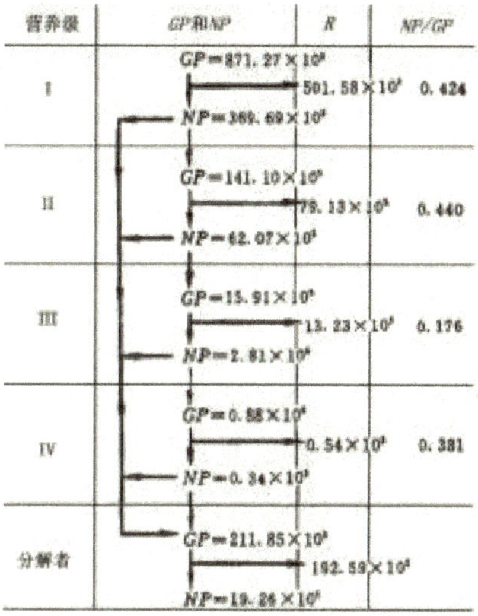

图 3-33　银泉生态系统能流分析(孙儒泳,2001)

五、生态系统物质循环

(一)生命与元素

生命的维持不仅依赖于能量的供应，也依赖于各种营养物质的供应。生物需要的养分很多，如 C、H、O、N、P、K、Ca、Mg、S、Fe、Na 等。其中 C、H、O 占生物总重量的 95%左右，需要量最大、最为重要，称为能量元素(energy element)；N、P、Ca、K、Mg、S、Fe、Na 称为大量元素(macronutrient)；生物对 B、Cu、Zn、Mn、Mo、Co、I、Si、Se、Al、F 等的需要量很小，称为微量元素(micronutrient)。这些元素对生物来说缺一不可，作用各不相同。

生物所需要的碳水化合物虽然可以通过光合作用利用 H_2O 和 CO_2 来合成，但是还需要其他一些元素如 N、P、K、Ca、Mg 等参与更为复杂的有机物质（如叶绿素等)的合成。如 N 是生物蛋白质的原料；P 能促进种子成熟，籽粒饱满，根系发达；K 能促进根系发育，茎叶坚韧，抗倒伏，抗虫害，提高作物糖、淀粉、纤维素的积累；Fe 能促进叶绿素形成，缺铁常引起失绿病；B 能增强植物输导组织的发育，缺硼则阻碍糖的输送和供应；Mn 如果缺乏则叶绿素不能形成；Cu 能促进植物体内 O 的运输；Zn 能促进植物体内生长素的形成，缺 Zn 的植物，叶长不大，呈小叶畸形，枝条节间缩短；Mo 如果缺乏，植物不能吸收和代谢 N，固氮菌不能正常活动。

(二)物质循环概念和特点

物质是生命活动的基础，生态系统中的物质，主要是指生物为维持生命所需的各种营养元素，它们在各个营养极之间传递，并联合起来构成物质流。物质从大气、水域或土壤中，通过以绿色植物为代表的生产者吸收进入食物链，然后转移到食草动物和食肉动物等消费者，最后被以微生物为代表的还原者分解转化回环境中。这些释放出的物质又再一次被植物利用，重新进入食物链，参加生态系统的物质再循环，这个过程就是物质循环。物质循环（nutrient cycle）又称为生物地球化学循环(biogeochemical cycle)或生物地化循环，简而言之，是指各种化学物质在生物和非生物之间的循环运转。

生态系统中的物质循环可以用库和流通两个概念加以概括。库是由存在于生态系统某些生物或非生物成分中一定数量的某种化合物所构成，对于某一种元素而言，存在一个或多个主要的蓄库。在库里，该元素的数量远远超过正常结合在生命系统中的数量，并且通常只能缓慢地将该元素从蓄库中放出。物质在生态系统中的循环，实际上是在库与库之间彼此流通。如在一个湖泊生态系统中，水体中磷的含量可以看成是一个库，浮游生物体内的含量是第二个库。这些库借助有关物质在库与库之间的转移而彼此相互联系。物质在生态系统单位面积(或单位体积)和单位时间的移动量就称为流通率。这种关系可以用一个简单的池塘生态系统加以说明(图 3-34)。

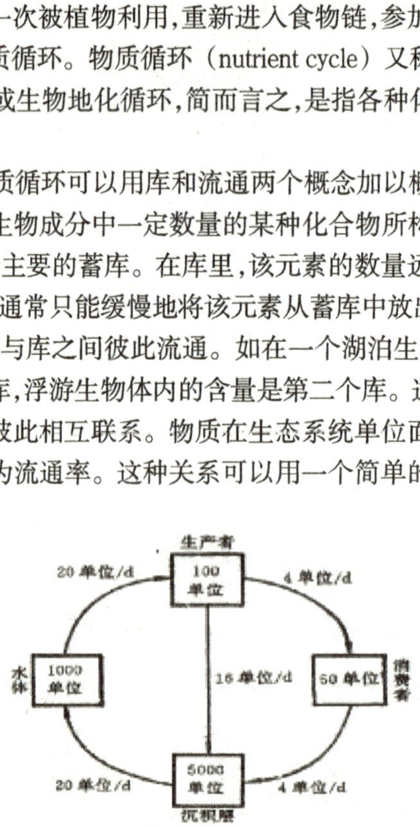

图 3-34　在一个面积为 4 英亩的池塘生态系统中，库与流通率的模式图(苏智先等，1993)

流通量通常用单位时间、单位面积内通过的营养物质绝对值表达。为了表示一个特定的流通过程对有关库的相对重要性，用周转率和周转时间表示。周转率就是出入一个库的流通率除以该库中的营养物质总量：

周转率＝流通率/库中营养物质总量

周转时间就是库中营养物质总量除以流通率：

周转时间＝库中营养物质总量/流通率

周转时间表示移动库中全部营养物质所需要的时间。

在物质循环中，周转率越大，周转时间越短。大气圈中 CO_2 的周转时间大约是一年多（光合作用从大气圈中移走 CO_2），大气圈中分子氮的周转时间约近 100 万年（主要是某些细菌和蓝绿藻的固氮作用），而大气圈中水的周转时间只有 10.5 天，也就是说大气圈中所含的水分一年要更新大约 34 次。在海洋中，硅的的周转时间最短，约 8 000 年，钠最长，约 2.06 亿年。

（三）生物地球化学循环类型

生物地球化学循环可分为 3 大类型，即水循环（water cycle）、气体型循环（gaseous cycle）和沉积型循环（sedimentary cycle）。沉积型循环的营养物质贮存库是在地球的沉积物中，气体型循环的贮存库是在大气圈和水圈中。

原生质中含量最丰富的 4 种元素（C、H、O、N）基本上都属于气体型循环类型。氢作为水和水蒸气构成物而存在，碳作为 CO_2 构成物而存在，氧以 O_2 和 H_2O 构成物而存在，N_2 则占大气成分的 79%。

气体型循环是相当完善的系统，各种元素过分集聚或短缺的现象都不易发生，相反，沉积型循环（包括 Ca、P 等元素）大都是不很完善的循环。气体型循环和沉积型循环虽然各有特点，但都受能流的驱动，并都依赖于水循环。生物地球化学循环的过程研究主要是在生态系统水平和生物圈水平上进行。近年来，对许多大量元素在整个生态系统中的循环已进行了不少研究，重点是研究这些元素在整个生态系统中输入和输出，以及在生态系统中主要生物和非生物之间的交换过程。

（四）水的全球循环

海洋、河流、湖泊、地下水、大气水分和冰等共同构成所谓的地球水圈。海洋是地球水圈主体，面积占地球的 71%，水圈的水 97%以上在海洋中。

蒸发、降水和地表径流是水循环 3 个重要环节。地球表面的水分通过蒸发进入大气中，大气中的水分通过降水返回地球表面；陆地的降水量大于蒸发量，而海洋的蒸发量大于降水量，陆地通过径流把多余的水输送给海洋，以弥补海洋因蒸发量大于降水量所造成的水分亏损。总体来说，海陆降水量之和等于海陆蒸发量之和，全球水量保持平衡（图 3-35）。

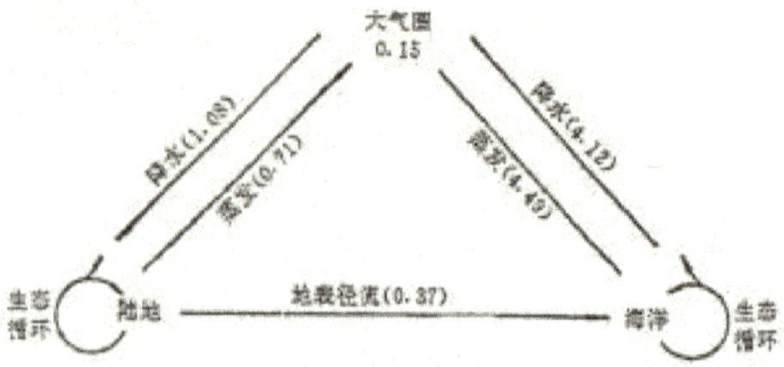

图 3-35 水的全球循环(林育真,2004)

水在循环中不断更新,估计大气中的水每 9 天可更新一次。土壤中的水更新一次约需 280 天,地下水要 300 年,海洋中的水全部更新一次需要 37 000 年。降雨中的水分子,在几周之前很可能还是墨西哥湾洋流的一部分,而在此之前它也可能在非洲热带雨林停留了些时间。

生态系统中的水循环包括截取、渗透、蒸发、蒸腾和地表径流。植物在水循环中起着中重要的作用,植物通过根吸收土壤中的水分。与其他物质不同的是,进入植物体的水分,只有 1%~3%参与植物体的建造并进入食物链,由其他营养级所利用,其余 97%~98%通过叶面蒸腾返回大气层,参与水分的再循环。不同的植被类型,蒸腾作用是不同的,而以森林植被的蒸腾最大,它在水的生物地球化学循环中的作用最为重要。人类活动对于水循环的影响十分显著,主要表现在以下几个方面:

(1)空气污染和降水。空气污染影响降水的质和量,近年来,燃烧化石燃料所产生的空气污染使城市处于下风位的地区降水量明显增加,而人工降雨更是显著改变了降水的分布。所谓人工降雨,就是在云中散播碘化银微粒,促进水汽的凝结而降雨。由于颗粒本身并不能产生水汽,一个地方进行了人工降雨,另一个地方的雨量就会减少,因此,目前对于人工降雨问题尚有不同的看法。空气中 CO_2 颗粒的增加,除影响天气的热平衡外,还影响气流和降水。

空气污染也影响降水的水质。除酸雨外,近代降雪中铅含量也有所增加,由此可见,空气污染不只影响空气,而且影响水质,会污染许多淡水水域。

(2)改变地面,增加径流。城市和市郊的发展,使地表变硬而不透水,增加径流,减少浸润入土壤的水分。径流增加带走一路上的颗粒物、污染物,使江河湖泊的沉积量加大。清洁水流中有许多生物,泥水使河流透明度降低,光线的透入减弱,光合作用随之降低,使生态系统中的生物减少。泥沙会使鱼类的鳃部充塞,影响鱼类呼吸,又带来污染物和细菌,从而使鱼类的生长状况更加恶化。

河流经过城市和城郊后,带来大量的污染物和沉淀物,使河流和湖泊变浅,水流减少,交通受阻。河口湾的沉积物同样影响港口交通,需要经常挖泥清除。另外,井矿、农业耕作、森林砍伐等都会使水土流失增加,河流湖泊变浅。

(3)过度利用地下水。如果从地下抽出的水量超过再注入量,就会引起地下水位下降，甚至全干。目前，许多地方，尤其是城市地区地下水位下降明显。这种情况发展严重时，可能引起地面下沉，严重时，土地下沉的速度可达 15～30cm/a。这种情况若发生在城市中，会影响建筑物的地基，使房屋倒塌，道路和水沟被破坏。若在沿海地区，由于地下水下降，淡水压力亦随之下降，就会造成咸水入侵，引起淡水咸化。

任何放入土壤中的有害物质，都可能被淋溶过程带到水中造成地下水污染。例如，把化工厂污染物弃于土壤中，开发某些矿藏，使用农药等，都可能污染地下水源。

(4)水的再分布。人们常在水多的地方，通过修筑水库，建坝筑渠，把水引导到缺水的地区。同时，修筑水库、水坝也有防治水灾的功能，还能提供电力。但是，上述措施也可能带来一些不良的影响：①水库建成后，侵占陆地面积；②减少了进入河口湾和下游的水量，使海水逆河而上，从而改变了河口湾的生物群落；③河口湾的营养物来源减少，影响渔业收入。

(五)碳的生物地球化学循环

碳是一切生物体中最基本的成分，有机体干重的 45%以上是碳。据估计，全球碳贮存量约为 2.6×10^{16} t，但绝大部分以碳酸盐的形式存在于岩石圈中，其次是贮存在化石燃料中，而生物可以直接利用的是水圈和大气圈中以 CO_2 形式存在的碳。

碳的主要循环是在空气、水(以溶解的碳和碳酸盐两种形式)与生物体之间进行。在这种循环中，碳迅速地周转着；但若与碳酸盐沉积物和有机化石沉积物中的含碳量相比，碳周转次的总量很小。空气和水中的 CO_2 容易交换，水中的 CO_2 是溶解态的或与水结合成碳酸，碳酸则电离成氢离子和碳酸氢钠离子。大气中每年约有 1 000 亿吨的 CO_2 进入水中，同时水中每年也有相等数量的 CO_2 进入大气。

绿色植物借助光能吸收 CO_2 和水，进行光合作用，光合作用发生在陆地上和水域中。水生植物利用碳酸氢钠中的碳源进行光合作用。被植物固定成有机分子的碳又被动物、细菌和其他异养生物消耗。这些生物又把呼吸的代谢产物 CO_2 和水排出体外，如果生物在腐败之前被保存在海洋、沼泽和湖泊的沉积物中，那么其中含有的碳就会在相当长一段时间内脱离碳循环。呼出的 CO_2 被植物直接再利用，这就是碳循环最简单形式(图 3-36)。

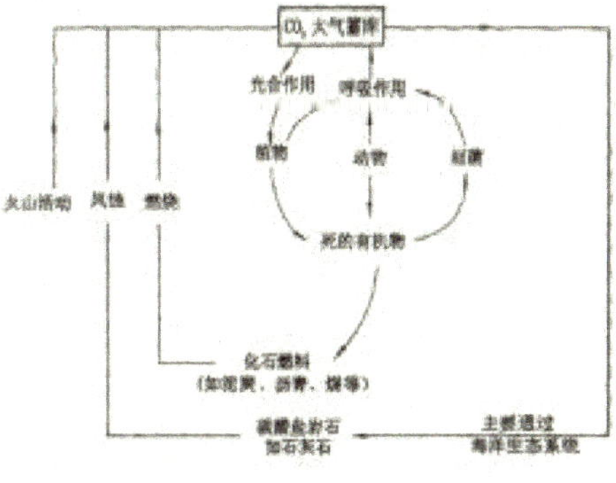

图 3-36　全球碳循环(林育真，2004)

各类生态系统固定CO_2的速率差别很大。北极冻原和干燥沙漠只能固定热带雨林1%的CO_2，海洋每年的固碳量仅为陆地的27%。陆地各生态系统类型中，森林生态系统是碳的最大贮存库。全世界森林的碳贮存量为4 000亿～5 000亿吨。

在生态系统中，碳循环的速度是很快的，最快的在几分钟或几个小时内就能够返回大气，一般会在几周或几个月内返回大气。一般来说，大气中CO_2浓度基本上是恒定的，但是，近百年来，由于人类活动对碳循环的影响很大，如对森林的大量砍伐，以及工业发展中大量化石燃料的燃烧，使得大气中CO_2浓度呈上升趋势，引起了全球性的温室效应。

在碳循环研究中，释放CO_2的库称为源(source)，吸收CO_2的库称为汇(sink)。下面是Schlesinger提供的当今全球碳循环收支（globalcarbonbudget），单位为10^{15} gc/a。释放量碳循环的净变化：

化石燃料＋陆地植被破坏＝大气中含量上升＋海洋吸收＋未知的

6.0　　0.9　　3.2　　2.0　　1.7

这就是说，人类活动向大气净释放碳大约为6.9×10^{15} gc/a，其中使用化石燃料释放6.0×10^{15} gc/a。由于人类释放的CO_2中，导致大气CO_2含量上升的为3.2×10^{15}gc/a。被海洋吸收的为2.0×10^{15} gc/a，未知去处的汇达到1.7×10^{15} gc/a。人类活动释放的CO_2，有大约25%的全球碳流的汇是科学尚未研究清楚的，这就是著名的失汇(missing sink)现象，这已经成为当今生态系统生态学研究中的热点问题之一。

(六)氮的生物地球化学循环

氮是构成蛋白质和核酸的主要元素，在生物学上具有重要的意义。氮循环过程非常复杂，很多环节都有微生物的参与，循环性能极为完善。大气中氮的含量占79%，N_2是惰性气体，气态N_2不能被绿色植物直接利用，氮必须以铵离子、亚硝酸离子和硝酸离子形式才能被植物吸收。N_2转变成氨、硝酸盐和亚硝酸盐的过程，叫硝化作用(nitrification)。自然界中的硝化作用是靠一些特殊类群的微生物来完成，这些微生物有固氮菌、蓝绿藻和根瘤菌等，它们把气态N_2转变为氨，再把氨氧化成亚硝酸盐和硝酸盐，供给植物利用。

固氮的途径有3种。一是通过闪电、宇宙射线、陨石、火山爆发活动的高能固氮，其结果形成氨和硝酸盐，随着降雨到达地球表面。据估计，通过高能固定的氮大约8.9 kg($hm^2\cdot a$)。二是工业固氮，这种固氮形式的能力已越来越大。20世纪80年代初，全世界工业固氮能力已为3×10^7 t，到20世纪末，达到1×10^8 t。第三条途径，也是最为重要的途径是生物固氮，大约100 kg($hm^2\cdot a$)～200 kg($hm^2\cdot a$)，大约占地球固氮的90%。通过固氮菌及其他一些微生物固定的氮进入生态系统，植物中的氮一部分为食草动物所取食，合成动物蛋白质。在动物代谢过程中，一部分蛋白质分解为含氮的排泄物(尿素、尿酸),再经过细菌的作用,分解释放出氮。动植物死亡后经微生物等分解者的分解作用,使有机态氮转化为无机态氮,形成硝酸盐。硝酸盐可再为植物所利用,继续参与循环,也可被反硝化细菌作用,形成氮气,返回大气库中。

因此,在自然生态系统中,一方面通过各种固氮作用使氮素进入物质循环,而通过反硝化、淋溶沉积等作用使氮素不断重返大气,从而使氮循环处于一种平衡状态(图 3-37)。

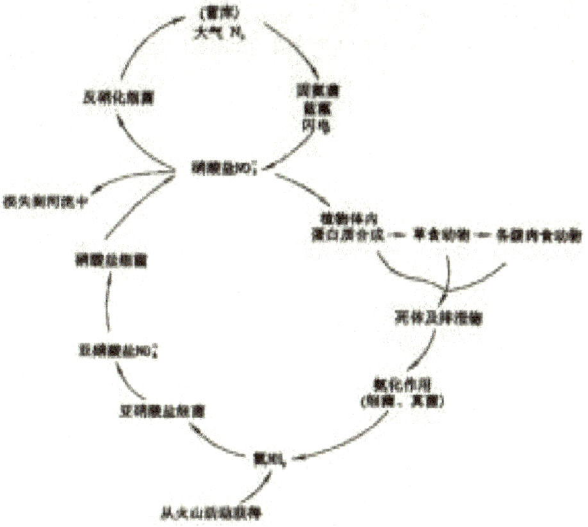

图 3-37 全球氮循环(林育真,2004)

(七)磷的生物地球化学循环

磷是生物体不可缺少的重要元素,生物的代谢过程都需要磷参与,磷是核酸、细胞膜和骨骼的主要成分,生物体中的能量物质腺苷三磷酸 ATP 和遗传物质——核酸(DNA、或 RNA)中都有 P 存在。

磷在生态系统中的循环是很典型的沉积循环。大气中的磷主要来自磷酸盐岩石、有机体的尸体和有机废料而形成的有机磷酸盐。磷必须成为可溶性的磷酸盐而进入循环。它溶于水但不挥发,所以磷由于降水从岩石圈淋溶到水圈里,形成可溶性的磷酸盐,而被植物吸收。再经过一系列消费者的利用,将其含磷的枯死物、废料、有机化合物返回到土壤。通过还原者一系列的分解作用,转变为可溶性磷酸盐,又供有机体使用。生物体所需要的磷是比较大的,但是不溶性的磷酸盐,一般是留在土壤表层,常常被侵蚀而带入大海。因此许多地区磷含量很低,以致影响某些生态系统的发展。当它们进入大海后,就不能再参与陆地的循环了。被捕获起来的海鱼可将一部分磷带回陆地,但数量很少。因此,磷的循环为不完全循环,现存量越来越少,特别是随着工业发展而大量开采磷矿加速了这种损失。据估计,全世界磷蕴藏量只能维持100年左右，在生物圈中，磷参与循环的数量，目前正在减少，磷将成为人类和陆地生物生命活动的限制因子。

六、生态系统中能流和物流的关系

能流和物流相互依存和相互制约，它们密切结合成一个整体（图3-38）。能量是物质循环的动力，物质是能量流动的基础。植物在光合过程中将光能转变为化学能而贮存于光合产物——糖的化学键上，二者同时进入生态系统。当动物摄食植物时，它们在得到物质的同时也获得了能量。能流和物流都是以食物链为渠道，一级一级向下传递。不同的是能量在流动时不断消耗，因而需要连续补充，而营养物质却通过循环又回到原来的化学形式，即能流单向逐级递减，物流循环往复。

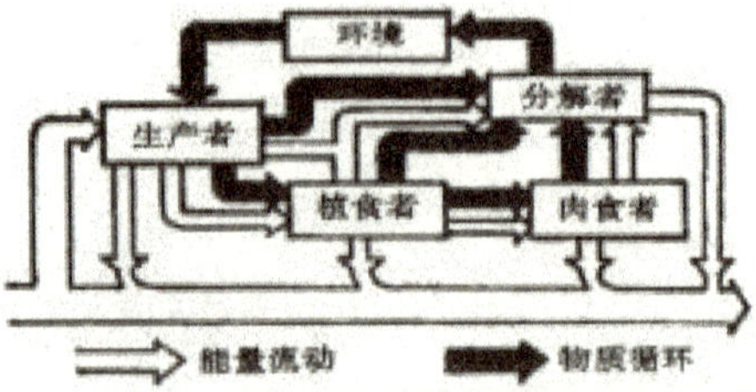

图3-38 生态系统中物质循环与能量流动的相互关系（苏智先等，1993）

七、生态系统中的信息传递

生态系统中的信息传递是比较新的研究领域。在生态系统中，种群与种群之间，同一个种群内部个体与个体之间，甚至生物与环境之间都可以表达传递信息。信息传递与能量流动和物质循环一样，都是生态系统的重要功能，它通过多种方式的传递把生态系统各组分联系成整体，具有调节系统稳定性的功能。

（一）信息的概念与分类

信息（information）是指由信息源发出、被使用者接受和理解的各种信号。每一个信息过程都有3个基本环节：信源（信息产生）、信道（信息传输）、信宿（信息接收）。多个信息过程相连就使系统形成信息网，当信息在信息网中不断被转换和传递时，就形成了信息流。一般把信息归纳为以下4类。

1. 物理信息

声、光、颜色等是生态系统的物理信息，如青蛙的鸣声、鸟的啼叫、狮虎的咆哮、蝴蝶的飞舞、花的颜色等都起着吸引异性、种间识别、威吓、警告等信息作用。萤火虫通过闪光来识别它的同伴，红三叶草（*Trifolium pratevse*）花的色彩和形状正是传递给当地土蜂和其他昆虫的物理信息。在世界各地，草地里蟋蟀的鸣叫构成了优雅的交响乐，这些曲子是由雄性蟋蟀组成的交响乐队所演奏。蟋蟀通过刮擦其小搓板似的前翅基部，发出颤音，以表明它的存在和勇敢，这颤音包含两种意思：一是叫雌蟋蟀到来，二是警告其他雄性竞争对手离得远一点。

2. 化学信息

生物代谢产生的物质，如酶、维生素、生长素、抗菌素、性诱激素、香精油酚及其衍生物、不饱和内醋、气物碱等均属于传递信息的化学物质。虽然其量不多，但作为信息传递却深深地影响生物种间与种内的关系。有的相互克制，有的相互促进，有的相互吸引，有的相互排斥。如红三叶草是繁殖力很强的牧草植物，它常形成较纯的群落，排挤其他的杂草植物。红三叶草含有多种异黄酮类物质，这些异黄酮类物质及其在土壤中被微生物分解而成的衍生物，对其他植物的发芽起抑制作用，因而其他植物不易生长，同时也是造成不易连作的原因。

雌蚕蛾释放一种性引诱剂，可以把 3 000 m 外的雄蚕蛾吸引过来，虽然释放的剂量不到 0.01μg，但雄性个体仍然对其作出反应。雄性个体虽然看得见密封在玻璃瓶中的雌蚕蛾，但却无动于衷，说明这是化学信息在起作用，而不是视觉引起的反应。昆虫的信息素种类很多，有报警、集合、食物、性信息素等。

3. 营养信息

食物和养分也是一种信息。例如，田鼠是老鹰的食物，田鼠便是老鹰的营养信息。田鼠多的地区老鹰也多，田鼠少时，饥饿的老鹰就飞到其他地方去觅食。又如云杉林中松鼠的消长，云杉种子丰收的次年，由于食物充沛，松鼠种群达到高峰，接下来 2～3 年，云杉种子欠收，松鼠种群数量也下降。因此，在某种意义上，食物链、食物网就代表一种信息传递系统。

4. 行为信息

同一种群中，两个体相遇时，表现出有趣的行为信息，可能是识别、威吓或挑战的信号。例如，一种鸟叫双领行鸻，遇到“敌情”时显得很冷静、很有智慧。这种鸟的巢建在岩石岸边，它灰白色身体与背景色融为一体，不易辨认，遇到人时，它不紧张也不快速逃走，也不和人对峙，而是假装受了伤似的拖着翅膀，摇摇摆摆地保持一定距离向前方跳跃，把人从它的巢穴引开。如果人没上当，冲着它的巢穴走去时，它会一跛一拐可怜地绕着人转。一旦人被彻底引开，它会突然飞走。

总而言之，生态系统确实有巧妙的信息传递，形成一个信息流。但是，目前科学上只是模糊地了解一些现象，对其实质尚不清楚。信息流对探讨种内或种间关系有重要意义，这是一个有待开拓的广阔而深邃的课题。

（二）生态系统中重要的信息传递

1. 阳光与植物之间的信息联系

植物生长和发育受到阳光信息的影响。光信息对植物的影响具有双重性，既有促进作用，又有抑制作用。光的性质、光的强度、光照长度等均可作为信息。

2. 植物与植物间的化学信息传递

植物通过向周围环境中释放化学物质，影响邻近植物生长发育的现象称为化感作用(allelopathy)。植物的化感作用广泛存在于植物群落中，如群落结构、演替、生物多样性等均与化感作用有关。

3. 植物与微生物间的信息传递

植物产生的化感物质(allelochemicals)通过根分泌、残体分解、水淋溶和气体挥发等途径，释放到周围环境中，影响邻近植物的生长发育，同时，也会对土壤中存在的微生物产生重要的影响。土壤微生物也会产生许多对植物有害的物质，如抗生素、酚、脂肪酸、氨基酸等。

4. 植物与动物间的信息传递

植物体内的次生物质数量有 5 万种以上。植物体内的每一种次生物质都可能产生特定的信号，成为植物与动物(尤其是昆虫)间相互作用的联系。这些次生物质可用于植物的防御、生长、发育或繁殖。

5. 动物与动物间的信息传递

动物间的信息传递常常表现为一个动物借助本身的行为或标志作用于同种或异种动物的感觉器官，以唤起后者的行为。常见的信号形式包括视觉信号、声音信号、接触信号、舞蹈信号、生物电信号和化学信号等。

(三)信息在农业生态系统中的应用

1. 光信息在农业生态系统中的应用

利用光信息调节和控制生物的发生发展。例如，利用各种昆虫的趋光特点进行诱杀。昆虫都有趋光的特点，但不同昆虫对各种光波长的反应不完全相同，因此可用不同的光来诱杀害虫。各种害虫活动时间不同，水稻二化螟、三化螟、玉米螟、棉红铃虫、梨小食心虫、小地蚕等，都在 22 时 30 分至 4 时 30 分活动。草木蛾、桃褐斑夜蛾及葡萄实紫褐夜蛾，都在夜间飞入果园刺吸果汁，所以夜间点灯诱杀效果好。

根据各种植物的光周期特性和经济器官不同，人工控制光周期达到早熟高产，在花卉上应用很多，如短光照处理菊花使其在夏天开花供观赏。在育种上利用光照调节不同光周期植物，在同一时间开花进行杂交，培育优良品种。利用作物光周期不同，采取相应措施提高产量，例如短日照作物黄麻，南种北移延长生长期，提高麻皮产量；养鸡业在增加营养的基础上，延长光照时间可以提高产蛋率。

2. 化学信息在农业生态系统中的应用

自然界生物的某些行为是由少量的化学物质刺激引起的，如粘虫成虫具有趋光性，对蜡味特别敏感。生产上就利用这一点，在杀菌剂中调以蜡类物以诱杀之。

卡尔逊(Karison)和林茨(Liischer)于1959年倡议采用性外激素(pheromone)这一术语。它是昆虫分泌到体外的一种挥发性的物质，是对同种昆虫的其他个体发出的化学信号而影响它们的行为，故称为信息素。根据其化学结构，目前已人工合成20多种性外激素，用于防治害虫，效果显著。如利用性外引诱剂“迷向法”防治害虫，具体做法是，在田间释放过量的人工合成性引诱剂，使雄虫无法辨认雌虫的方位，或者使它的气味感染器变得不适应或疲劳，不再对雌虫有反应，从而干扰害虫的正常交尾活动。国外应用“迷向法”防治森林大害虫舞毒蛾比较成功，我国最近进行了“迷向法”防治棉红铃虫试验，处理区的监测诱捕器的诱蛾量上升99%以上，交配率和铃害均下降20%左右。在家畜饲养上，应用性外激素调整母猪发情日期，治疗久配不孕症。此外，用性外激素鉴定猪的发情日期，提供确切指标，以便适时进行人工授精，促使母猪多产仔猪，提高繁殖能力。

3. 声信息在农业生态系统中的应用

用一定频率的声波处理蔬菜、谷类作物及树木等种子，可以提高发芽率，获得增产。法国园艺家用耳机套在番茄上，让它每天“欣赏”3小时音乐，结果番茄重达2.5 kg，前苏联、美国也有类似报道。

第五节 生态平衡

一、生态平衡概念

生态平衡(ecological balance)是指生态系统通过发育和调节所达到的一种稳定状况，它包括结构上的稳定、功能上的稳定和能量输入输出上的稳定。生态平衡最显著的特点是属于动态平衡。

宇宙中有两类系统，一类是封闭系统，即系统和周围环境之间没有物质和能量的交换；一类是开放系统，即系统和周围环境之间存在物质和能量交换，自然生态系统几乎都属于开放系统。自然生态系统一个重要的特点就是它常常趋向于达到一种稳态或平衡状态，使系统内的所有成分彼此相互协调。当生态系统达到动态平衡的最稳定状态时，它能够自我调节和维持自己的正常功能，并能在很大程度上克服和消除外来的干扰，保持自身的稳定性。

二、生态平衡

生态系统另一个普遍特性是存在反馈(feedback)现象。所谓反馈，就是系统的输出变成了决定系统未来输入的功能因子，如果一个系统其状态能够决定输入，就说明它有反馈机制的存在。图3-39b就是在图3-39a的基础上，加进反馈环以后变成了可自我控制的系统。要使反馈系统能起控制作用，系统应具有某个理想的状态或置位点，系统就能围绕置位点而进行调节。图 3-39c 表示具有一个置位点的可自我控制系统。

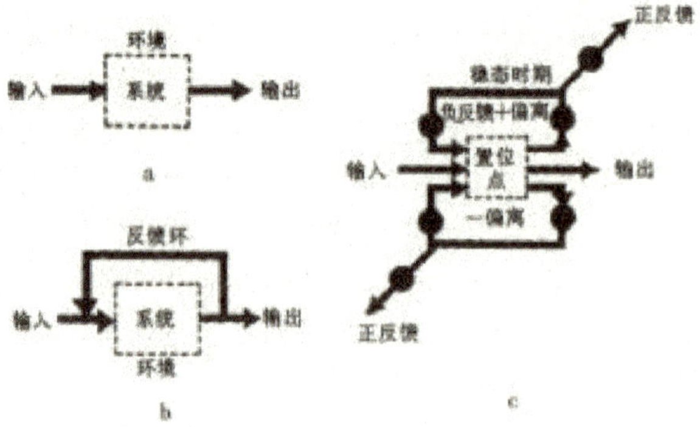

图 3-39 自然生态系统与反馈(李博等，2000)

反馈有两种类型，即负反馈(negative feedback)和正反馈(positive feedback)。负反馈是比较常见的一种反馈类型，它的作用是能够使生态系统达到平衡和保持稳态，反馈的结果是抑制和减弱最初引发变化的那种成分所发生的变化。例如，如果草原上的食草动物因生殖或迁入而增加，植物就会因过度啃食而减少，植物数量减少之后，反过来就会对动物数量起抑制作用(图 3-40)。正反馈是比较少见的，它的作用刚好与负反馈相反，即生态系统中某一成分的变化所引起其他一系列变化，反过来不是抑制而是加速最初引发变化的成分所发生的变化，因此正反馈的作用常常使生态系统远离平衡状态。在自然生态系统中，正反馈的例子不多，而在污染生态系统中正反馈的例子却常见，如果一个池塘遭受污染，鱼类的数量就会因死亡而减少，死亡后的鱼体腐烂，会进一步加重污染，引起更严重的鱼类死亡现象发生。可以认为，正反馈对生态系统往往具有极大地破坏作用，它的发生常常是爆发性的，历时较短；而负反馈则有利于生态系统的稳定，在生态系统长期进化过程中，起着非常重要的调节作用。

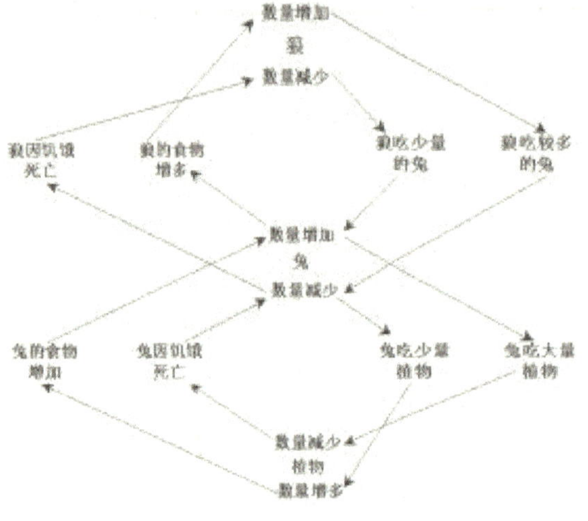

图 3-40 两个物种之间的相互关系

由于大多数自然生态系统具有通过负反馈表现出自我调节机制，所以在通常情况下，生态系统会保持自身的生态平衡。在自然条件下，生态系统总是朝着种类多样化、结构复杂化和功能完善化的方向发展，直到生态系统达到成熟的最稳定状态。

但是，生态系统的自我调节功能有一定限度，生态系统受外界干扰后，其自动调节存在一定的极限，即生态域值。当外来干扰因素（如火山爆发、地震、泥石流、森林火灾、人类修建大型工程、排放有毒物质、人为引入或消灭某些生物等）超过一定限度时，生态系统自我调节功能就会受到损害，从而引起生态失调，甚至导致生态危机。生态危机是指由于人类盲目活动而导致局部地区，甚至整个生物圈结构和功能的失衡，从而威胁到人类的生存。

三、研究生态系统的意义

生态系统概念的提出，对研究生物与环境的关系提供了新观点，生态系统也成为当前生态学研究中最活跃的领域。要解决环境污染问题、人口问题与自然资源的合理利用问题，都有赖于对生态系统结构、功能、稳定性及其对干扰的忍受和恢复能力的研究。

以往的科学往往把自然界这一复杂的整体分成许多部分，分别加以研究。但作为整体或系统的自然界，具有不同于组成它的各个部分的属性，它的发展服从于其本身具有的独特规律。生态系统理论从整体上研究自然界的运动和组分之间的相互作用，弥补了传统分科科学的缺陷，可以认为生态系统理论是迄今为止，关于自然界宏观研究最完整的理论之一。

生态系统研究是自然资源合理利用和保护的科学基础。工农业生产和现代化建设在实践和理论上也给我们提出了许多生态系统的研究课题。例如，西部大开发的生态学基础，三峡水电站的修建对长江中下游地区的环境将产生哪些影响，三北防护林带的生态学意义，等等。

第四章　生态学在环境与资源保护中的应用

随着人口的增长和工农业生产的高速发展，人类生产、生活中排放的废弃物也在不断增加，致使人类的生存环境受到严重的影响和破坏，甚至出现了一定程度的恶化。与此同时，这些被恶化的环境又反过来作用于人类，直接影响人们的健康，以至人类的生存也受到严重的威胁。目前，治理环境污染已引起全世界的高度重视。

第一节　生态系统自净能力与生态阈值

一、生态系统自净能力

近年来，从国内外治理环境污染的实践来看，利用生态系统自净能力来治理环境污染是一种行之有效的办法，并取得了可喜的成效。

所谓生态系统自净能力就是当污染物进入生态系统后，对系统的平衡产生了冲击，为避免由此而造成生态平衡的破坏，系统内部会产生一系列内部自我调节反应，以维持相对的平衡，这就是生态系统自净作用（又称反馈调节）。

（1）植物对大气污染的净化作用。绿色植物可以在大面积范围内长时间、连续地净化大气。据测算，1km^2 阔叶林，每天就能吸收 CO_2 1 000 kg，放出氧气 730 kg，净化空气 1 800 万立方米；1m^2 草坪，每天可以吸收 CO_2 36 g；30 亩浅藻地，可以净化 2 万人的城镇废水。绿色植物还具有吸收大气中的氟、SO_2 等有害气体的本领，并且，在美化环境、减弱噪声、调节气候、涵养水源、防风固沙、保护农田等方面，更能显示它的特殊作用。一个国家或地区的森林覆盖率如果达到 30%且分布均匀合理，就可以防御和大大减少水、旱、风、沙、霜冻等自然灾害。据此，植树种草，扩大绿色植物的种植面积，无疑可以加速环境自净，从而达到治理环境污染的目的。

（2）动物净化环境的功能也是近年来才被人们发现。例如，印度政府每年向恒河施放一定数量鲜鱼，以净化恒河水体；造纸厂或食品厂附近被污染的土壤放养蚓，可以自净；鱼在含有五分之一比例的污水中放养，不仅远比在净水中生长快，而且水体也得以净化。另外，爱鸟护林，采用养金小蜂护棉等生物防治措施，均能达到治虫和减轻农药对环境污染的双重目的，更有益于环境自净。

(3)微生物对有毒物质具有吸附、分解、氧化的本领,能使污染物的浓度降低。目前,国内外对工业废水的生化处理,就是利用微生物来净化水体。

(4)水对环境的净化作用。进入到河流、湖泊、水库、海洋等水体中的污染物,在水体中细菌、真菌、藻类、水草、原生动物、贝类、鱼类等生物的作用下,可以发生不同程度的分解和转化,变成低毒或无毒无害物质,这个过程称为水体的生物净化作用。其中,以细菌的作用最为重要。

目前,生物的净化作用已广泛应用到污水处理中,如活性污泥法、生物膜法、生物氧化塘等,都是利用微生物能分解有机物这一原理设计的。应用在天然水体中,这种分解过程比较缓慢,并消耗大量的水中溶解氧。此外,分解能力有限,当污染物浓度过高,超过生物生存的阈值时,整个生态系统的功能就会受到冲击,水体的生物自净作用往往也会遭到破坏。

除上述微生物以外,许多水生植物也能吸收水中的有害物质。如在18℃~20℃条件下,水葱 50 h 内可将水体中 10 mg / m^3 的酚全部吸收;100 g 鲜芦苇在 24 h 内能将 8 mg 酚代谢为 CO_2。风眼莲(水葫芦)、绿萍、菱角等有吸收水中汞、镉等重金属的作用。

(5)土地—植物系统的生物净化作用。土地—植物系统对污染物的净化作用是通过以下几方面来实现:①植物根系的吸收、转化、降解和合成作用;②土壤中的真菌、细菌和放线茵等微生物区系对污染物的降解、转化和生物固定作用;③土壤中动物区系对含有氮、磷、钾的有机物质的代谢作用。据报道,科学家用实验的方法成功地从土壤中分离出特殊而高效的能分解某些污染物的微生物。如美国科学家从土壤中分离出反硝化小球菌,它的酶提取液能除去三氯酸或三氯丁酸中的氯;日本科学家从土壤中分离出红酵母和蛇皮癣菌,能分别降解 30%~40%的多氯联苯,人们称这类微生物为“超级细菌”。

二、生态阈值理论

生态阈值理论亦称生态安全理论,是近年来倍受关注的生态学理论。所谓生态阈值理论,是指任何一个生态系统,包括整个系统、子系统及其生物体,对外来物质的干扰都有一定的忍耐极限,当外来干扰物质超过此极限时,就会使生态系统失去平衡稳定能力,引起系统的衰退和消亡,系统的结构和功能就会遭到损伤和破坏。对于生物个体而言,任何一个生物对干扰物质都有一定的适应能力,当干扰物质超过其忍耐极限时,这类生物个体和群体就会失去抵御能力,造成生物群体退化和破坏。对于人类而言,任何一个地区的人群,对其人居环境的变化都有一定的适应能力,当人居环境内的干扰物质超过人群的忍耐极限时,就会威胁人群健康和生命。生态系统对外来干扰物质的忍耐极限称之为生态阈,研究生态系统及其生物个体的生态阈形成的若干理论观点,称之为生态阈界值理论。

在任何一个自然生态系统的众多生态因子中，接近或超过生物个体忍受极限的因子,都会成为限制性因子。

南大港湿地是一个脆弱的半人工生态系统,在这个生态系统中,主要有3个突出的限制因子：

(1)水位因子。由于南大港湿地是一个以芦苇为优势种的沼泽湿地,芦苇是水生植物和陆生植物之间的过渡类植物,对水位条件要求很严格。芦苇既是一种喜水植物,又是一种“怕水植物”。当常年干旱缺水,苇地的淡水得不到保证,芦苇就会退化为苇草,失去经济价值,甚至发生植物种群变化;反之,当常年积水,形成内涝,水面超过芦苇高度掩没芦苇时,芦苇就会遭到毁灭性破坏,造成绝产。因此,南大港湿地水位就成为湿地生态系统最突出的限制因子。芦苇对水位的忍耐极限是最低水位不能低于2.7 m(渤海高程,下同),持续低于这个水位,将造成绝大部分湿地芦苇退化,失去利用价值。但最高水位不能高于4.2 m,当水位持续高于这个高度时,湿地内的绝大部分芦苇被淹没,将造成绝收。

(2)湿地水的盐分。南大港湿地的芦苇是一种淡水耗水植物,虽然芦苇对水体的盐分有一定的忍受能力,是一种适应性相对较强的植物,但盐分超过芦苇的忍耐极限时,芦苇就会造成生理性缺水而死亡。南大港湿地由于是一个滨海湿地,呈现一种典型盐生环境特征,通过海侵、海相沉积物释放和海洋风暴潮,都会使湿地水质发生由淡及咸的变化,威胁到湿地芦苇的生产安全。南大港芦苇的生产实践经验表明,当水体的盐分为0.5 g时,最适于芦苇生长;当水体的盐分介于0.5～5 g时,芦苇生产受到影响而减产；当水体盐分大于20 g时，芦苇生产条件将遭到破坏而死亡。因此,水体含盐量20 g就是芦苇对盐分的忍耐极限。

(3)营养物质。南大港芦苇是一种富营养植物,也叫嗜营养植物。由于湿地来水绝大部分是雨季降水形成的径流,河水径流中含有大量的有机物及氮、磷等营养物质,因此,湿地多数为富营养水体,这就为芦苇生长创造了条件,使绝大多数沼泽湿地形成以芦苇为优势种的植物群落。但是,当湿地失去营养环境,如成熟泥炭层阻隔、芦苇的超负载开采等,芦苇就会失去富营养环境而退化。南大港湿地由于建设中间隔离路坎,切断了东部湿地的供水通道,失去东部湿地的营养优势,再加上近海水体含盐量较大,因此,东部湿地芦苇正退化为芦草,失去经济利用价值。

第二节　病虫害生物防治

一、生物防治病虫害

传统防治病虫害的方法是化学方法,即施加农药。该法存在不利影响,如药物直接或通过食物链间接危害人体健康,甚至引起中毒;很多农药难以被生物降解,长期残留在果实或土壤中；长期施用一种农药，会使害虫产生抗性；在杀灭害虫的同时，也严重伤害害虫的天敌益鸟和益虫。

生物防治就是用生物或生物产物来防治有害生物的方法，主要有以虫治虫和以菌治虫两种。

以虫治虫就是利用天敌防治有害生物的方法，如一些病虫害的天敌有草蚜、瓢虫、蜘蛛、蛙、食蚊鱼、寄生蜂和许多食虫益鸟等。

以菌治虫就是利用病原微生物在害虫种群中引起流行病，以达到控制害虫的目的。这些可以利用的微生物有细菌、真菌和病毒，如利用绿僵菌防治棉铃虫、稻苞虫、玉米螟，利用白僵菌防治大豆食心虫、玉米螟，利用赤小蜂防治蔗螟等。目前发现的昆虫病原性病毒也很多，如多角体病毒可用于防治棉花、白菜等作物上的鳞翅目幼虫，利用核型多角体病毒防治寻毛虫、松毛虫、棉铃虫等。

此外，还有利用耕作防治（改变农业环境）、不育昆虫防治（控制害虫繁殖能力）和遗传防治（改变昆虫的基因）等方法。

二、生物农药

由于受病、虫、杂草的危害，全球每年农作物的损失大约为 1/3，为了控制和减轻病、虫、杂草的危害，全世界每年施用的农药高达 300 万吨。其中绝大部分为化学合成农药，它们大都是抗生物降解的毒害性化合物，能通过食物链在生物体内积累。因此，人们为它们带来的不良后果而担忧，农作物保护从化学防治向生物防治转化是发展趋势，近年来，世界各国都十分重视生物农药的研究和利用。

目前，全世界已注册的生物农药约有 50 多种，年销售额 2.5 亿 ~3 亿美元。尽管生物农药的种类和销售额相对化学农药还不大，但因其对病、虫、杂草具有专一性，对人、畜较为安全，对生态系统破坏性小，并可弥补化学农药的某些缺陷，故其应用前景十分广阔。

什么是生物农药呢？一般认为生物农药是利用生物体本身或由生物体产生的生理活性物质作为杀虫剂或除草剂，对特定病虫害产生作用、安全性高的新农药。生物农药一般可分为直接利用生物体和利用源于生物体的生理活性物质两大类。

生物农药的优点是：①对害虫选择性高，对生态系统影响较小；②对非靶标昆虫、益虫和人很少或没有影响；③昆虫不易产生抗性；④在环境中无残留。

但是，生物农药也有许多限制因素：①目前获得环保部门批准的生物农药制剂种类少；②杀灭害虫缓慢；③一些制剂在环境中不稳定；④制造费用高。生物技术的发展将有助于克服这些不利因素，拓宽生物农药在农业有害物防治中的用途。

第三节 污染物在环境中迁移转化规律

一、污染物在环境中的迁移

污染物主要通过人类活动过程中无意释放、工业废物的排放，以及人类活动过程中故意应用3条途径进入环境。进入环境后的污染物可以在各种环境要素（水、土、气）中发生迁移并被输送到很远的距离；污染物还可以在各环境要素之间发生迁移。如大气污染物可以通过雨、雪、霜、降尘等形式进入地表水，土壤污染物也可以通过地表径流作用进入地表水；地表水中污染物也可以通过蒸发等形式释放进入大气环境。因此，所谓污染物迁移是指污染物在环境中发生空间位置的移动及其引起的富集、分散和消失过程。由于污染物的迁移作用，使得污染物可以传送到很远的距离，由局部性污染引起区域性污染，甚至造成全球性污染，这也是环境污染成为当代主要环境问题的原因之一。例如，工业废水点源排放造成江河污染，进入海洋引起局部海洋污染，最终可以导致全球海洋污染。污染物在环境中的迁移主要包括下述3种方式：

(1)机械迁移可分为水的机械迁移作用、气的机械迁移作用和重力的机械迁移作用等。

(2) 物理—化学迁移对无机污染物而言是以简单的离子或可溶性分子的形式，在环境中通过一系列物理化学作用如溶解—沉淀作用、氧化—还原作用、水解作用、络合和螯合作用、吸附—解吸作用等所实现迁移。对有机污染物而言，除上述作用外，还有通过化学分解、光化学分解和生物化学分解等作用所表现的迁移，物理—化学迁移是污染物在环境中迁移最重要的形式，这种迁移的结果决定了污染物在环境中的存在形式、富集状况和潜在危害程度。

(3)生物迁移污染物是通过生物的吸收、代谢、生长、死亡等过程所实现的迁移，是一种非常复杂的迁移形式，与各生物种属的生理、生化和遗传、变异作用有关。某些生物体对环境污染物有选择吸收和积累作用，某些生物体对环境污染物有降解能力。生物通过食物链对某些污染物（如重金属和稳定的有毒有机物质）的放大积累作用是生物迁移的一种表现形式。

二、污染物在环境中的转化

污染物在环境中通过物理、化学或生物作用改变形态或转化成其他物质的过程称为污染物转化。在现实环境中，环境污染物的迁移和转化往往伴随发生，各种污染物转化的过程取决于它们的物理化学性质和所处的环境条件。

(一)转化形式

污染物转化形式可分为物理转化、化学转化和生物转化三种类型。物理转化是指通过蒸发、渗透、凝聚、吸附,以及放射性元素的蜕变等一种或几种过程来实现转化;化学转化是指通过各种化学反应发生转化,如氧化—还原反应、水解反应、光化学反应等;生物转化是指通过生物的吸收和代谢作用发生氧化。大多数情况下,化学转化在环境中比物理转化和生物转化更为普遍,而在化学转化中,光化学氧化、氧化—还原和结合水解等作用最为常见。污染物在环境中转化的结果,一方面可使污染物对生物的毒性降低,甚至转化为无毒物质或形成易降解的结构;另一方面,可以增加污染物的生物可利用性,使污染物的生物毒性增强,或形成难降解的结构。例如,有机磷农药中的对硫磷和马拉硫磷,可因水解作用使其酰胺键和脂键断裂而失去毒性;芳香环发生二聚化反应,生成更为复杂的多环芳烃物质,使毒性增强。

(二)污染物在大气中的转化

在大气中,污染物转化以光化学氧化、催化氧化反应为主。大气的碳氢化合物(HC)和氮氧化物(NO_x)等气态污染物(一次污染物),在阳光(紫外线)作用下发生光化学氧化反应产生臭氧(O_3)、过氧乙酰硝酸酯(PAN)及其他类似的氧化性物质(二次污染物)。参与光化学氧化过程的一次污染物和二次污染物的混合物(其中有气体污染物,也有气溶胶)所形成的烟雾现象,称为光化学烟雾。1946年,发生于美国"洛杉矶光化学烟雾事件"就是最早发生的一起由污染物光化学反应引起的大气污染公害事件。通过对光化学烟雾形成的模拟实验,已明确由碳氧化合物和氮氧化物发生光化学氧化形成臭氧和过氧乙酸硝酸酯的过程,主要包括污染空气中 NO_2 的光解,HC、HO、O 等自由基和 O_3 氧化,导致醛、酮、醇、酸等产物从重要的中间产物——RO_2、HO_2^0、RCO^0 等自由基生成,过氧自由基引起 NO 向 NO_2 转化,并导致 O_3 和过氧乙酰硝酸酯生成。气体污染物 SO_2 经光化学氧化作用和金属氧化物催化氧化后转化为 SO_3,再溶于大气中的水形成硫酸或硫酸盐,在空气中形成硫酸雾,这也是形成酸雨的重要物质之一。

(三)污染物在水体中的转化

在水体中,污染物转化主要通过下列途径:

1. 氧化—还原作用

天然水体是一个氧化—还原体系,含有许多无机及有机氧化剂和还原剂,如溶解氧、Fe^{3+}、Mn^{4+}、Fe^{2+}、S^{2-}、有机化合物等,对污染物转化起着重要作用。例如,环境中重金属在一定氧化—还原条件下很容易发生接受电子或失去电子过程,而出现价态变化。其结果是化学性质变化,因而迁移能力也发生了变化,如三价铬和六价铬、三价砷和五价砷就是一例。

2. 配合作用

天然水体中存在许多无机配位体(如 OH^-、Cl^-、CO_3^{2-}、HCO_3^- 等)、有机配位体(如氨基酸、腐基酸),以及生活废水中洗涤剂、清洁剂、农药和大分子环状化合物等。水体中各种配位体可以与水中各种污染物,特别是重金属污染物进行配合反应,改变其性质和存在状态,影响污染物在水体中的发生、迁移、反应和生物效应等。例如,金属离子和有机配位体生成金属配合物,这种配合物能够改变金属离子的特征,从而影响重金属的迁移,一是影响颗粒物对重金属的吸附,二是影响重金属化合物溶解度。例如氢氧化锌,按浓度积计算,水中 Zn^{2+} 应为 0.861mg/L,但由于水解配合生成 $Zn(OH)_2$ 配合物,水中溶解总锌量达 160 mg/L。又如,我国蓟运河腐殖酸影响汞对水生生物的生物效应,腐殖酸可减弱汞对浮游植物的抑制作用,也可减轻对浮游动物的毒性,但不同生物富集汞的效应不同,腐殖酸能增加汞在鲤鱼和鲫鱼体内的富集,而降低了汞在软体动物棱螺体内的富集。

3. 生物降解作用

水体中的微生物,特别是底泥中的厌氧微生物可使得一些污染物发生转化,如无机汞转化为一甲基汞或二甲基汞。

(四)污染物在土壤中的转化

土壤由固、液、气三相构成,所以土壤状况比水、气复杂。污染物在土壤中的转化及其行为取决于污染物和土壤的理化性质,土壤是自然环境中微生物最活跃场所,所以生物降解在这里起重要的作用。土壤中固、液、气三相的分布是控制污染物运动和微生物活动的重要因素,土壤 pH 值、温度、湿度、通气和微生物种群等是污染物转化的条件。例如,水田土壤中缺乏空气,故大都处于还原状态;旱地土壤因通气性好,一般处于氧化状态。土壤的这种氧化—还原状态直接影响了污染物转化状况和存在形态。金属的转化受土壤 pH 影响:pH 值小于 7 时,金属溶于水呈离子状态;pH 值大于 7 时,金属易与碱性物质化合呈不溶性盐类。许多有机物和农药通过微生物作用,可以分解或转化为其他衍生物或 CO_2 和水等无害物质。在适合的条件下,含磷、硫、氧的污染物经微生物作用,转化为无害或毒性小的化合物,如硫酸盐还原菌可使土壤中的硫酸盐还原成硫化氢进入大气。

各种污染物在环境中的转化过程是复杂的,往往存在相互制约、相互影响的关系。研究污染物的物理、化学和生物转化机制和过程是阐明污染物的环境行为、迁移、归趋和对生态系统影响的基础工作。

第四节　环境质量生态监测与评价

生态监测又称生物监测，是以活的生物作为指示器检测环境质量状况，评价其对生物生存的优劣程度。各种生物与所处环境条件之间关系密切，环境质量变化影响生物的生理功能、种类丰度、种群密度、群落结构与功能的改变，这些变化是反映环境质量好坏的重要指标。生态监测能反映出一段时间内各种理化条件综合作用的结果，比较全面，而且设备简单，费用低廉。

环境质量生态监测可分为两类：一类是在实验室内进行生物测试，即将实验生物置于不同浓度的污染物或污水中，在一定时间内观察实验生物的中毒症状和致死剂量或致死浓度。几天内的实验，称为急性毒性实验，持续时间长或观察整个生命周期的实验，称为慢性毒性实验。根据实验结果评价某种化学物质的毒性强度，为化学品的生产和制定环境质量标准提供依据。另一类是现场生物调查，主要包括生物指示种、个体数量、生物量、种类数、多样性、种类组成、优势种，以及生理、生化和残留量等的调查分析，据此作出环境质量评价。这里主要介绍现场生物调查评价的基本原理与方法。

环境质量生态监测与评价方法很多，到目前为止还没有统一的生态监测方法。工作人员可根据具体条件和需要，选择切合实际的生态监测方法。生物指标的变化是各种环境条件综合作用的结果，而且各种生物对环境条件的变化都有一定的耐受范围，因此生物监测很难准确判断污染物的具体成分及其浓度，需要和物理、化学监测相互结合、互为补充，共同进行综合评价，才能取得完整和可靠的评价结果。由于生物种类鉴别困难，在实际监测工作中，生物监测的内容常常被忽略，今后需要逐步加强。

一、环境质量及其基本内涵

（一）环境质量基本内涵

环境质量指自然环境质量和社会环境质量两个方面，它包括物理、化学和生物的质量，具体划分为大气环境质量、水环境质量、土壤环境质量、生物环境质量等。所谓物理环境质量是指周围物理环境条件的好坏，自然界气候、水文、地质、地貌等条件的变化，人为的热污染、噪声污染、微波辐射、地面下沉以及自然灾害等都能影响物理环境质量。化学环境质量是指周围化学环境条件的好坏，不同地区各环境要素的化学组成不同，它们的化学环境质量也不一样。人类活动造成的化学污染可以降低化学环境质量。生物环境质量是自然环境质量的重要组成部分，它是指周围生物群落构成的特点而言，不同地区生物群落的结构及其组成特点不同，其生物环境质量也有差别。社会环境质量包括经济、文化及美学等各方面,各地区发展程度不同,社会环境质量有明显的差别。

环境标准是国家制定带有强制力的规范,是判断环境是否污染、环境质量状况的重要依据。可以分为环境质量标准、污染物排放标准、方法和技术标准 3 类及国家标准、国家保护行业标准、地方标准 3 级。

环境标准是环保法规体系的重要组成部分,是环境保护的重要规范之一。

1. 环境标准体系

环境标准体系就是根据环境标准的特点和要求,按照它们的性质、功能和内在联系进行分级、分类所构成的一个有机联系的整体。体系内的各种标准互相联系、相互依存、互相补充,具有良好的配套性和协调性。

环境标准体系不是一成不变的, 它与一定时期的经济技术水平以及环境污染与破坏的状况相适应。因此,它随着经济技术的发展、环保要求的提高而不断变化。

我国现行环境标准体系是由 3 级构成的,即国家标准、国家行业标准和地方标准 3 级;国家标准包括环境质量标准、污染物排放标准、基础标准和方法标准。

2. 环境标准分级

环境标准分 3 部分:一是环境保护国家标准,二是环境保护国家行业标准,三是环境保护地方标准。

国家环境标准是国家环境保护行政主管部门制定并在全国范围内或特定区域内适用的标准,如《环境空气质量标准》适用于全国范围,《城市区域环境噪声标准》适用于城市区域,也适用于农村建成区。

环保国家行业标准是指对环境保护工作范围内所涉及的部分活动以及设备、仪器所做的规定。

地方环境标准是由省、自治区、直辖市人民政府批准颁布,在特定行政区适用。如北京市废气排放标准(试行)、厦门市现行污染物排放标准。

3. 国家标准与地方标准的关系

根据《环保法》第 9 条规定:“省、自治区、直辖市人民政府对国家环境质量标准中没有规定的项目,可以制定地方环境质量标准。”第 10 条规定:“省、自治区、直辖市人民政府对国家污染物排放标准中没做规定的项目可以制定地方污染物排放标准,对国家污染物排放标准已做规定的项目,可以制定严于国家污染物排放标准的地方污染物排放标准。”两种标准并存的情况下,执行地方标准。

4. 环境标准分类

根据《中华人民共和国环境保护法标准管理办法》的规定,我国的国家环境标准主要有:

(1)环境质量标准是对一定区域环境中的各种污染物质或因素所做的限制性规定,是国家环境保护追求的目标,也是制定污染物排放标准、审查环境影响报告的重要依据之一。

(2)污染物排放标准是为实现环境质量标准目标,结合经济技术条件和环境特点,对排入环境的污染物或有害因子所做的控制规定,即排放的极限值,是实现环境质量标准的重要保证,是控制污染源的重要手段。排放标准包括浓度标准和总量标准两类,也可以是综合性排放标准和行业性排放标准两类。

(3)环境保护基础标准是对环保工作具有重要指导意义的符号、指南、导则等所做的规定,是制定其他环境标准的基础。

我国的国家质量标准经过不断的发展,目前已趋完善(表 4-1)。随着经济社会的发展,环境质量标准会不断修改完善及增加,2003 年 3 月,又颁布了《中华人民共和国室内空气质量标准》。其中,关于大气环境质量标准最为重要,也是在大气质量评价实践中密切涉及的。

表 4-1　我国环境质量标准的组成

序号	编号	标准名称	发布日期	实施日期
1	GB3097-82	海水水质标准	1982-04-06	1982-08-01
2	GB3838-88	地面水环境质量标准	1988-04-05	1988-06-01
3	GB9137-88	保护农作物的大气污染物最高允许浓度	1988-05-25	1988-10-01
4	GB9660-88	机场周围飞机噪声环境标准	1988-08-11	1988-11-01
5	GB10070-88	城市区域环境振动标准	1988-12-10	1989-07-01
6	GB11607-88	渔业水质标准	1989-08-20	1990-03-01
7	GB12941-91	景观娱乐用水水质标准	1991-06-16	1992-02-01
8	GB5084-92	农田灌溉水质标准	1992-04-01	1992-10-01
9	GB3096-93	城市区域环境噪声标准	1992-09-07	1994-03-01
10	GB3095-96	环境空气质量标准	1996-01-18	1996-10-01

(二)环境质量调查、监测及评价

环境质量调查是为了了解环境质量状况而进行的一系列工作，调查的主要内容是环境背景值、自然环境状态、区域污染状况、人类干扰下环境的演变规律,以及环境因素的危害效应等。

为了评价环境质量,人们研究并确定了一系列具有代表性的环境指标,对这些指标进行定期的或连续的监测、观察和分析其变化,称为环境质量监测。通过环境质量监测可以分析、了解环境因素的变化过程及发展趋势,为进行环境评价、制定环境法规、完善环境管理提供科学依据。

按照一定标准,采用相应的方法对环境质量进行评定、比较及预测称为环境质量评价。环境质量评价首先要有较清楚的环境质量背景值或环境质量基准,然后通过环境质量调查与监测,再依据评价标准,选取适宜的方法,给出科学的评定。

（三）环境质量调控与环境质量预测

环境质量预测是对环境质量未来趋势所作的推断，是环境科学的重要组成部分，是制定环境法规对环境进行科学管理，以及规划区域性人口、资源、生产布局的重要基础性依据。

环境质量调控包括狭义及广义两方面。狭义的调控，是采取合理有效的措施调节和控制向环境中排放的污染物不超出允许的容纳量。广义的调控，是采取人工手段，使环境要素变化不超过或能够达到一定的标准。

二、生物监测

生物监测是利用生物个体、种群或群落对环境污染或变化所产生的反应阐明环境污染状况，从生物学角度为环境质量监测和评价提供依据。环境质量变化对生态系统会产生直接的影响，从理论上说，环境的物理、化学过程决定生物学过程；反过来，生物学过程变化也可以在一定程度上反映环境的物理化学过程变化。因此，可以通过对生物的观察来评价环境质量变化。从某种意义上说，由环境质量变化引起的生物学过程变化能够更直接地综合反映环境质量对生态系统的影响，比用理化方法监测得到的参数更具有说服力。与理化监测方法相比，生物监测具有理化监测不能替代的作用和不具备的一些特点：能直接反映环境质量对生态系统的影响；能综合反映环境质量状况；具有连续监测的功能；监测灵敏度高；价格低廉，不需购置昂贵的精密仪器；不需要繁琐的仪器保养及维修等工作；可以在大面积或较长距离内密集布点，甚至在边远地区也能布点进行监测。当然，也存在一些缺点，如不能像理化监测仪器那样迅速作出反应；不能像仪器那样能精确地监测出环境中某些污染物的含量，生物监测通常只是反映各监测点的相对污染或变化水平。

生物监测包括水、土壤和大气污染监测 3 大部分，就是定期而系统地利用生物对环境的反应信息来确定包括水、气和土壤环境在内的环境质量。它意味着对一个或多个环境参数进行定期或连续评价，从而探明环境的污染状况。生物监测至少应具备两个重要条件：①对比性，有已建立的标准可供对照；②重复性，在一定观测点上每隔一定时间采样分析。

生态系统理论是生物监测的理论基础，生态系统能维持一定地区的系统结构和功能的固有特性。环境污染必然引起生态系统固有结构和功能的变化，生物监测可以反映这种环境污染的生态效应，为环境控制与管理提供生物能动的反应信息。但生态系统的复杂性也为生物监测参数的选择带来了困难，这是因为：①污染的发生总是综合性的，各种污染物对生态系统各组分并非产生同样的影响。同样，生态系统各组分也并非对同一污染物产生同等的反应；②生物在不同生活史阶段的反应不同;③系统受污染后的效应往往在初期不易测出;④对生态系统尚无法确定一个最基本的标准。由于生物过程比较复杂,影响因素多,使生物监测的应用受到许多限制。生物监测的精度不高,有些场合只能半定量。由于影响生物学过程的不仅仅是环境污染,还有许多非污染因素,因此,在不同的自然条件下没有可比性,且在季节上和地理上都受到较大的限制。尽管生态学家依据各自条件和熟悉的领域选择基本参数,发展生物监测技术,但要得出统一的标准,目前条件尚不成熟。但随着生物监测技术的迅速发展,其应用将会越来越广泛。

三、生态监测与评价

(一)大气质量监测与评价

1. 中毒症状

植物叶片对大气污染反应敏感,不同的污染物出现中毒症状不完全相同。因此,根据敏感植物叶片中毒症状,可以粗略地判断大气污染程度及主要污染物名称。

2. 地衣监测

地衣和苔藓对二氧化硫和氟化氢敏感。根据地衣和苔藓的多度、盖度、频度及种类数变化,可绘制污染分级图,能反映污染程度和范围以及污染历史。

地衣是各种不同的藻类和真菌类共生体,对大气二氧化硫和氟化氢污染尤其敏感。离污染源近的地方,地衣种类较少,覆盖度小,在树杆上分布的高度升高。如云南磷肥厂附近地衣种类变化如下:离厂 100 m,5 种;450 m,7 种;1 100 m,9 种;1 350 m,11 种;1 600 m,15 种;2 600 m,28 种;6 500 m,39 种。因此,可根据地衣的种类、数量、覆盖度和受害症状等监测空气质量的变化。

(二)土壤质量生物监测与评价

污水灌溉、喷洒农药和施用化肥等都能使土壤污染。土壤质量主要根据土壤和植物中污染物的残留量分析进行评价,生物监测和评价的方法还不太成熟,但它是综合评价的重要补充。土壤质量生物监测与评价的方法主要有以下几方面:

1. 敏感植物中毒症状

受到污染以后,敏感植物叶片出现伤斑,根据伤斑的形状、颜色等症状判断污染性质和污染程度(参考大气污染生物监测中的表)。

2. 残留量测定

许多有机氯农药、有机化合物、重金属、放射性物质能在植物和土壤动物体内积累,大气中的二氧化硫、氟、氯等在植物体内也有明显积累。选择积累能力强的生物测定其体内污染物的含量是评价土壤污染状况的重要依据。

3. 植物生理活动特征

许多污染物对植物的危害，在外观上并没有表现出看得见的中毒症状，或者还没有表现出中毒症状，但对植物的生理活动可能已经产生影响，因此，植物的生理活动是监测土壤污染的重要指标。如植物蒸腾速率下降，呼吸作用增加，叶绿素含量减少，结果导致生长缓慢，植株变矮，开花、结果受阻，易于脱落，产量下降，或最终死亡。

4. 土壤生物群落结构与功能指标

土壤污染改变土壤的性质，影响土壤微生物和土壤动物群落结构与功能的变化，分析土壤生物种类、数量和土壤中酶活性，可以帮助评价土壤的质量。如农药污染严重时，土壤中蚯蚓数量减少。酸雨污染加速土壤中营养元素流失，导致土壤微生物群落结构改变，细菌数量显著减少，真菌数量明显增加，土壤中蛋白酶、转化酶和接触酶活性下降，磷酸酶活性增加。

（三）水体质量生物监测与评价

大部分水生生物终生生活在水中，能综合反映水体质量变化，特别是活动能力小的大型无脊椎动物，对于指示水质变化有重要作用，有人称它们是不下岗的哨兵。水体质量生物监测方法很多，不同国家或地区使用的方法不完全一样。下面简要介绍几种比较有代表性的方法。

1. 利用指示生物监测

如利用颤蚓、水蛭等大型底栖无脊椎动物及水体昆虫（摇蚊幼虫等），以及某些浮游生物在水体中的出现、消失和数量的多少来监测水体污染状况。

2. 利用污水生物系统反映水体污染程度

主要是根据不同河段（不同时期）由于水体自净作用及生物降解，水体的污染程度逐级递减，相应地反映在物理、化学指标和生物类群的组成和数量上。据此特征，将水体分为不同的带（等级），如多污带、a—中污带、β—中污带、寡污带。

3. 利用水生生物群落结构变化监测

利用不同的水体中优势种、普通种及稀有种的变化来反映水体的环境污染状况，利用生物指数和生物多样性指数等数学手段简化监测方法。

4. 水体污染的生物测试

利用水生生物受到污染物毒害时所产生的生理机能变化，测试水质污染状况，例如，常用鱼类作为水体生物监测的测试对象。

四、生态环境质量评价

生态环境是指除人口种群以外的生态系统中，不同层次的生物组成的生命系统。生态环境质量就是这个系统在人为作用下所发生的好与坏的变化程度，或者说生命系统在人为作用下的总变化状态。人们开发、利用、建设甚至破坏周围的生命系统,使它们发生变化,对这些变化及其对人们的影响作出定量的分析及评价,可称之为生态环境质量评价。生态环境质量评价是环境质量评价的重要组成部分,在这种意义上讲,生态环境质量评价就是依据生态系统结构和功能状态的优劣对环境质量进行评价的一种方法。

同大气、水体及土壤环境质量评价一样,在进行生态环境质量评价时,一个重要问题是背景值的状况。生态环境质量在无人为干扰时,应是生态环境最基本的背景。但是,目前所面临的生态环境很少处于无人干扰的境地,只是有干扰大小及干扰先后的差异,有时可将干扰小的地段作为背景,但是,以前者作为背景所给出的评价与以后者作背景给出的评价是不同的。由此看来,在进行生态环境质量评价时,生态背景是一个基础问题。

在自然状态下,一个生态环境如无人为干扰,它本身的状态处于不断变化之中,比如群落正常演替、生态系统发育等。这样,在评价生态环境质量时,就必然遇到以什么作背景、如何度量背景的优劣程度等问题。背景的优劣程度当然是背景的质量问题,这就是说,没有人为干扰的条件下,生态环境由于种群结构或群落结构演替而导致质量变化。为区别环境质量评价中的生态环境质量,可将背景以及背景变化后的质量称为“生态质量”。同其他自然环境要素质量评价一样,它也涉及“生态质量”的基准、划分等级、客观依据及数学模型等问题,这些问题的阐明将为生态环境质量评价奠定必要基础。生态环境质量评价参量的选择,应从生态系统本身的生命成分中选取,选取那些可以标度整个系统质的改变的参变量。如属于生态结构方面的营养结构、群落结构、种群年龄结构等;属于能量过程的初级生产能力,各级能量转化、能量积累,总的生产能力、生物量等。再者,进入或作用于生态系统的异常因子的迁移、积累、富集,以及生态系统对于这些因素作用的抵抗能力也需要考虑。

生态环境质量预测就是根据环境质量的内在规律及现实状况对未来发展变化作出推断。这种推断仅是趋势性分析,虽然采用定量的数学公式或其他现代化手段(如计算机等),但获得的结果仍是一种大致地估算。预测中在建立数学模型、选择预测指标、估计模型参数,以及进行数值计算时,都对现实情况作了一定的假设与简化。预测结果具有十分重要的价值,但是在运用预测结果解决实际问题时,只能将其作为重要依据,不能完全依赖预测结果,要与其他方面所获信息相互佐证,全面分析权衡,合理作出决定。

第五节 环境容量与环境标准制定

一、环境容量

环境容量是指某一环境在人类生存和自然生态不致受害的情况下,所能容纳的污染物最大负荷量。环境容量研究不仅有理论意义，而且有实用价值。它对于区域合理规划与开发利用、城乡工农业生产的合理布局、区域环境质量评价和预测、制定污染物排放标准、开展区域环境污染的控制，以及改善环境管理等都有重要的现实意义。

环境容量可分成整体环境单元容量和单一环境要素容量。按环境要素又可分为大气环境容量、水环境（包括河流、湖泊、海洋等）容量、土壤环境容量、生物环境容量等。某一环境单元内各环境要素容量总和为环境单元整体容量。显然，某环境单元容量大小与此环境单元本身组成、结构与功能有关。因此，在地表不同区域内，环境容量变化具有明显的地区性差异和地带性规律。通过人为调节，控制环境的物理、化学及生物过程，改变物质的循环转化方式，可以提高环境容量，改善环境污染状况。

二、环境质量标准制定

（一）环境质量标准制定应注意事项

1. 科学性

制定环境质量标准是综合性、技术性很强的工作，在制定标准时，应以多学科科学试验、研究成果和调研资料为依据，其中特别要将“环境基准”作为主要依据。

“环境基准”指环境中污染物对特定对象（人或其他生物等）不产生不利或有害影响的最大剂量（无作用剂量）或浓度。它是由污染物同特定对象之间的“剂量—反应”关系确定，不考虑社会、经济、技术等人为因素，不具有法律效力。

环境质量标准是以环境基准为依据，并考虑社会、经济、技术等因素，经过综合而制定的。环境质量标准规定的污染物允许剂量或浓度，原则上应小于或等于相应的基准值。

2. 可行性

制定标准不仅要有科学性，还要从实际出发，做到切实可行。首先，要调查国家整体的环境污染现状，预测环境质量发展趋势和动态；其次，要符合科学技术发展的方向；另外，还要做到经济上合理，在制定标准时，考虑为执行标准所需要花费的总费用，研究分析总费用与总收益的关系。

环境质量标准又是制定污染物排放标准的依据，为使质量标准切实可行，还要注意排放标准的反馈作用，即根据质量标准要能制定出符合国家技术经济状况的排放标准，否则，就要反过来修改质量标准。但是，这种反馈修改不能使环境质量标准值宽于最低一级标准，必须受“基准”值的制约。

3. 区域差异性

我国幅员辽阔，环境条件复杂多变，不同地区生态系统的功能各异，需要重点保护的对象也不尽相同。而且，各地的自然本底、经济发展水平、污染危害特征和程度等都有其自身的特点。因此，制定国家环境质量标准时，一般采用分区、分级原则，不同功能区执行不同级标准，这样就可将有限的技术经济力量用于保护最迫切需要保护的对象，按轻重缓急，分期、分级、分区实现预期的环境质量标准。

（二）环境质量标准制定方法和步骤

首先，是环境基准的调查研究，由于基准是科学资料，各国均可互相借鉴。国内的环境、卫生，动植物学界进行了不少毒理学和流行病学的调查研究，各地的环境质量评价工作也积累了不少可作为基准用的数据。通过对基准资料进行综合分析，确定分级界限值。其次，是污染现状调查及评价，即调查、分析历年的监测资料和各部门掌握的数据，确定环境介质中的主要污染物、背景值、污染现状水平和扩散、稀释的特点及规律，由此确定标准中的污染物项目，掌握制定分级、分区标准的基础资料。再次，是监测方法研究，包括布点、采样、化验分析、数据处理等方法，这些必须与标准同时确定。最后，还有技术经济调查，应初步掌握要达到各级标准的污染物削减量和与之对应的工艺、技术和综合防治手段并考察其经济性。

在上述全面调查和专题研究的基础上，进行综合分析，初步拟定标准值。然后进行草拟标准的可行性调查、验证：可组织召开专家评议会，听取专家评议意见；向全国各省、市，各部门，各有关研究、监测单位发出征求意见稿；不同地区的意见听取会；典型城市调查、验证等几种形式。

验证标准是否可行是很重要的工作环节。国际标准在制定过程中要经过多数国家的验证认定后才能投票表决；全国性的标准一般是选择典型城市（或典型区域）进行。验证工作量大，需要时间较长，因为环境质量标准的管理作用一般说来要通过排放标准的实施才能实现，质量标准的可行性也要通过排放标准来检验。

当各方面的反馈都证明标准可行，即可进入审批阶段，经全国审议会或国家环境标准技术委员会审议通过后，上报国家环境保护行政主管部门批准颁发。

第五章　资源与环境

资源泛指人类所需要的一切要素。它不仅包括物质要素,也包括由这些物质要素构成的环境或条件要素,人们通常所说的资源主要是指物质资源。

第一节　自然资源概念及分类

一、自然资源概念

(一)自然与自然环境

自然是地球上无机物质和有生命机体各种组成因子相互作用，经历漫长地质历史时期演化而成的自然综合体。开始地球上只有无机的岩石圈、大气圈和水圈，随后又形成了土壤圈和生物圈,这五个圈组成了现在地球上生物与非生物的总体。自然是人类和其他生物生存的一切物质基础。

自然环境泛指人类社会以外的自然界，通常是指非人类创造的物质构成的地理空间。阳光、空气、水、土壤、野生动植物都属于自然物质,这些自然产物与一定的地理条件相结合,形成具有一定特性的自然环境,它有别于人类通过生产活动所建造的人为环境,如城市、工矿区、农村社区等环境。所以,也可以说自然环境是人类赖以生存、生活、生产所必需而又无需经过任何形式摄取,就可以利用的外界客观的物质背景条件总和。

(二)自然资源

自然资源是指在一定经济技术条件下,自然界中对人类有用的一切物质、能量和景观,如土壤、水、草场、森林、野生动植物、矿物、阳光、空气和风光景观等。

随着人类取得和使用资源技术进步和经济发展，资源范畴在不断地扩大。例如,远古时代人类不知道煤有用,后来知道煤可用来作燃料,现在煤不仅用作燃料,还可以从中提取多种化工原料。资源利用与经济技术条件密切相关,由于经济技术条件的限制，人们已经认识到很多有用的物质难以利用，如许多深海海底矿产资源、深层地下水、月球上的矿产、南极冰山,等等。这其中有些是技术问题没有解决,有些是经济成本太高，难以承受或得不偿失，虽然知道有用但还无力加以利用，或者现在还没有发现其用途，但随着科学技术的发展，将来有可能被利用的自然物质和能量，可称之为“潜在资源”。

(三)自然资源生态属性

自然资源是一种物质资源，可以提供人类生产、生活所必需的一切物质资料，自然资源还具有生态属性，这往往被人们忽视。组成自然资源的各种物质和能量同时构成了人类赖以维系生产、生活的环境。各种自然资源既是自然环境的组成部分，又在组成环境整体结构和功能中具有特定的作用，即生态效能。如森林，既具有提供木材、林果产品等功能，又具有涵养水源，保持水土，净化空气，消除噪声，调节气候，保护农田、草原等功效。人类在利用自然资源的过程中，要充分考虑这两方面的关系，避免过度利用和超越自然整体可承受的阈值。开发任何一项自然资源，都要从保护人类赖以生存、生活、生产的自然环境整体出发，保护和继续利用自然环境。

二、自然资源分类

自然资源按其用途、属性、生存和活动的自然空间，以及能被人类利用的时间长短等，可以进行若干不同的分类。

按用途分为生产资源、风景资源、科研资源等；按属性分为矿产资源、土地资源、气候资源、水资源、海洋资源、生物资源等；按其生存和活动的自然空间可分为空间资源、地面资源、海洋资源、地下资源等；按能被人类利用时间的长短与特性可分为有限资源和无限资源。

(一)有限资源

有限资源又分为可更新和不可更新两类。

1. 可更新(可再生)资源

它是指能够不断生长繁衍的生物资源和自循环中形成的可循环资源。这种资源在理论上讲，可以再生更新、再被利用，如水、耕地、动物、森林、草场等就属于此类资源。它们或者能够生殖繁衍，或者通过自然或人工循环过程而被补充或更新。耕地是可再生资源，主要是指土壤肥力和耕地总量可以通过人工措施和自然过程得到恢复和不断更新。

可更新资源的恢复是以不同速度进行的，有些较快、有些较慢。例如，自然形成1cm厚的土壤腐殖质层需要几百年，砍伐的森林恢复一般需要数十年至百余年，对可更新资源利用的消耗速度必须符合它们的恢复速度，以免造成资源枯竭。

2. 不可更新资源

不可更新资源是指储量有限、能被用尽的资源，它们形成极其缓慢，需要几百年到上亿年，这类资源总量人类目前尚未搞清，但可以认为数量是固定的。它们一旦用尽，自然界就不可能再提供，人类用的矿物资源就是不可更新的，一旦一个矿产地被耗尽，只能异地再勘探、再开发，直至全部耗尽，而不可能更新。

不可更新资源又可进一步分成可回收资源和耗竭性资源。

可回收资源是指那些利用之后可回收，通过加工能够再次利用的资源。许多矿物资源都是可回收资源，各种金属通过开采、冶炼、加工制造成各种产品，经过长期使用后，这些产品将失去使用价值，可通过回收再冶炼成金属原料进行产品加工。当然，每一次回收利用都不是100%回收，由于自然侵蚀、技术及有关政策等因素，不同国家回收利用率相差很大。

耗竭性资源是指那些自然界不能更新，使用后又不可能回收的资源，这类资源最主要的就是矿物能量资源。不论是煤、石油、天然气等有机矿物能源还是铀等原子核能，利用后都以其他形式转化掉了，最终都是以热的形式耗散了，不可能回收利用。通常所做的余热利用是回收利用那些没被利用即将浪费的热量，而不是利用那些已经充分利用的热量，这是两个不同的概念。

为了提高资源的可持续利用水平，必须明确可回收资源和耗竭性资源概念，对可回收的资源要大力提倡回收利用；对耗竭性资源要大力提倡节约，提高利用效率。总的来讲，对不可再生资源的利用要从节约、回收利用、提高利用效率、研究替代资源、开发新能源等方面入手，以保障社会经济可持续发展。

（二）无限资源

无限资源是指取之不尽、用之不竭的资源，如太阳能、潮汐能、风能、洋流能等就属于这一类资源。需要指出的是，这一类资源从总体上而言，在人类可预见的将来是无限的，但在局部地区或局部空间范围内，却是有限的。人类的某些活动可以直接或间接地影响它们，如大气污染到一定程度，对一定地区人们的生命、环境和社会产生很大的影响。对该地区来说，合乎质量要求的大气数量就是有限的，近海、沿岸海水也是这样。

三、自然资源属性

不同类型的自然资源具有不同的特性，但又有共同的属性。明确认识这些属性，对人们合理开发利用自然资源具有重要意义。

（一）整体相关性

自然资源各组成成分在一定地区具有非常密切的相互依存、相互影响的关系。例如，自然界中的水在太阳辐射的影响下，不断进行循环，从而使地球陆地上的水不断得以更新,使人们能够不断获取新鲜的水。一种资源的破坏会引起相关资源的破坏,如森林植被破坏之后,导致水文循环紊乱,造成水土流失、气候变化,形成旱涝灾害。

(二)有限性

无论是物质和能量,一旦被定义为"资源",都是针对某一物质对象(常常是人类)的需求而言。相对于人类社会的需求来说,资源社会系统的关系表现为不可逆性,它从本质上规定了资源的"单流向"特征,即资源只能是供体,社会系统的需求是受体。作为供体的资源总是被消耗的,因而是有限、稀缺的。从资源本身来说,不可再生资源的有限性是显然的。可再生资源也具有本身的再生速度,在一定空间和时间内提供的资源产品量也极其有限。

(三)地域性

自然资源的分布大都受地域性因素影响,不同自然资源的地域性分布规律十分明显,它们总是相对集中于某些区域。如我国煤炭资源十分丰富,中东地区石油储量巨大,我国南方水资源比北方丰富得多,这种资源分布的不均匀性为人类开发利用自然资源既带来不方便又带来困难,突出了一个国家或地区资源的优势和劣势。

(四)多用性

自然资源具有多种用途,例如,一条河流既可以航运、灌溉,也可以发电、旅游,一片土地既可以种粮,又可以植树,建设工矿企业等。从另一个角度讲,人们为了达到经济目的,可以在多种适用资源中进行选择,如果管理不当,会造成一些价廉、易得资源的过度消耗。

(五)阶段性

由于人类认识和应用自然资源有一个过程,因此,随着科技进步,自然资源的利用具有阶段性。

四、自然资源现状及特点

(一)世界资源现状及特点

近30年,人类才抛弃"地球资源取之不尽、用之不竭"的错误观念,深刻认识到地球资源的有限性。随着全球人口增长和经济发展,对资源的需求与日俱增,人类正受到某些资源短缺或耗竭的严重挑战。目前世界资源现状及特点如下:

1. 水资源短缺

地球上水的总量并不少，但与人类生活和生产活动关系密切又比较容易开发利用的淡水储量为 400 km^3 左右，仅占全球总水量的 0.3%。世界水资源研究所认为，目前全球有 26 个国家 2.32 亿人已经面临缺水威胁，另有 4 亿人用水的速度超过了水资源更新速度，世界上有约 1/5 的人得不到符合卫生标准的淡水。世界银行认为，占世界 40%的 80 多个国家在供应清洁水方面有困难。预计到 2025 年，全世界将有 30 亿人生活在水资源紧张的环境中。由于自然条件、人口增长及经济的发展，世界水资源短缺已成为现实，全球性的水资源危机正向人类走来。

2. 土地荒漠化

据联合国 2007 年统计，目前全球有近 1/2 的陆地表面、110 个国家和 10 亿以上的人受到沙漠化影响。沙漠面积已占全球陆地面积的 1/4，每年有 600 万公顷耕地沙化。沙漠化每年对全球造成的经济损失高达 423 亿美元，其中亚洲为 210 亿美元，非洲为 90 亿美元。同时，全世界 30% ~ 80%的灌溉土地不同程度地受到盐碱化和水涝灾害的危害，由于侵蚀而流失的土壤每年高达 2.4×10^{10} t。近 50 年来，全球已退化的耕地面积达 1.2×10^9 hm^2，现在世界上有 8.5 亿人生活在不毛之地或贫瘠的土地上。

3. 森林资源破坏

根据联合国粮农组织在 2005 年世界森林资源评估中指出，2005 年世界森林面积约为 39.5 亿公顷，占陆地面积的 30.3%。森林是木材的供应来源，并且具有储水、调节气候、保持水土、提供生计等重要作用。目前世界森林资源总趋势是在减少，自 1950 年以来，全世界森林已损失了一半，其中中美洲减少了 66%，中部非洲减少了 52%，东南亚减少了 38%。据估计，1981—1990 年间，全世界每年损失森林平均达 1 690 万公顷。近几十年来，各国分别采取了一系列有效保护森林的措施，森林减少的状况有所缓解。根据联合国粮农组织 2001 年的报告，全球森林从 1990 年的 39.6 亿公顷下降到 2000 年的 38 亿公顷，全球每年消失的森林仍高达近千万公顷，所以森林资源减少的形势仍是严峻的。

4. 矿产资源匮乏

矿产资源是地壳形成后，经过几千万年、几亿年甚至几十亿年的地质作用而生成、露于地表或埋藏于地下，具有利用价值的自然资源。矿产资源是人类生活资料与生产资料的主要来源，是人类生存和社会发展的重要物质基础。目前，95%以上的能源、80%以上的工业原料、70%以上的农业生产资料均来自矿产资源。随着经济的不断发展，许多矿产资源的储量正在锐减，有的甚至趋于枯竭。石油是世界上用量极大的矿物燃料，1980 年已探明的世界石油储量相当于 1 280 亿吨标准煤，按目前的产量增长率消耗下去，全世界的石油储量大约在 2015—2035 年将消耗掉

80%。全世界天然气的总储量，据1980年资料显示为3 580亿吨标准煤，如按目前的消耗速度，全世界的天然气仅可维持40～80年。在人口增长和经济增长的压力下，全世界对矿产资源的开采加工已达到非常庞大的规模，许多重要矿产储量随着时间的推移，日益贫乏和枯竭，如表5-1所示。

表5-1 世界几种主要金属的产量最高峰期

矿产名称	产量高峰年份	枯竭年份
铝	2060	2215
铬	2150	2325
金	1980	2075
铅	2030	2165
锡	2020	2100
锌	2065	2250
石棉	2015	2150
煤	2150	2405
原油	2005	2075

5. 物种资源灭绝

由于森林锐减，动植物赖以生存的环境遭到破坏，物种正以前所未有的速度从地球上消失。伦敦环境保护组织"地球之友"指出，20世纪80年代，地球上每天至少有一种生物灭绝，90年代达到每小时有一种生物灭绝，而现在平均每20分钟就有一个物种灭绝，如果按现在的速度预测，40年后的2050年，地球上1/4～1/2的物种将会灭绝或濒临灭绝。世界自然保护联盟发布的《受威胁物种红色名录》表明，目前世界上还有1/4的哺乳动物、1 200多种鸟类以及3万多种植物面临灭绝的危险。这种大规模的物种灭绝，在人类历史上是空前的，给人类的生存前途带来致命的威胁。

（二）中国资源现状及特点

1. 资源总量多，人均占有量少

据联合国粮农组织统计，中国土地面积占世界有人居住土地面积的7.2%，仅次于前苏联和加拿大，居世界第三位；耕地和园地面积占世界总面积的6.8%，次于前苏联、美国和印度，居世界第四位；永久草地占世界总面积的9%，次于澳大利亚和前苏联，居世界第三位；森林和林地占世界总面积的3.4%，次于前苏联、巴西、加拿大和美国，居世界第五位。据有关资料统计，中国河川径流总量占世界总面积的5.6%，次于巴西、前苏联、加拿大、美国和印度，居世界第六位；按平均水平计算，可开发水能资源占世界的16.7%，居世界第一位。我国高等植物和脊椎动物种数约各占世界的10%左右，鸟类占15%，兽类占8%。中国大陆架渔场约占世界优良渔场总面积的1/4，淡水鱼类种数居世界第一位。在已知的250多种矿产资源中，中国目前探明储量的矿产达 153 种，我国 45 种主要矿产资源储量计算的潜在价值占世界的 14.6%，仅次于前苏联和美国，居世界第三位。

由于我国人口众多，主要资源的人均占有量普遍偏少。2006 年全国土地利用变更调查报告显示，截至 2006 年 10 月 31 日，全国人均耕地面积 0.093 hm^2，远低于世界平均 0.367 hm^2 的水平。据 2009 年公布的第七次全国森林资源清查结果表明：我国森林覆盖率达 20.36%，仍然仅相当于世界平均水平的 2/3，居世界第 139 位；人均森林面积 0.145 hm^2，不到世界平均水平的 1/4；人均森林蓄积 10.151 m^3，为世界人均占有量的 1/7，总体生态状况不容乐观；人均林地面积为 0.11 hm^2，人均林木苗积量为 9.6 m^3，分别为世界水平的 1/8~1/6 左右；我国人均草地面积 0.33 hm^2，为世界平均值的 1/2。我国人均水资源量为 2 700 m^3，不及世界平均值的 1/4。

2. 资源空间分布不平衡

我国疆域辽阔，就全国而言，东农西牧，南水北旱，土地平川农林互补，江河海洋散布环集，在总体上呈现以农业为主，农、林、牧、渔各业并举的格局。但是，各种资源的空间分布极不平衡。我国陆地水资源的地区分布是东南多，西北少，由东南向西北逐渐递减。如长江以南的珠江，浙、闽、台和西南诸河等地区，虽然国土面积只占全国的 36.5%，但水资源量却占全国的 81%。森林主要集中在东北和西南地区，森林苗积量分别占全国总量的 32% 和 39.75%，而西北地区很少。矿产资源分布也不均衡，北方多煤、铁，南方多有色金属等。

这种空间分布的不平衡性，一方面有利于进行集中重点开发，建设强大的生产基地；另一方面，也造成煤炭、石油、矿石和木材等资源的开发利用受到交通运输条件的制约，给交通运输等基础设施建设带来巨大的压力。

3. 资源质量差别悬殊

这种现象在耕地、天然草地和矿产资源等方面表现比较突出。例如，我国耕地面积中，高产稳产田占 1/3，而低产田也占 1/3，在全部耕地中，单位面积产量可以相差几倍到几十倍，复种指数的差距也达到 3 倍以上。

21 世纪的中国将进入一个加速现代化进程、综合国力不断增强的新时期，到 21 世纪中叶，我国人口总数将达到 16 亿，资源和环境将面临更大的挑战。在经济发展方面，人均国民生产总值将达到中等发达国家水平。但由于 20 世纪环保投入不足，自然保护的形势更为严峻，自然生态环境更加失调，资源与能源危机愈演愈烈，不但威胁到人民生活和健康，而且将制约经济的发展。为子孙后代着想，留给他们一个清洁优美的环境和多种多样可供持续利用的自然资源与能源，是每一个人义不容辞的责任。

（三）人类与自然资源的关系

人与自然资源同属环境系统的组成要素，在环境系统中，人类依附于自然资源,也就是说,人类的生存与发展离不开自然资源,受到自然资源状况的制约。自然资源的形成先于人类,正是由于地球这一环境系统中,有大量的适于人类生存与发展的自然资源与气候等条件,人类才得以在这里繁衍生息。而人类的生活,无时无刻不在改变自然资源的数量与质量。如果人类的各项活动能够遵循自然生态规律,就能够在这一环境中得以生存和发展。如果人类的活动不断地破坏环境和无休止地毁坏自然资源,势必造成自然资源耗竭,自然资源耗竭之时,将是人类在地球上消失之日。因此,人类必须认识到这一点,应该反思自已的过失,保护和利用好自然资源,以维持人类在地球上生存。

五、开发自然资源原则

自然资源是人类创造财富的物质基础,是人类社会经济和文明持续发展的基础,在自然资源利用中,应根据自然资源的特点和变化规律,合理规划,因势利导,扬长避短,防止浪费和破坏,充分发挥自然资源潜力,达到永续利用的目的。

(一)经济、社会、生态效益相结合原则

自然资源既具有经济效益,又具有社会效益和生态效益。只注重自然资源的经济效益或社会生态效益,最终都不利于社会生产的发展,必须讲求三者的结合和统一。从长远来看,自然资源的生态效益是经济效益的基础和前提,这是一条基本规律。现代科学技术发展带来的大规模生产活动,愈来愈要求有较多的自然资源作为基础,各种自然资源表现出的相对有限性越来越突出,以自然资源为基本组成要素的生态系统所受到的压力也越来越大。另一方面,当社会经济发展水平提高时,更加需要可更新资源能够永续利用,不可更新资源永不耗竭,同时还需要生态系统净化社会生产所排放废物的能力越来越强,而这一切都存在矛盾。如果处理不好,一味追求经济效益,不顾生态系统的固有特性,必然会导致资源枯竭,社会生产受阻,经济效益下降。

(二)因地制宜、合理布局原则

要按照各地的具体情况,采取相应的措施。首先,要弄清楚各地自然资源具体情况和特点;其次,要根据这些特点和社会经济条件,在开发利用上扬长避短,发挥地区优势。

(三)统筹兼顾、合理安排原则

在开发利用和治理保护某种自然资源时,会对相关的资源及有关单位的利益产生影响,出现局部利益与整体利益的矛盾;由于自然资源的数量有限性和潜力无限性,在开发利用与治理保护过程中,存在自然资源的开采量与枯竭时间问题,出

现长远利益与当前利益的矛盾。这些矛盾将贯穿自然资源开发利用的始终，必须统筹兼顾、合理安排，总的来说，就是要树立全局、长远的观点。

（四）综合开发利用原则

大部分自然资源本身具有综合性、多用性，人类对自然资源的需要也是多方面的。这就要求从区域资源整体上，根据资源特点和社会经济需求以及长期保护要求，安排资源开发的次序、深度和层次，进行综合开发利用，以达到充分利用自然资源，取得最佳经济效益的目的。

（五）开发、保护与更新并重

人类要生存，就不能停止消费，同样也就不能停止生产和消耗自然资源。为了满足人类对自然资源及其构成的生态系统服务功能需求的不断扩大，必须坚持开发、保护与更新并重的原则。具体来说，对可更新资源的开发利用强度要保持在其更新的限度和能力之内，使其得到持续利用。如森林采伐与人工育林并重，农田耕养相结合等。对不可更新资源要坚持节约利用的原则，提高回收利用率，开发替代资源，延缓其耗竭时间，为人类采用科学技术方法解决资源枯竭问题争取时间。

（六）自然资源保护对策

1. 进一步加强法制建设，严格执法

为了确保各种自然资源能得到合理、综合地开发利用，使自然资源得到适当、积极地养护和增殖，必须对人们开发利用各种自然资源的活动，通过立法加以干预和管理。目前，我国自然保护法规建设日趋完善，但尚存在两个主要问题：一是缺乏实施细则和明确法律责任；二是执法不严，必须进一步加强法制建设，特别要强调严格执法，使现有的法律、法规能够得到认真地贯彻落实。

2. 加强自然资源开发项目环境管理

对自然资源开发项目全过程实施严格地环境管理。首先，要在技术经济评价基础上，进行生态环境影响评价，特别要注意分析项目实施过程对生态系统的长期影响，并制定相应对策；其次，要对开发过程进行严格监控，把开发过程对自然植被、资源系统、景观的破坏等降低到最小程度；最后，在资源开发中要长期采取必要的恢复性措施，避免造成严重的水土流失等生态破坏。

3. 建立自然保护区

对珍稀资源的保护要建立自然保护区，如对珍稀物种、地形地貌、水源地、典型生态系统等都应建立保护区，以便合理地开发利用自然资源，使珍稀资源得到永续利用。

4. 强化市场经济手段的运用

长期以来,资源低价或无价是造成资源浪费、乱采滥挖的主要原因之一,目前对资源价值理论已进行了较为深入的研究,许多地区尝试实行了收取资源开发生态补偿费等方法,取得了较好的效果。一方面,对规范开发行为有促进作用,减少开发过程的浪费行为;另一方面,也为生态系统恢复、重建积累一定的资金。

总之,建立自然资源开发利用收费制度,目的是为了有效地制止和约束自然资源开发利用中损害生态价值的行为,促使自然资源保护工作成为开发利用者全部经济活动中一个同样被视为合理的活动,并由此达到某种保护标准。通过建立收费制度,可以激励开发利用者主动强化自然资源的保护,筹集防治生态环境破坏的资金,增加生态环境保护技术的研究投入,补偿被破坏地区的损失。

5. 加强有关科学技术的研究

自然资源及其生态作用的相关研究在我国还是一个薄弱环节,特别是地区性自然资源对当地生态环境效益及其影响机理的研究还很落后,必须认真做好基础研究工作,并鼓励开展保护性研究。

6. 加强宣传教育

要将自然保护的宣传教育工作纳入环境教育之中,编写人们喜闻乐见的宣传材料和科普读物,特别要注意对少年儿童进行热爱自然、亲近自然、保护自然的教育。此外,还要进行自然保护法制宣传教育,使人们认识到保护自然不仅应该成为自觉行动,而且在有些方面应有法制措施,必须遵守。

第二节 土地资源保护与利用

一、土地资源概念

(一)土地和土地资源

1972 年,联合国粮农组织在荷兰瓦格宁根召开的土地经济专家会议上给土地下了一个定义:“土地包含地球特定地域表面及其以上和以下的大气、土壤及基础地质、水文和植物。它还包含这一地域范围内过去和目前人类活动的种种结果,以及动物对目前和未来人类利用土地所施加的主要影响。”这一论点以后又写进了1976 年联合国粮农组织编写的《土地评价纲要》。一般来说,土地是地球陆地的表层,它是由地形、土壤、植被、直接影响土地的地表水、浅层地下水、表层岩石,以及作用于地表的气候条件等各种自然要素组成的自然综合体。土地是各种自然资源和人类活动的载体,土地最能反映各种自然因素相互联系、彼此作用、紧密结合的总体关系,同时也反映人类过去、现在的活动对它产生的影响。

土地资源是指土地总量中,现在和可预见的将来能为人们利用,在一定条件下能够产生经济价值的土地数量和质量总和。从科学技术进步的观点看,有些难以利用的土地,随着科学技术的发展将陆续被利用,从这个意义上看,土地资源与土地是同义语。

土地是自然环境的立地基础,又是自然资源的重要组成部分。所以,土地是人类赖以生存、生活最基本的物质基础和环境条件,是人类从事一切社会实践的基地。对农业生产来说,土地既是农业生产最基本、最主要的生产资料,又是劳动对象,土地是植物生长发育的营养供给源和动物栖息、繁衍后代的场所。土地在人类出现之前为自然物,但是人类出现之后,人类过去和现在的活动,如开垦、耕种、灌溉、防洪、围海、围湖、整修土地及建设房屋、道路、工矿等都强烈地改变土地的自然性状与面貌,随着科学技术的发展,人类的影响将越来越强烈和广泛。因此,土地资源也可以说是自然与人工结合作用的产物,它既具有自然属性,又具有社会属性。

(二)土地资源是可更新资源

土地资源是可更新资源是指土地本身可以反复利用,如果利用合理、保护得当,可以永续利用。对农业生产来说,如果实行科学种田、种养结合,注意采取施有机肥等措施,土地肥力还可以提高,土地的生产力也可以提高。需要注意的是,土地总量不能大规模扩大,对绝大多数地区(如内陆地区)来说,只能改变土地类型,改变土地用途,提高土地资源价值,不可能扩张土地面积,使土地自然增长。同时,由于土壤自然形成的速度极其缓慢,一旦农田被破坏,恢复很困难,由于我国人口众多,必须特别注意保护农业用地。

二、土地资源特点

(一)土地资源基本属性

土地资源具有如下特点:

1. 数量有限

土地是自然历史过程的产物,不像其他生产资源那样,单纯是人类劳动的产物,可以创造从而数量不断增加。从地球形成之日起,土地面积就基本固定了,生产活动可以改良土地,促进土地质量提高;可以改变地形地貌,如变沙漠为绿洲,变高山为平地等;也可以围海、围湖造田,但这只是改变了土地的类型和特征,并未改变土地总量。鉴于土地资源总量有限以及各类土地资源数量相对稳定,在社会经济发展中,必须珍惜每一寸土地,使之得到合理地开发利用。

2. 位置固定

各种类型土地资源的地理位置是固定不变的，我们不能像搬动各种物品那样把土地从一地运往另一地，不能移动的土地和特定的社会经济条件结合在一起，使土地利用具有明显的地域性差异。与位置固定相联系的是土地自然条件的地带性规律，如气候条件、温度条件、水文条件都与此相联系，所以土地利用要因地制宜，宜农则农，宜牧则牧，宜林则林，合理布局。

3. 不可替代性

土地无论作为环境条件还是作为生产资料都不能用任何其他东西来代替，人类为了解决粮食问题，开发了许多工厂化的作物生产线，这只是将土地的部分功能采用人工技术提高、集约化了，而不是从根本上代替土地。

（二）土地资源分类

土地资源类型多样，既可以按照自然特征分类，又可以按照与人的关系和人类的作用分类，这里仅介绍一些常见的分类方法。

按地形地貌：分为山地、丘陵、盆地、平原、漫岗等。

按土地自然生产特点：分为耕地资源、荒地资源、林地资源、草场资源、沼泽资源、水面资源、滩涂资源。

按经济用途：分为耕地、园地、林地、牧草地、城镇村、工矿用地、交通用地、水域、未利用土地等 8 大类。

按生态系统类型：分为沙漠、戈壁、冰川、冰冻土地、热带雨林、湿地，等等。

（三）土地资源生产力

土地资源生产力也就是通常所说的自然生产力，它的基本含义就是一定时间内，单位土地上自然生态系统的生物总存量和增长量，包括数量和种类。土地生产力是土地本身的性质、阳光、水、空气、气候条件、人类干预等多种因素综合作用的结果。从满足人类需求、保护生态环境系统角度看，目前开发建设的人工生态系统要优于自然生态系统。如生态农业，不仅能得到综合产出的最佳效果，而且可以不断改良土壤，提高土地的生产力。研究表明，一般草本植被生长量比木本植被生长量大些，而人工植被生长量又比天然植被生长量大些。但一个特定地区的土地，由于受到各种环境要素和社会经济技术条件的限制，其生产力是有限的，可供养的人口也就受到限制。对一个国家来讲，这是一个非常现实的问题，为此必须保证有足够的耕地，供养我国十几亿人口，同时又要不断开发各种高效生态技术，提高产量和品质，改善人们的食物结构，既要使土地发挥最大效力，又要使土地能够永续利用。

三、我国土地资源状况及存在的问题

(一)我国土地资源基本状况

我国国土面积为960万平方千米,占世界陆地面积的6.4%,仅次于前苏联和加拿大,居世界第三位。据2008年全国土地利用变更调查显示,截至2008年底,全国耕地面积约为18亿亩,占国土面积不足10%,概括起来,我国土地资源有以下特点:

1. 类型多样

我国北起寒温带,南至热带,南北长约5 500 km,跨越49个纬度。其中,中温带至热带的面积约占土地总面积的72%,寒温带和高原气候占28%,热量条件良好。东起太平洋沿岸,西达欧亚大陆中部,东西长达5 200 km,跨越62个经度。其中,湿润、半湿润区土地面积占52.6%,干旱、半干旱区占47.4%。由于水热条件、复杂地形、地质条件组合的差异,形成了多种多样的土地类型,生物资源很丰富。

2. 山地面积大

我国是个多山国家,丘陵山地面积占国土面积66%,平地仅占34%。按海拔高度统计,低于500 m的土地面积约占国土面积的27%,500~1 000 m的约占16%,1 000~1 500 m的约占18%,1 500~3 000 m的约占14%,超过3 000 m的约占25%。广大丘陵、山区自然条件复杂,自然资源丰富,据粗略统计,全国耕地面积的40%、林地的90%、天然草场的50%分布在丘陵、山区。

3. 农用土地资源比重小

按现在经济技术条件,可以被农、林、牧、渔各业和城乡建设利用的土地资源仅627万平方千米,占土地总面积的65%。其他1/3土地是难以利用的沙漠、戈壁、冰川、石山、高寒荒原等,在可被农业利用的土地中,耕地和林地所占比重相对较小,其中耕地约1.35亿公顷,林地约1.67亿公顷,天然草地约2.8亿公顷,淡水水面约0.18亿公顷,建设用地约0.27亿公顷。

4. 后备耕地资源不足

据统计,我国尚有疏林地、灌木林地与宜林宜牧的荒山荒地约1.23亿公顷。其中,适宜开垦种植农作物、人工牧草和经济林的约3 530万公顷,仅占国土面积的3.7%,而质量较好的一等地仅有310万公顷,质量中等的二等地有800万公顷,质量差的三等地有2 430万公顷。可见,数量少、质量差是我国后备土地资源的主要特点。同时,这些后备土地资源又大多数分布在边远地区,开垦难度大。

(二)我国土地资源开发利用中存在的主要问题

1. 对土地缺乏严格管理,土地浪费严重

尽管有了土地管理法,但由于执法力量不足,特别是一些地方从局部眼前利益出发开发利用土地,致使滥占滥用土地现象严重。许多基建项目用地不报请批准或先用后报、宽打宽用、少征多用、早征晚用、多征少用、甚至征而不用等现象很普遍。

2. 水土流失严重

人类活动破坏植被,就会引起水力对土壤的侵蚀,随即引起水土流失,这是当前土地资源遭到破坏的主要问题。解放初期我国水土流失面积为116万平方千米,20世纪90年代初已增至150万平方千米,约占全国总面积的1/6,土壤流失量每年达50亿吨,居世界第一位,水土流失最严重的黄土高原竟达90%。据国家水利部第二次遥感调查,截至2002年,我国水土流失面积达356万平方千米,占国土面积的37%,全国平均每年水土流失面积达1万平方千米。长江流域由于上游砍伐森林,水土流失也很严重,目前其泥沙量已接近黄河,1998年长江流域的特大洪水同时也是一次特大范围、集中性的水土流失,对土地造成的破坏难以估量。我国水土流失造成土壤肥力的损失,每年相当于4 000万吨化肥,价值340亿元。水土流失使江河湖库淤积,内河通航里程缩短,洪水和泥石流等灾害增加。

3. 土地沙化在扩展

盲目开垦、过度放牧、砍伐森林,加上自然风力对土地的侵蚀,使土地沙化不断扩展。据分析,目前沙化面积的95%是由各种人为活动引起的,目前我国三北地区沙化土地面积为17.6万平方千米,其中历史上形成的有12万平方千米,近年形成的有5万~6万平方千米,还有15.8万平方千米的土地面临沙化危险。我国从20世纪50年代以来,沙化土地每年扩展约1 500 km^2,受沙化危害的有11个省区212个县,人口约3 500万,耕地400万公顷,草场500万公顷。2000年以来,我国北方沙尘暴频频发生,说明土地沙化已非常严重。据国家林业局第二次沙化土地监测结果显示,截至2005年底,全国沙化土地面积达174.3万平方千米,占国土面积的18%,涉及全国30个省(区、市)、841个县(旗)。

4. 土地次生盐渍化面积较大

次生盐渍化是不合理灌溉形成的,我国次生盐渍化主要分布在北方,面积约800万公顷。干旱区、半干旱区次生盐渍化危害尤为严重,新疆、甘肃受次生盐渍化威胁的耕地占耕地面积的30%~40%,内蒙古河套平原耕地中,盐渍化耕地占50%左右。

5. 次生潜育化水稻土面积在扩大

潜育化水稻土的特点是在稻田土层的50~60 cm深处形成一个青灰色还原层,通称青泥层,不利于水稻生长,由于管理不善或排灌不当产生的潜育化叫次生潜育化。水稻土次生潜育化纯属人为造成的稻田质量退化,它是稻田提高单产的主要障碍因素之一,次生潜育化水稻土主要分布在小丘间沟谷、河流沿岸、水库周围及渠系附近。我国次生潜育化稻田的数量相当可观,南方约有420万公顷,湖南省洞庭湖周围潜育化水稻土为20%,江西全省稻田面积的20%为潜育化水稻土。

6. 耕地肥力下降

由于水土流失和对土地重用轻养、施用有机肥过低，使土地养分减少，肥力普遍下降。据全国第二次土壤普查1 403个县的统计资料显示，土壤无障碍因素的耕地只占耕地总面积的15.3%，土壤有机质低于0.6%的耕地占10.6%，耕地总面积的59%缺磷、23%缺钾、14%钾磷俱缺；耕层浅的占26%，土壤板结的占12%。东北地区黑土开垦初期有机质含量为7%～10%，开垦不到100年降至3%～4%，严重的甚至降到了2%。

7. 土地污染与破坏未得到有效控制

乡镇企业的蓬勃发展产生了大量的"三废"，由于乡镇企业分布广、资金技术缺乏，污染防治及环境管理一直是我国环境保护的薄弱环节，对土地造成的污染有所扩大。有些地方由于管理不善，农民还在用污水灌溉，使土壤中有毒物质累积，作物果实中有害物质超标。

不合理地化肥和农药施用也会造成土壤污染，由于利用率低，大部分化肥、农药散失在土壤、水体和大气中，直接、间接地污染土壤，进而使动植物和各种农产品中有毒物大量积累，危害人畜健康，影响农产品出口。近年来，我国频繁发生水果、粮食、肉食出口因有害物质超标而退货的现象，造成了严重损失。

开采矿产不及时复垦，尾矿不合理堆积，也会破坏大量的土地，地下矿产如煤炭、地下水等开采，会引起地面下沉或塌陷，此类现象屡见不鲜。

8. 农用土地结构调整缺少规范化管理

目前，农用土地结构调整是造成耕地面积减少的重要原因之一。农用地结构调整除了少部分属于25°以上的坡耕地，需要退耕还林、还草的正常调整外，绝大部分的调整是受利益驱动，将耕地大面积改为果园或鱼塘。据1995年国家土地局《全国土地管理统计资料》的数据分析，1995年耕地减少了79.8万公顷，其构成是：国家建设用地（城镇建设、交通、水利等）占12.5%，农村集体建设用地（乡镇企业、建房等）占7.6%，农业结构调整用地（园地、林地、草地、鱼塘等）占64.1%，损失占15.8%。2002年全国耕地比上年净减少168.62万公顷，仅农业结构调整就减少耕地34.90万公顷。因此，急需解决对农业用地结构调整的规范化管理问题。

9. 城镇发展建设用地失控

近年来，一些城市发展规模失控，占用耕地面积过多问题较为突出。据统计，2002年底，全国660个城市面积为46.48万平方千米，其中建成区面积25.97 km^2。1997年，有关专家利用遥感卫星资料测算结果表明，1986—1995年，全国31个特大城市主城区占地规模扩大了50.2%，城市用地增长率与人口增长率之比为1.12∶1，是合理的，而目前已高达2.29∶1，个别城市1980—1995年人均占地从76.9 m^2增至158.1 m^2，增加了一倍多。更为严重的是，城市扩建占用的土地绝大多数都是城郊菜地或良田沃土。

在城市规模扩张过程中，工业用地占城市面积的20%～30%，超出合理限度10 %（合理限度为10%～15%），工业用地规模过大并占据黄金地段，不仅土地产出率低，且污染城市环境。

开发区建设占地失控也很突出，主要表现在两个方面：一是非法建的开发区占很大比重，据统计，截至2003年底，全国各类开发区6 015个，规划面积达3.54 km^2，超过了全国660个城市和所有建制镇建设用地总面积，其中，经国务院和省级政府批准的有1 251家，只占25%，更多的是地方盲目设立的各种开发区、工业园，造成了大量耕地“撂荒”现象；二是开发区用地严重失控，据统计，仅开发区起步区就占用了大量土地，而且大多数都是耕地。

村镇建设超标严重，首先是乡镇企业用地缺少指导，只顾眼前利益，盲目占用良田沃土；其次是农村居民宅基地用地严重超标，全国农村居民人均宅基地占用面积已达190 m^2，已超过规定的最高标准150 m^2的27%，而且宅基地几乎都选在交通方便的平原，占用的多为高产良田。

四、保护土地资源对策

（一）加强土地管理

保护土地资源也是我国的基本国策，加强土地资源管理，一是建立健全土地管理机构，二是要坚决施行《中华人民共和国土地管理法》。另外，要采取一系列配套的行政和经济政策，严格控制城乡建设用地，保护土地资源。

（二）做好土地资源调查和规划工作

做好土地资源调查工作，是合理开发利用、保护土地资源的基础和前提，应加强对土地资源的综合调查，查清其数量、质量和分布，在此基础上认真进行地籍管理。开展土地资源动态监测和预报工作，土地资源利用涉及国民经济所有部门和所有群众，必须按照经济规律和自然规律，分级制定土地利用总体规划，加强对土地资源的宏观控制，协调各部门、各单位用地矛盾，促进国民经济均衡发展。要认真搞好农业区划，因地制宜地安排农、林、牧、副、渔业用地。

（三）搞好水土保持

搞好水土保持，要实行预防与治理相结合，以预防为主；治坡与治沟相结合，以治坡为主；生物措施与工程措施相结合，以生物措施为主。总之，因地制宜，山、水、田、林、草综合整治，农、林、牧、副、渔业全面发展。沙土保持的关键是植树种草，恢复植被。坡耕地应农林结合，采取等高线耕作法或修筑梯田，进而增加植被覆盖，坡度较大的山地应退耕还林，退耕还草，封山育林、育草，发展林牧业经营。新中国成立以来,水土保持综合整治的土地面积已达10.26万平方千米。

(四)防治沙漠化

首先,应调整生产方向,一般以牧为主,农、林、牧结合,严禁滥垦草原,加强草原建设,控制载畜量,严禁过度放牧,以保护草原植被。防治沙漠的重点要放在自然条件、经济基础较好的地区,这样防治沙漠化的工作难度较小,而农牧业生产潜力又较大,沙区森林用以防风固沙,不应采伐,只能在水分条件好、土地肥沃的河谷地带才能发展农业,另外还可以引洪淤地,建立人工沙障和防沙干草网格以防风固沙。我国宁夏中卫沙坡头沙漠研究站在这方面积累了许多经验,得到联合国的表彰,并为联合国举办过防治沙漠化培训班,培训一些来自干旱区国家的学员。

(五)土地次生盐渍化和潜育化治理

治理土地次生盐渍化,要建立完善的排灌系统,实行科学的灌溉制度,采用先进的灌溉技术,防止水位上升至临界深度以上。修筑沟渠、台田、条田和洗盐,也可以治理盐渍化土地。另外,可采取增加绿地覆盖率,增施有机肥,加强套种和中耕等措施治理盐渍化土地;在碱土地中施石膏、黑矾有改良作用;煤矸石粉也能用于改良盐碱地。

(六)矿用土地复垦

过去采矿作业结束后,矿区大量耕地丧失,自然景观遭到破坏,20世纪30年代,美国、英国、德国等开始矿用土地复垦,1971年美国矿用土地复垦率已达80%,我国目前也已开始进行矿用土地复垦,以保护土地资源。

第三节　矿产资源保护与利用

一、矿产资源概念

(一)矿产资源概念

矿产资源是天然赋存于地球内部或表面,由地质作用形成,呈固态、液态或气态的具有经济价值或潜在经济价值的富集物。广义上说,它不仅包括已经发现并经工程控制的矿产,还包括潜在的矿产。

矿产资源量一般用储量来度量。由于用途不同,储量的概念又可分为以下几种:

1. *矿产储量*

矿产储量是查明资源的一部分,即指已被地质勘探并基本控制的矿产资源蕴藏量。从技术经济角度来说,矿产储量是指当前条件下可行并能经济合理地开采及提取有用矿产品和能源产品的已查明矿产资源。

2. 储量基础

矿产储量只包括可采收的矿物质，储量基础则是指能满足现行采矿和生产实践最低物理化学标准的探明资源，它不仅包括目前经济技术条件下可以利用的资源,还包括一定计划范围内成为经济可用部分的潜在资源。

3. 其他储量概念

为了进行统计、规划,还有一些其他储量概念,如有探明储量、预测储量、证实储量、概略储量、经济储量、边际经济储量、次经济储量、可采储量、设计储量、规划储量等。

(二)矿产资源开发利用中的环境影响

矿产资源开发全过程包括的环节有:区域地质调查、矿产普查、矿床勘探、矿山建设可行性研究、矿山设计、矿山建设、采矿、选矿、冶炼或加工、矿山关闭等,进行矿山建设可行性研究以前主要是地质工作阶段,其后则属于开发利用阶段。

矿产资源的开发利用常伴有景观破坏、环境污染、生态破坏等。常见的生态环境影响见表 5-2。

表 5-2 矿产资源开发中常见的生态环境影响

影响方式	具体影响
环境污染	大气、水、固废等污染
改变自然生态条件	景观破坏、地形地貌改变、土壤侵蚀、水文地质及水资源破坏、改变小气候
生物群落破坏	破坏自然植被、物种破坏、种群改变
农业破坏	农田污染,占用破坏农田

二、矿产资源分类及其特点

(一)矿产资源类型

矿产资源分类与利用的方式方法和途径等有关,目前我国矿产分成 7 大类:

1. 能源矿产

指作为能源利用的矿产,主要有煤、石油、天然气、油页岩、铀、钍等。

2. 黑色金属矿产

为钢铁工业所需的主要金属原料,主要有铁、锰、铬、钒、钛。

3. 有色及贵金属矿产

主要有铜、铅、锌、铝土矿、镍、钨、锡、钼、钴、汞、金、银等。

4. 稀有、稀土和分散元素矿产

主要是20世纪以来在工农业各方面逐步被应用的数量少的元素矿产，主要有铌、钽、铍、锂、稀土、锗、稼、铟等。

5. 冶金辅助原料矿产

指在冶炼金属过程中所需要的熔剂等辅助原料，主要熔剂有石灰岩、白云岩、菱镁矿、耐火粘土、萤石等。

6. 化工原料非金属矿产

主要有硫铁矿、磷、钠盐、硼、明矾石、芒硝、天然碱、重晶石等。

7. 建材及其他非金属矿产

主要包括建筑用石材、水泥生产用原料、玻璃用砂以及云母、石棉、高岭土、石磨、石膏、滑石、压电水晶、水洲石、光学萤石、金刚石等。

(二)矿产资源特点

1. 不可更新

尽管有些矿产资源还有形成的现象，如泥炭，但其生成速度极其缓慢，数量微小，特别是绝大多数矿产资源在正常条件下不可更新。因此，不论其储量是否已被探明，总量都是一定的，也就是说是有限的。随着人类对矿产资源的开发利用，矿产资源会逐渐减少，以至于枯竭，事实上，目前有些矿产已濒临枯竭。

矿产资源不可更新和再生，但大多数矿产资源产品在加工利用之后得到的产品却可以回收再用，如废旧的机器可以回炉冶炼还原为钢铁等金属材料，然后再加工成需要的产品。为此，一方面要珍惜有限的矿产资源的开发利用，另一方面要加强矿产资源加工产品的回收利用，延缓矿产资源的耗竭。

2. 分布不均

矿产资源的丰度与一定的地质条件相联系，地区与地区之间，国与国之间矿产资源有很大差别，同一种矿产资源在不同地区的存在形态、含量也有区别，不均衡之处还表现在开发利用条件上，有些地方的矿产埋藏较浅，容易开采，而另一些地方的矿产可能难以开采。

三、我国矿产资源状况及存在问题

(一)我国矿产资源现状

1. 我国矿产资源类型及储量

截至1988年底，我国已发现有用矿产162种，各类矿产地点近20万处，其中探明储量的矿产有148种，矿区2万余处，按照储量大小及满足需要的程度大致分成3大类：

储量丰富的矿产资源：煤炭、钨、锡、锑、钼、汞、铅、锌、钒、镍、稀土矿等。其中煤炭埋深在1 500 m以内的总储量达4万亿吨，到2007年经勘探证实的储量为7 241亿吨。

基本自给的矿产资源：铁、锰、金、银、铜、铝、石油、天然气等，其中能量储量为787.5亿吨，天然气总储量为33.3万亿立方米。

短缺矿产资源：铬、铂、金刚石、钾盐等。

2. 我国矿产资源特点

(1)资源总量多，人均拥有量少。我国矿产资源种类比较齐全，配套程度较高，总量居世界前列，但由于我国人口众多，矿产资源人均占有量不足世界平均水平的一半，居世界第80位。

(2)大宗矿产贫矿多，富矿少 。对我国经济建设有重要意义的许多矿产如铁、锰、铝、铜、金、硫、磷、铀等以贫矿居多，如铁矿保有储量的86%是品位只有30%～35%的贫矿，含铜品位大于2%的保有储量不足6%。

(3)共生伴生矿多，单一矿少。全国1/4的铁矿、2/5的金矿、3/4的银矿、4/5的有色金属矿均为综合矿，必须加强综合勘探和开发。

(4)矿产分布不均衡。如煤集中于新、晋、陕、蒙四省区，占全国保有储量的60%以上；磷矿集中在滇、黔、川、鄂四省，占全国保有储量的70%；铁矿集中于辽、冀、晋、川四省，占全国保有储量的60%。这给开发利用带来了不便，给交通运输基础设施建设带来了巨大的压力。

3. 我国矿产资源潜在价值

我国已探明的矿产资源潜在价值为11万亿～13万亿美元，仅低于前苏联的23万亿美元和美国的22万亿美元，居世界第三位。由于我国地质矿产勘探工作比美国和原苏联时间短，因此这种状况今后有可能有比较大的变化，我国的矿产资源潜在价值还会提高，有可能与美国、俄罗斯不相上下。

我国已探明的45种矿产资源分布在东部、中部、西部的价值分别为：11 589.44亿元、22 976.48亿元、22 722.95亿元，其比例大体为1:2:2，可见我国中西部矿产资源比较丰富。由于西部条件差、基础薄，因此今后西部还会有新的矿产资源发现，其矿产资源在全国的比例还有可能上升。

(二)我国矿产资源开发利用中存在的问题

(1)许多矿山特别是乡镇矿产企业、个体矿山企业建设开发前没有认真进行研究，地质勘探、设计分散管理，缺乏全国统一的规划、技术标准和要求。

(2)不少地方不经申请、批准，在没有科学指导的条件下随意开采矿产资源，造成了许多矿产资源破坏和浪费，有的还影响其他大型矿山的开采。

(3)开发利用中,采矿、选矿、冶炼、加工回收率低,不少矿山采出率还不到50%。

(4)综合矿床综合勘探、综合开采、综合利用率低,对共伴生矿产利用、回收不重视,浪费较大。

(5)大材小用,优材劣用,不少地方将电石用石灰岩当熔剂用,将玻璃用砂当作建筑用砂,不采短纤维石棉而将长纤维石棉截短使用,将大片分割成小片使用等。

(6)采矿时不注意节约用地,大面积的地貌景观和植被遭破坏,尾矿堆存缺乏合理规划和科学作业,占地严重,并造成污染。

(7)采矿结束后,很少进行回填复垦等作业,生态破坏严重。

四、保护矿产资源对策

近年来,我国矿产资源保护工作得到了较大的发展。我国于1986年3月颁布了《矿产资源法》,为矿业活动和矿政管理走上法制轨道创造了前提条件,为维护我国矿产资源国家所有权,打击滥采乱挖等破坏资源的行为提供了法律依据。为适应改革开放,建立社会主义市场经济体制,全国人大又对《矿产资源法》进行了修订,并于1997年1月1日开始实施,新的《矿产资源法》进一步强化国家对矿产资源的所有权,明确了探矿权、采矿权的财产权属性,进一步明确了县级以上地质矿产主管部门行政执法主体地位及其违法或不适当行政行为的法律责任,这些为矿产资源的规范化管理打下了基础。

此外,我国已基本形成了从中央到地方的四级矿产资源管理体系,在资源管理方面紧紧围绕维护矿产资源国家所有权问题,加强矿产资源开发的监督管理,完善资源规划配置等管理工作。

尽管如此,由于我国正处于高速发展的社会主义初级阶段,正向建立健全社会主义市场经济体制过渡,在矿产资源保护中还有很多方面的问题需要解决。

(一)认真贯彻国家有关矿产资源开发利用的方针政策

首先,要强化矿产资源国有权概念,任何地区、单位和个人在开发利用矿产资源时,都必须从全局出发,从合理开发利用国有资产出发,通过合法途径,采取科学先进的方法,避免随意性造成的浪费和破坏。

坚决贯彻国家对矿产资源勘查、开发实施统一规划、合理布局、综合勘查、合理开采和综合利用的方针,有关主管部门要切实负起责任,开展矿产资源勘查、开采的监督管理工作,执行区块登记管理制度,严格执行采矿许可证制度。

(二)严格执法

各执法部门和有关主管部门要认真学习《矿产资源法》,严格执法,依法行政,做好矿产资源保护工作。

集体矿山企业只能开采国家指定范围内的矿产资源，个人只能采挖零星分散资源和只能用作普通建筑材料的砂、石、粘土，以及为生活自用采挖少量矿产。对此要进行经常性的监督检查，发现违法行为要坚决制止，依法责令停止开采、赔偿损失，没收违法所得、罚款直至追究民事和刑事责任。

（三）采取适宜的经济政策

进一步完善矿产资源开发经济管理办法，全面征收矿产资源税和资源补偿费；制定合理的矿产品价格政策和保护矿产资源的扶持政策；充分发挥市场经济手段在提高资源开发利用效率、减少浪费和破坏方面的作用。

（四）加强科学管理，提高开发利用矿产资源的技术水平

采取科学合理的开采顺序、开采方法和选矿工艺，提高矿山企业的开采回收率、采矿贫化率和选矿回收率。

（五）防治环境污染和生态破坏

开采矿产资源必须遵守有关环境保护的法律规定，防止废水、废气、废渣、尾矿等污染环境。要节约用地，因采矿受到破坏的耕地、草原，要因地制宜采取复垦利用、植树种草或其他利用措施。要特别注意减少采矿中和关闭后的植被景观保护工作，防治水土流失，大型矿山开发前要做好环境影响评价工作，大型矿山企业要设立专门的环境保护机构，采取积极的措施，防止重大生态破坏事件发生，改善和恢复矿区的生态环境。

第四节　水资源保护与利用

一、水资源概念

（一）水资源概念

联合国教科文组织（UNESCO）和世界气象组织（WMO）共同制定的《水资源评价活动——国家评价手册》中，将水资源定义为："可以利用或有可能被利用的水源，具有足够的数量和可用的质量，并能在某一地点为满足某种用途而可被利用。"一般来说，水资源可以理解为人类长期生存、生活和生产过程中所需要的各种水，既包括对数量和质量的要求，又包括它的使用价值和经济价值。从广义上讲，水资源是指人类能直接或间接使用的地球水圈各个环节、各种形态的水；狭义上是指人

类能够直接使用的淡水。换句话说，就是指自然界水循环过程中，大气降水落到地面后形成径流，流入河流、湖泊、沼泽和水库中的地表水，以及渗入地下的地下水，它们可以逐年恢复和更新，通常用径流量来表示水资源数量。

水是自然界组成部分，水的用途很广，主要用于日常生活、工业（包括采矿和加工工业）、灌溉、水力发电、航运、渔业、旅游和娱乐等。水的使用形式、使用效率与每个国家和地区的社会经济状况、技术水平、风俗习惯等因素密切相关，从全球来说，农业是最大的用水行业，用水量占总耗水量的 80%，一些发达国家农业用水比例相对低一些，如美国工业和农业用水量几乎相同，分别占总用水量的 40%左右。

（二）水循环

地球上的水不是静止的，而是不断运动变化和相互交换。在太阳辐射和地心引力作用下，地球上各种状态的水从海洋、江河、湖沼、陆地表面，以及植物体表通过蒸发、蒸腾、散发变成水汽，进入大气中，随大气运动进行迁移，在适当条件下凝结，然后以降水的形式（雨、雪、雹、雾、霜等）落到海面或陆地表面。到达地面的水在重力作用下，部分渗入地下形成地下径流，部分形成地表径流流入江河，汇归海洋，还有一部分重新蒸发回到空中。自然界的水就是这样，通过蒸发、输送、凝结、降水、径流、渗透、汇流构成一个巨大、统一的连续循环过程。

水循环不是一个简单的重复过程，因为循环过程各个环节都交错进行，使循环复杂化。如蒸发并非单纯在江河、湖沼和冰雪表面，而是土壤、植物体的蒸发、蒸腾同时进行，而且随时、随处都可以蒸发。水之所以能够循环，首先是水本身的性质决定的，即水具有气、固、液三种形态，且在常温下三态可以相互转化；其次，太阳辐射和地球引力提供了转化和流动的动力。

据统计，地球表面水分总蒸发量每年为 5.2×10^{6} km^{3}，其中海洋降水量年均 4.12×10^{5} km^{3}，小于蒸发量这部分剩余水量被气流输送到大陆和岛屿，在那里补给河流、湖泊、冰川、地下水，促进自然生态和人类经济活动的发展。陆地年均降水量为 1.08×10^{5} km^{3}，由河川带来的平均径流量为 3.73×10^{4} km^{3}，这部分水最终汇归海洋，大陆地下水回归海洋的年均径流量为 2.2×10^{3} km^{3}。所以，总的循环趋势是水从海洋表面蒸发，通过空中输送到陆地，成为陆地补给水，并在陆地上形成径流再回到海洋。

水循环过程是大自然提供的一个自动净化过程，在蒸发过程中，矿物质（包括一些有害物质）绝大部分留在了海洋里，比较纯净的水降到地面后，在渗透进入地下的过程中，又得到进一步的过滤和吸附净化。人类在生产和生活过程中向水中排入大量有害物质，大部分可以通过水的流动、蒸发、水中生活的微生物、水中化学物质以及水本身的化学活性得到降解。水循环提供的净化能力是巨大的，人类所做的努力与之相比微不足道。可以说，没有水循环，人类和其他生物就不可能得到源源不断、廉价而又干净的水。

人类活动会对局部地区的水循环造成影响，如湿地破坏、围湖造田、植被破坏都会使水蒸发量降低，达到一定程度后，使某些地区降水量下降，进而影响工农业生产。植被破坏会直接影响水在地表的运动过程，改变循环的速率和数量，造成气候变化，所以要重视湿地、植被保护，合理开发利用水资源，使水资源得到永续利用。

（三）水在地球上的分布

地球上的水分布较复杂，主要是由3大部分组成：大气水、地表水及地球内部水。其中，地表水包括大洋水和海水、冰川和永久积雪、河流水、湖泊水和沼泽水；地球内部水包括地壳深层水、地壳活动带水、土壤水。全球总水量约为 1.46×10^9 km^3，大气圈中的水有 1.4×10^4 km^3，地表水为 1.4×10^9 km^3，地球内部水为 6.4×10^7 km^3，海洋水占全球总水量的93.8%。

二、水资源分类及特点

按水的分布将水分为3大类，即大气水、地表水和地下水。

1. 大气圈水

大气圈水主要来自海洋面、陆面、土壤蒸发和植物蒸腾。大气圈每时每刻都有大约 1.38×10^4 km^3 的气体不间断地转化成液体。蒸发到大气圈的水常常是以汽、水滴和冰晶固体微粒的形式存在。

2. 地表水

地表水是指地表上各种水体，包括洋、海、湖、沼、池、河、溪、涧水。高纬度地区冬季水体的水常呈固体状态，如极地区有巨厚的冰层，山区雪线以上有雪和冰川等。地表中绝大部分是海洋水，占总量的97.45%。其他水体的水相对于海洋水很小，但是它们对生态系统具有十分重要的意义。

（1）海洋水。海洋水资源对人类的作用是综合性的，它可以调节气候，提供鱼虾等高蛋白食物，提供廉价的航运通道，海水中和海洋底蕴藏大量的矿物资源。海洋也是巨大的能源提供者，海洋波浪、海流、潮汐的能量是巨大的，仅潮汐能就达 8.0×10^{13} kW，比地球上水能发电的能量还大 1.0×10^5 倍，许多沿海地区和干旱国家正越来越依赖海水淡化提供淡水资源，海洋资源开发被认为是21世纪人类可能取得革命性进步的途径之一。

（2）冰川水资源。地球上冰的总储量为 3.5×10^7 km^3，冰川和永久积雪的总面积为 1.6×10^7 km^3，储水量为 2.4×10^6 km^3，其中绝大部分积存于南极大陆、格陵兰和北极诸岛，中纬和低纬的高山地区也分布一些山岳冰川。

(3)河流水资源。河流又可分为外流河和内流河。外流河是指注入海洋的河流，一般发源于高山、高原上，源远流长，流域面积大，水量丰沛，世界上绝大多数河流为外流河。内流河不能流入海洋，只能注入内陆湖泊，或注入内陆盆地、内陆沼泽，或消失于沙漠中。内陆河流对本区的水循环和水资源利用具有重要意义。

运河水和现代大型调水河渠水也属河流水，其目的是开发资源、活跃经济、交流文化、方便交通、合理利用水资源等。

(4)湖泊和沼泽水。湖泊是陆地表面天然的洼地蓄水体系。按照湖水含盐度进行分类，可把湖泊分为淡水湖、微咸水湖、咸水湖。淡水湖含盐度一般在1‰以下，多为外流湖，即湖水不断地更新交换，水中的盐分不容易聚集。微咸水湖含盐度在1.0‰～24.7‰之间，大于24.7‰为咸水湖，这两种湖泊多数没有河流水进出，湖水以蒸发为主要消耗，水中盐分容易聚集，流失机会甚少。湖泊是仅次于冰川的较大的地表水体，它的水量是河流蓄水量的180倍。

水库是人工建造的湖泊，为了使水资源充分发挥作用，人们设法使河流水从时间、地区和数量上重新组合、分配，把暂时未用的水或部分洪水拦截起来，待以后逐渐利用。水库的修建会对水生生态系统及其流域周围的生态系统产生影响，大型水库还会引起气候变化，并由于改变了地壳承重分布，对地质受力结构产生影响，可能引起地壳活动。

沼泽也属于湖泊的一种类型，它是一种地表终年积水或土壤层水分过饱和的地方，沼泽生长有沼生植物，并有一定厚度的泥炭堆积，植物根系一般不能穿过泥炭伸展到矿质土壤中，土壤有明显的潜育层。沼泽有海滨沼泽、湖泊沼泽、河流沼泽等类型，它们的形成各不相同。

沼泽在生态环境中的作用十分重要，它是良好的蓄水体，可以大量吸收地表径流，对气候具有重大影响，沼泽常常是一些珍禽的栖息地或迁徙过程中的停留地。

3. 地下水

地下水是地球内部含水的总称，根据估算，仅存于地壳中的水就有4亿多立方千米，有人称为地下海洋，地下水既有液态水也有气态和固态水。地下水可分为4种：

(1)重力水。溶洞、大裂隙、大孔隙中的水，在重力作用下，由高向低自由流动，这种水称为重力水。地下河流、地下湖泊、泉水和井水等属于重力水，它们能被人类广泛利用。在重力水中，人们常用的是潜水、承压水、喀斯特水和泉水。

潜水是指埋藏在地表以下第一个稳定隔水层以上、具有自由水面的地下水。它没有不透水的覆盖层，可以通过其上层毛管与地表直接相通，在含水饱和层中具有统一的自由水面，称为潜水面，也就是常说的地下水位表面。潜水与地表水和深层水具有互补关系，其水位随降水和用水而发生变化。

承压水是指埋藏于两个稳定不透水层之间，具有压力水头的地下水，承压水一般不直接受气象因素影响，而是受地质控制。喀斯特(岩溶)水是指在可溶性岩石区中，由地下水的侵蚀作用形成的裂隙、溶洞和地下河流的水，岩溶水的化学成分一般为碳酸盐类，有重碳酸钙型淡水，也有硫酸钙型硬水，深部岩层也有氯化钙型高矿化水。在较浅的岩溶水中，还发现有较大的动植物群。泉水则是地下水在地表的天然露头，地下潜水含水层和承压水含水层的水都能够以泉的形式排出地表。泉的类型很多，从水的来源特点可分成下降泉和上升泉两大类；从水的特点可以有冷泉和热泉、淡泉和矿泉、充气泉和非充气泉、医疗泉和毒泉、恒流泉和间歇泉、小流量泉和大流量泉等，它们以各自独有的特征供人类利用。

(2)毛细水。在直径小于1 mm微小孔隙和宽度小于0.25 mm狭窄裂隙中的水，既受重力作用又受毛细管作用控制。自然界的毛细水一般作垂直运动，通常分布于地下潜水面以上，形成毛细水层，它是地表水与地下水之间联系的重要纽带。在农业生产上，把在毛管力作用下，土层中达到最大毛管悬着水量称为田间持水量，田间持水量是计算农业灌溉用水定额的重要依据，因为植物根的吸水作用是以毛细水作为它需要的主要水源。

(3)吸附水。在细颗粒土层中被吸附在各颗粒表面上的水叫吸附水，它是靠分子引力和静电引力吸附在颗粒表面上。它不受重力作用的影响，也不受毛细管作用的控制，甚至植物的根也不能使它离开岩石。

(4)矿物水。在组成岩体、土体的岩石和土的固体颗粒内部也有水，它通常作为矿物的一部分存在于矿物结晶结构之中，称为矿物水。例如褐铁矿($2Fe_2O_3 \cdot 3H_2O$)是由2个Fe_2O_3分子和3个H_2O结合而成，水分子的重量占总重量的25.2%。许多矿物都含有这类水，如芒硝、蛋白石、绿泥石、滑石、粘土矿物等。矿物水又可分为结构水、结晶水、沸石水和层间水。

4. 生物水

生物水是指包含于生物体内的水量，在生物界中，生物总量约为1.4×10^{12} t，生物体中水含量平均为80%，即有1.12×10^{12} t生物水，生物体内含水总重量的60%参加水循环，所以在地球水循环中，生物水是一个重要环节。例如，大部分陆面水蒸发是通过植物蒸腾从土壤到达大气，地表蒸发有12%是通过植物产生的，所以地表植被是影响局部气候非常重要的因素。

(二)水资源特点

水是一种动态可更新资源，也可以重复使用。在同一个流域，水从上游流到中游、下游和河口，都可以被利用。在一个区域内或工厂内，可以通过人工再生将废水重复利用。水资源具有其独特的特点：

1. 储量有限

从全球看，地球表面尽管71%覆盖着水，但人们需要的淡水仅占2.7%，其中绝大多数不能被利用。全世界实际使用的江河、湖泊中，全部地表水估计还不到可用淡水的 0.5%，然而，正是这部分淡水成为供人类使用的基本可用水量。

从局部地区来看，水资源量也是有限的。河流具有一定的保证流量，湖泊、地下水同样具有一定的稳定供给限量，超过限量使用就会引起一系列严重后果，乃至影响水循环、局部气候和生态系统，造成恶性循环，所以水资源往往是一个地区社会经济发展的限制性因素之一。

2. 循环补给

尽管水资源总量是有限的，但由于水是循环的，自然界的水循环源源不断地供给人类新的水资源。只需人类对水资源的使用量保持在当地水资源可供给范围内，人类就可以永久地获得可用水资源。从这个意义上说，水资源是无限的。

3. 时空分布不均

水资源循环过程在自然界中具有一定的时间和空间分布，并且这种分布具有规律性，例如我国水资源在地区分布上具有东南多、西北少，沿海多、内陆少，山区多、平原少等特点，在时间分布上一般夏多冬少。这种分布给人类利用水资源带来了很大困难。

4. 难以替代

对生物来说，水是不可替代的，没有氧气可以有生命存在，如厌氧细菌，但是没有水便没有生物。人身体 70% 由水组成，血液含水 79%，淋巴液含水 96%，3 天的胎儿含水 97%，3 个月的婴儿含水 91%，哺乳动物含水 60% ~ 68%，植物含水 75% ~ 90%。如果缺水，植物就要枯萎，动物就要死亡，物种就会绝迹，人类就不能存在。

水资源在国民经济建设的各行各业中占有重要地位。没有水，各项建设事业就没有发展前景，水既是生活资料，又是生产资料，工农业生产和生活供水都要消耗大量水。所以水资源是人类生存、发展和社会进步不可替代的资源。

三、我国水资源状况及存在的问题

这里主要讨论我国水资源状况。

(一)我国水资源基本状况

我国多年平均降水总量为 60 000 亿立方米，占全球陆地降水总量的 4.7%，折合降水深为 629 mm，小于全球陆面降水平均值(834 mm)。其中消耗于蒸发、散发的降水占 56%，约有 44% 的降水形成径流。据统计，全国大小河流有 6 000 多条，河流总长度超过 43 万千米，多年平均年径流总量为 27 225 亿立方米，占世界河川径流总量的 5% 以上，在世界各国中居第六位。全国地下水总补给量为 8 288 亿立方米，其中有 6 200 亿立方米补给河流，长江流域及其南方地区地下水约 4 800 亿立方米，北方地区约 2 900 亿立方米。

(二)我国水资源开发利用所面临的问题

1. 总量多,人均少

按人均计算,我国每人每年平均占有水资源量仅 2 580 m^3,只相当于全世界人均占有量 10 800 m^3 的 1/4,是水资源量低的国家之一,居世界第 110 位。按耕地每亩平均占有水资源量计算只有 1 750 m^3,相当于世界平均数 2 400 m^3 的 2/3 左右。

2. 地区分布不均,水土资源分布不平衡

我国陆地水资源总的分布趋势是东南多,西北少,由东南向西北逐渐递减。全国淡水资源中,黑龙江、辽河、海滦河、黄河、淮河及内陆诸河等北方七片总计 5 493 亿立方米,长江流域为 9 600 亿立方米,珠江流域为 4 739 亿立方米,浙闽台诸河为 2 714 亿立方米,西南诸河为 4 648 亿立方米,南方四片合计为 4 701 亿立方米。南方多数地区年降水量大于 800 mm,北方及西北地区大多数地方降水量少于 400 mm,新疆塔里木盆地、吐鲁番盆地和青海柴达木盆地中部,年降水量不足 25 mm。

水土资源配置很不平衡。全国平均每公顷耕地径流量为 2.8 万立方米。长江流域为全国平均值的 1.4 倍,珠江流域为全国平均值的 2.42 倍,黄淮流域为全国平均值的 20%,辽河流域为全国平均值的 29.8%,海滦河流域为全国平均值的 13.4%。黄、淮、海滦河流域的耕地占全国 36.5%,径流量仅为全国 7.5%;长江及其以南地区耕地只占全国 36%,而水资源总量却占全国 81%,占全国国土 50%的北方,地下水只占全国 31%。

3. 年内、年际变化大

我国降水受季风气候影响,年内变化很大,一般长江以南 3~6 月份或 4~7 月份降水量约占全年 60%,长江以北地区 6~9 月降水量常常占全年 80%,冬春缺少雨雪。北方干旱、半干旱地区降水量往往集中在一两次历时很短的暴雨中降落。由于降水量过于集中,大量降水得不到利用,使可用水资源量大大减少。

我国年际降水变化也很大,仅新中国成立以来,全国范围的特大洪水灾害就发生数次,有些地方还出现连续的枯水年,这给水资源的充分合理利用带来很大困难,加重了一些地区水资源危机。

4. 水污染问题严重

据环境部门监测,全国城镇每天至少有 1 亿吨污水未经处理直接排入水体。全国七大水系中,一半以上河段水质受到污染,全国 1/3 水体不适于鱼类生存,1/4 水体不适于灌溉,90%城市水域污染严重,50%城镇水源不符合饮用水标准,40%水源已不能饮用,南方城市总缺水量 60%~70%是由于水源污染造成。多年来,我国水资源质量不断下降,水环境持续恶化,由于污染导致的缺水和事故不断发生。最令人难忘的是,1995—1996 年淮河流域和 2005 年 11 月松花江流域(硝基苯),由于水污染造成数百万人饮水困难。水污染进一步减少了可用水资源量。

5. 河流含沙量大

我国平均每年被河流带走的泥沙约35亿吨，年平均输沙量大于1 000万吨的河流有115条，其中以黄河为最。黄河多年平均输沙量为16亿吨，黄河水平均含沙量为37.6 kg/m³，居世界之冠，长江水含沙量也有增无减，以至有人警告要保护长江流域植被，否则长江有成为第二条黄河的危险。河流含沙量大会造成湖库淤积，河道淤塞，使水利设施寿命降低，洪灾频繁，泥沙也加重水污染。1998年，长江洪灾原因中，就有上游植被破坏、水土流失和中游河道、湖泊泥沙淤积等因素。

6. 水资源利用效率低，浪费严重

目前，全国水的利用系数仅0.3左右，水重复利用率约50%，农业用水由于灌溉工程老化以及灌溉技术落后等原因，利用率不到40%，与发达国家的80%相比差距很大。研究表明，黄河多年来的断流问题，除了流域降水量偏少外，更重要的原因就是沿黄河地区春灌用量大幅度增加，用水浪费所致。

7. 地下水开采过量

由于地下水具有水质好、温差小、提取易、费用低等特点，以及用水增加等原因，人们常会超量抽取地下水，以致抽取水量远远大于自然补给量，造成地下含水层衰竭、地面沉降，以及海水入侵、地下水污染等恶果。据统计，目前在上海、苏州、无锡、常州、天津、太原、西安等多个城市已发生了不同程度地面沉降，沉降中心最大沉降量有的已超过2 m。有些地方还造成建筑物严重损毁。

地下水过量开采往往形成恶性循环，过度开采破坏地下水层，使地下水层供水能力下降。人们为了满足需要，还要进一步加大开采量，从而使开采量与可供水量之间的差距进一步加大，破坏进一步加剧，最终引起严重的生态退化。如美国德克萨斯州西部一些地区，因抽水过量，含水层衰竭，成为了经常遭受干旱和沙尘暴袭击的地区。

四、保护水资源对策

（一）统筹规划，科学管理

人们对资源开发利用的认识经历了漫长的历史时期。在原始社会，人类为了谋求生存，必须适应水环境变化，趋利避害；以农业为主的古代社会中，人类一方面适应水环境变化，另一方面有目的地增利减害；到了以工业为主的近代社会，人类采取措施兴利除害，提高技术，对水资源进行多目标开发；现代社会，人们开发利用水资源时，充分考虑社会与自然的关系，注意社会、经济与环境效益的统一。

1. 以水资源特点出发进行统筹规划

水资源最突出特点是它的整体性、有限性和对生态环境的基础性作用。在开发利用时，必须对此有充分的认识和理解，全面考虑区域生态系统的健康发展。

地下水、地表水、湖泊水等各类水资源之间的互补关系非常明显，具体到一个地区，其互补性在很大程度上是直接的，在一个流域内，不同的水资源保持一定的动态平衡关系，河流水量与地下水位、湖泊面积大小、水深等紧密相关，在一条河流、一个湖泊、地下水径流的不同部位取水，必须考虑其他部位的取水需求。否则很容易造成类似黄河断流现象发生，直接影响其他地方社会经济发展和人民群众生活。

此外，水资源利用还会影响赖以生存的生物资源及其构成的生态环境。如地下水位的下降影响地表植被，湖泊和沼泽的干枯影响局部气候，造成干旱土地退化等。

因此，在水资源开发利用时，要根据水资源可开采量，考虑流域内社会经济发展的总体要求和各个城市、乡村、行业和部门的需要，从持续利用水资源出发，近远期结合，合理规划水体功能、取水位置分布、取水量和取水方式，使水资源得到充分利用，发挥最佳效益。

2. 设立保护区，重点保护饮用水源

明确饮用水源地，划定保护区范围，依法严格控制保护区内社会经济活动和饮用水资源，保证把为人民群众提供合格的饮用水放在最重要地位。

3. 运用经济手段管理水资源

合理确定水价、水资源补偿费等，是促进节约用水、合理配置水资源的重要手段。适当提高水价，既可以促进节约用水，又可以筹措一定资金，用于开展水资源保护工作，以及开展科学研究、宣传教育等活动。

（二）强化监督执法

我国与水资源有关的法规已比较健全，如《中华人民共和国水法》、《中华人民共和国海洋环境保护法》、《中华人民共和国水污染防治法》，以及防治水土流失、资源开采等方面的有关规定和条例等。这些法规对政府有关部门、企业和个人在水资源开发利用方面的关系、责权利等都有明确规定，各部门要各负其责，严格执法，运用法律武器保护水资源。

（三）发展科学用水技术

1. 发展和推广节水技术，建立节水型社会

推广、鼓励节约用水技术和产品，限制高耗水行业的发展规模和布局，鼓励循环用水，发展分质供水以及中水技术。

农业是用水大户，我国农业用水浪费非常严重，发展农业科学用水技术是我国节水技术的重点，当前要鼓励有条件的地方发展喷、滴灌技术。

2. 发展替代技术

在有条件的地方和淡水资源紧缺的地方，要鼓励发展替代技术，如以海水替代淡水，以风冷替代水冷等。我国大连、秦皇岛等沿海城市在钢铁、电力等行业用海水代替淡水冷却方面已取得较好的效果。

3. 运用新技术解决水资源紧缺问题

进一步研究应用人工增雨技术，解决干旱地区农业生产缺水的困难，提高海水淡化效率，降低淡水化成本，解决沿海有关城市淡水资源严重匮乏问题。

（四）积极防治水污染

全面贯彻落实各项有关水污染防治的方针政策和法规措施，目前在全国环保重点工程“三三二一一”中，有三项是防治水污染，即三河、三湖及近海污染防治。有关地方政府要借此东风，全面实施总量控制，保证从水环境质量出发，科学规划，合理布局，积极防治污染源，综合整治水环境污染，扭转水环境恶化的趋势，实现环保目标。

要特别重视农业面源对水环境的污染防治。要从源头抓起，制定政策，鼓励和推动有机食品和绿色食品生产，推广生态农业，减少农药和化肥使用量和流失量，防止水土流失，做好乡镇企业污染防治工作。

要加快城市污水处理系统建设，完善城市给排水系统，提高城市污水处理率和处理达标率。

总之，不要因水污染使有限的水资源中可用部分进一步减少，并对社会经济发展造成严重影响。

（五）保护和改善水资源生态环境

水资源生态环境是整个陆地生态系统重要组成部分，是自然界物质和能量交换的重要枢纽。森林在这个系统中起主要作用，它能调节气候，促进大气水、地表水和地下水的正常循环，森林能涵养水源，使水源漫溢于河道和其他水体。历史证明，因毁林等不注意保护水资源生态系统而造成的恶果遍布全球，巴比伦文明的毁灭，丝绸之路的荒芜，北非部分地区和中东一些国家的沙漠化，近现代一些地区的黑风暴，都与森林被破坏、水资源缺乏有关，最终使一些地区整个生态系统严重退化。

要大力提倡植树造林，恢复一些重要流域的森林和植被，坚决执行国务院有关禁伐林木的规定，重建良好的水资源生态系统。

（六）加强水利建设，有计划有步骤地跨流域调水

我国水资源地区分布不均衡，为了开发缺水地区，促进这些地方社会经济发展

和人民生活水平的提高，必须进行跨流域调水。目前，我国已建设的调水及与调水有关的工程，有三峡水利枢纽工程，黄河小浪底水利枢纽工程，黄河万家寨，河北桃林口，新疆乌鲁瓦提、飞来峡、大朝山等骨干工程，还有很多生产、生活、水运、水产、防洪和旅游用水设施在建设。只要做好工程环境影响研究和评价，采取适当措施，这些工程不仅能提高水资源利用率，避免环境变化，还会对缺水地区的环境恢复与重建起到巨大的推动作用。

第五节 生物资源保护与利用

生物资源是生物长期进化过程中形成的一种可更新资源，它包括植物资源、动物资源和微生物资源三大类。常见的有森林资源、草原资源及生物多样性资源等。

一、森林资源保护与利用

森林是人类最宝贵的资源之一，林业已成为发达国家国家富足、民族繁荣、社会文明的标志。保护和利用森林资源已成为举世关注的大问题。

（一）森林的功能

森林是地球上最大的陆地生态系统，是维持生物圈物质循环、能量流动和保护生态平衡最重要的基础。世界上没有任何一种自然资源像森林那样，在人类早期文明生活中具有如此深远的影响。在人类现代文明中，森林在很大程度上对一个国家的农业及环境质量有着决定性的意义。森林在自然界中的作用越来越受到人们的关注，它除了给人类提供大量的直接产品外，在维护生态环境方面的功能也十分突出，主要表现在下面几个方面：

(1)涵养水源和保持水土。森林能阻挡雨水直接冲刷土地，降低地表径流的速度，使其获得缓慢下渗的机会。森林土壤疏松，枯枝落叶层又可保水，因此林地能将全部或大部分降水储存起来，防止流失。

(2)吸收 CO_2，放出 O_2。森林在其生命过程中，通过光合作用吸收 CO_2 并放出 O_2。1 hm^2 阔叶林每天能吸收 1 000 kg CO_2，放出 30 kg O_2，这对于维持空气清新，有重要意义。

(3)吸收有毒有害气体和监测大气污染。随着工业的发展，不断排出大量的 CO_2、SO_2、HF、Cl_2 等有毒有害气体，林木可在低浓度范围内，吸收各种有毒气体，净化空气。人们还选择一些敏感植物，测定其伤害阈值，用以监测、指示大气污染情况。

(4)驱菌和杀菌。研究表明，橙、柠檬，园柏、黑核桃、法国梧桐等许多林木能分泌出具有杀菌作用的挥发性物质，将细菌杀死或驱逐。

(5)阻滞粉尘和减低噪声。林木枝叶茂盛,对大气中粉尘污染可起到阻滞过滤作用,较大的尘粒掉落地面,较小的被叶子吸附。据统计,每公顷树林,一年可滞尘34 t。森林还通过其枝叶的微振作用,减弱噪声。

(6)保护野生生物和美化环境。森林是许多野生生物的栖息地。同时,林木又是美化环境的重要因素。

(7)防风固沙。森林通过其林冠摆动和树身阻挡降低风速。同时,发达的根系密布于土壤中,具有保水固沙的作用。

(8)调节气候。森林通过其蒸腾作用,不断向空中散发水分。平均一棵树在一个夏天要蒸腾掉2 000 L水。因此,林地的空气湿度比无林地高出15%~25%,降水量也有所增加。

由于森林的上述功能和作用,其生态效益或间接效益要比其提供木材的直接效益大得多。

(二)森林资源现状

由于人口增长和对森林的滥砍乱伐,目前对森林的破坏十分惊人。据考证,历史上森林覆盖陆地的面积曾达7.6×10^9 hm^2,占陆地60%以上,当人类祖先的手上闪起火光时,森林也就随之遭到了惨重的破坏。特别是进入20世纪以后,全球每年平均损失森林面积达1 800万~2 000万公顷,直到20世纪90年代,全球每年净损失森林面积才降低到每年940万公顷。虽然各国政府采取了各种保护森林的措施,情况仍不容乐观。据联合国粮食和农业组织在《世界森林状况报告》中指出,在2000—2005年期间,世界森林面积仍以每年730万公顷的速度在减少。造成森林破坏的原因,主要是由于人们只把森林看做是生产木材和薪柴的场所,对森林在生态环境中的重要作用缺乏认识,长期过量地采伐,使消耗量大于生长量;其次,现代农业有计划垦植使部分森林永久性地变成农田和牧场。森林是巨大的基因库,随着森林的消失,很多尚未被人类认识和利用的物种也消失了。由于森林的大量消失,世界每年被冲走的表层土高达240亿吨,损失肥料数千万吨。

中国森林现状也令人担忧。中国1999年环境状况公报表明,中国人均占有森林面积$0.11hm^2$,相当于世界人均水平的17.2%,居世界第119位;中国人均森林蓄积量为8.6 m^3,相当于世界人均水平的12.0%,是人均占有森林蓄积量较低的国家之一;森林覆盖率13.9%,明显低于世界森林覆盖率26.0%的水平。全国林木年均净生长量3.99×10^8 m^3,年实际消耗量3.44×10^8 m^3,人均木材消耗量0.12 m^3。近十年来,我国森林资源进入了快速发展时期。2009年11月公布的第七次全国森林资源清查结果显示:全国森林面积1.95亿公顷,森林覆盖率达到20.36%,森林蓄积137.21亿立方米。人工林保存面积0.62亿公顷,蓄积19.61亿立方米,人工林面积继续保持世界首位。但我国森林覆盖率只有全球平均水平的2/3,排在世界第139位。人均森林面积 0.145 hm^2,仍不足世界人均占有量的 1/4;人均森林蓄积 10.151 m^3,仍只有世界人均占有量的 1/7。从总体上看,森林资源的增长依然不能满足社会对林业多样化需求,生态问题依然是制约我国可持续发展最突出的问题之一,生态产品依然是当今社会最短缺的产品之一,生态差距依然是我国与发达国家之间的最主要差距之一。

在森林短缺的同时,草原也在丧失和退化。目前,世界 31 710 个永久性的草原和草地(其中包括 6 717 个牧场)中,大多数都出现了某种程度退化。例如,在亚洲,仅 1975—1980 年,永久性牧场的面积大约减少 32.8%。中国是草地资源大国,拥有各类天然草地 3.9×10^9 hm^2,约占国土面积的 40%,但人均草地面积仅 0.33 hm^2,约为世界人均草地面积的 1/2。中国大部分草地已经或正在退化,其中中度退化程度以上(包括沙化、碱化)的草地达 1.3×10^8 hm^2。

森林和草原的破坏造成地球生物多样性减少。物种灭绝是自然法则的一部分,但是,人类的行为使这一过程加快了 1 万倍。20 世纪 80 年代中期,由国际自然和自然资源保护同盟与联合国环境署共同发起的研究表明,野生生物的原始栖息地在非洲有 65%、在东南亚国家有 68%都已转作他用。正因为栖息地丧失,导致了物种消失和珍稀濒危种类增加。据预测,如果按现在全世界每小时 3 个物种灭绝的速度,40 年后的 2050 年, 地球上 1/4 ~1/2 的物种将会灭绝或濒临灭绝。

生物圈的多样性是地球这个庞大生态系统稳定的基础。生物种类是人类的宝贵资源,森林、草原犹如天然的世界基因库。遗憾的是,当人们尚未把人工世界绿色基因库建立起来,很多物种尚未被人类利用的时候,它们就已经从地球上消失了。

(三)我国森林资源利用概况

1. 森林资源不足,覆盖率低,人均占有量更低

目前,我国森林覆盖率为 20.36%,只有全球平均水平的 2/3,排在世界第 139 位。人均森林面积 0.145 hm^2, 仍不足世界人均占有量的 1/4; 人均森林蓄积 10.151m^3,仍只有世界人均占有量的 1/7。

2. 森林资源分布不均

我国森林资源主要集中于较为偏远的东北和西南地区。东北的黑龙江和吉林两省,西南的四川、云南两省和西藏东部,土地总面积仅占全国总面积的 1/5,森林面积却占全国的近 1/2,森林蓄积量占全国 3/4。西北的甘肃、宁夏、青海、新疆、西藏中西部和内蒙中西部地区占全国总面积的 1/2 以上, 森林面积不足 400 万公顷,森林覆盖率在 1%以下。由于森林分布的不均匀,加剧了森林资源匮乏造成的矛盾。此外,我国森林可及率低,不到 33%,而一般林业发达国家森林可及率在 80%以上,造成我国成熟林和过熟林枯损率高。

(四)森林资源利用与保护

1. 健全法制,依法保护森林资源

按照《中华人民共和国森林法》规定,国家对森林资源实行以下保护性措施:对森林实行限额采伐,鼓励植树造林,封山育林,扩大森林覆盖面积;根据国家和地方人民政府有关规定,对集体和个人造林、育林给予经济扶持或长期贷款;提倡木材综合利用和节约使用木材,鼓励开发、利用木材代用品;征收育林费,专用于造林、育林;煤炭、造纸等部门,按照煤炭和木浆纸张等产品的质量提取一定数量资金,专用于营造坑木、造纸等用材林;建立林业基金制度。

2. 实施生态建设规划,坚持不懈地植树造林

《全国生态建设规划》提出了近期目标:从规划实施期到 2010 年,新增森林面积 3.9×10^7 hm^2,森林覆盖率达到 19%以上,退耕还林 5.0×10^6 hm^2,建设高标准、林网化农田 1.3×10^7 hm^2, 目前我国已经提前超额完成了近期目标。中期目标是 2011—2030 年,新增森林面积 4.6×10^7 hm^2,全国森林覆盖率达到 24%以上;远期目标是 2031—2050 年,宜林地全部绿化,林种、树种结构合理,全国森林覆盖率达到并稳定在 26%以上。为达到上述目标需采取下列措施:

(1)强化森林资源意识和生态意识。要充分发挥森林多种功能、多种效益,经营管理好现有森林资源;同时,大力保护、更新、再生、增植和积累森林资源。

(2)大力培育森林资源,实施重点生态工程。建立五大防护林体系和四大林业基地,即三北防护林体系、长江中上游防护林体系、沿海防护林体系、太行山绿化工程、平原绿化工程,以及用材和防护林基地、南方速生丰产林基地、特种经济林基地、果树生产基地。

(3)制定各种造林和开发计划。提高公众绿化意识,提倡全民搞绿化;坚持适地造林,重视营造混交林,采取人工造林、飞播造林、封山育林和四旁植树等多种方式造林绿化。在农村地区,继续深化"四荒"承包改革,鼓励在无法农用的荒土、荒沟、荒丘、荒滩植树造林,稳定和完善有关鼓励政策。

(4)开展国际合作,吸收国外森林资源资产化管理经验,以及在市场经济条件下森林资源的监督管理模式;争取示范工程和培训基地得到国外技术援助。

二、草原资源保护与利用

(一)草原资源功能

草原是以旱生多年生草本植物为主的植物群落。草原是半干旱地区把太阳能转换为生物能的巨大绿色能源库,也是非常宝贵的生物基因库。它适应性强,覆盖面积大,更新速度快,具有调节气候、保持水土、涵养水源、防风固沙的功能,具有重

要的生态学意义。草地是一种可更新、能增植的自然资源，它是畜牧业发展的基础，并伴有丰富的野生动植物、名贵药材、土特产品，具有重要的经济价值。

（二）我国草原资源利用概况

我国是草地资源大国，据中国环境状况公报公布，我国可利用草地面积近4亿公顷，占国土总面积的40%，仅次于澳大利亚，居世界第二位，但人均占有量仅为0.33 hm^2，为世界人均草地面积0.64 hm^2的一半。按照地区大致可分为东北草原区、蒙宁甘草地区、新疆草地区、青藏草地区和南方的草山五个区。

我国草地利用面积比例较低，优良草地面积小，草地品质偏低，天然草地面积大，人工草地比例过小；天然草地面积逐步减少，质量不断下降；草地载畜力下降，普遍超载过牧，草地"三化"（退化、沙化、碱化）面积不断扩展。

我国草地资源分布和利用开发具有以下特点：面积大、分布广和类型多样，是节粮型畜牧业资源，一些草地还适宜综合开发和多种经营；大部分牧区草原和草山草地都居住着少数民族，其中相当一部分是老区和贫困山区；草原和草地大多是黄河、长江、淮河等水系的源头和中上游区，具有生态屏障功能；目前草地资源平均利用面积小于50%，在牧业草原中，约有2.7×10^7 hm^2缺水草原和夏季牧业未合理利用。

（三）草原资源利用与保护

根据《全国草地生态环境建设规划》，草原资源利用和保护具体措施如下：

1. 加强草原建设，治理退化草场

从世界各国畜牧业发展现状看，建设人工草场是生产发展的必然趋势。近几十年，世界上许多畜牧业发达国家人工草场所占的比例都较高，例如，荷兰为80%，新西兰为60%，英国为56%。我国牧区人工草地也有所发展，今后要进一步实行国家、集体和个人相结合，大力建设人工和半人工草场，发展围栏草场，推广草仓库，积极改良退化草场。

2. 加强畜牧业科学管理，合理放牧，控制过牧

要合理控制牧畜头数，调整畜群结构，实行以草定畜，禁止草场超载过牧。建立两季或三季为主的季节营地。保护优良品种，如新疆细毛羊、伊犁马、滩羊、库尔杰皮羊等，促其繁衍，要加速品种改良和推广新品种。

3. 开展草原资源科学研究

实行"科技兴草"，发展草业科学，加强草业生态研究，引种驯化，筛选培育优良牧草，加强牧草病虫鼠害防治技术研究，建立草原生态监测网，为草原建设和管理提供科学依据。

4. 开展草原资源可持续利用工程建设

一是加强自然保护区建设，如新疆的天山山地森林草原、内蒙古呼伦贝尔草甸

草原、湖北神农架大九湖草甸草场、安徽黄山低中小灌木草丛草场等;二是开展草原退化治理工程建设,如新疆北部和南疆部分地区、河西走廊、青海环湖地区、山西太行山、吕梁山等地区;三是建设一批草地资源综合开发示范工程,如华北、西北和西南草原地区的家畜温饱工程,北方草地的肉、毛、绒开发工程等。

三、生物多样性保护与利用

(一)生物多样性含义

生物多样性是指一定空间范围内各种活有机体(动物、植物、微生物)有规律地结合在一起的总称,它由遗传多样性、物种多样性、生态系统多样性3个层次组成。

遗传多样性是指存在于生物个体内、单个物种内,以及物种之间的基因多样性。任何一个特定个体和物种都保持大量的遗传类型,可组成单独的基因库。一个物种的遗传组成决定它的特点,这包括它对特定环境的适应性,以及它对人类的可利用性等特点。基因多样性包括分子、细胞和个体水平上的遗传变异度,因而成为生命进化和物种分化的基础,也是物种以上各水平多样性最重要的来源。一个物种的遗传变异愈丰富,它对其生存环境的适应能力便愈强,而一个物种的适应能力愈强,则它的进化潜力也愈大。

物种是指遗传特征十分相似,能够繁殖出有生殖能力后代的一类生物。物种多样性是指动植物及微生物种类的丰富性,它是人类生存和发展的基础。物种资源是农、林、牧、副、渔各业经营的主要对象,它为人类提供了必要的生活物质。

生态系统是生物及其生存环境所构成的综合体,所有物种都是各种生态系统组成部分。每一物种都在维持其所在生态系统,同时又依赖这一生态系统以延续其生存。生态系统多样性是指生物圈内生境、生物群落和生态过程的多样化,以及生态系统内生境差异、生态过程变化的多样性。在一定区域内,即使有相似自然条件,也存在多种多样的生态系统。生物群落内部群落之间以及与环境之间存在极其复杂的关系,它们主要的生态过程包括能量流动、物质循环、土壤形成、群落演替、生物间的相互关系等。不论是对一个小的生态系统而言或是从全球范围看,这些生态过程对于所有生物的生存、进化和持续发展都至关重要。同时,维持生态系统多样性对于维持物种和基因多样性也是必不可少的。

(二)保护生物多样性的意义和作用

生物多样性是自然环境重要组成部分,又是宝贵的自然资源,既有巨大的经济价值,又有难以估价的环境、科研和精神价值。

1. 提供食物来源

物种多样性是人类生存和发展的基础。人类生存需要通过农、林、牧、副、渔业生产获取动植物资源,来满足对食物、药材和多种工业原料等基本生存的需要。生物资源作为农业生产的基础,为地球上60多亿人口提供了基本的食物需求。从当前看,人类从野生和驯化的生物物种中,得到了几乎全部食物、许多药物、工业原料与产品。就食物而言,据统计,地球上大约有7万~8万种植物可以食用,其中可供大规模栽培的约有150多种,迄今被人类广泛利用的只有20多种,却已占世界粮食总产量的90%。野生物种方面,主要以野生物种为基础的渔业,每年向全世界提供了大量食物。实际上,野生物种在全世界大部分地区仍是人们膳食的重要组成部分。人类目前仅利用20余种植物生产粮食,其他未被人类食用的生物有许多可以食用,是今后潜在的食物来源。尤其在许多发展中国家,野生动物是蛋白质的重要来源之一。野生动植物可以成为新型食品的来源,尤其在环境污染日趋严重的今天,无污染的天然动植物食品将更加受到人们的喜爱。丰富的生物物种,不仅为人类提供了生存的基础,还有供人们观赏、旅游和装饰的功能。

2. 野生物种是培育新品种不可缺少的原材料

遗传多样性是提高生物生产量和改良生物品种必不可少的条件。从生物多样性"遗传库"中的野生物种取得的材料,对作物产量提高做出了近一半的贡献,这主要是通过生物技术和农业研究开发来完成。现在,100多种植物物种对全球粮食供应直接或间接地做出了90%的贡献,而水稻、玉米和小麦3种植物的贡献率达60%。还有成千上万种植物在地球某处种植或消费,其中一些可能更有营养,或者比现在广泛种植的物种更适应某种广泛存在的生长条件。

人们除了直接利用生物资源外,还通过利用传统的育种技术和现代生物基因工程,成功地培育出优良品种,扩大农作物适用范围,大大提高作物的生产力,同时也丰富了农作物的遗传多样性。人类饲养或栽培的动植物,由于其遗传物质基础狭窄,会出现退化现象,需要自然界野生祖型及近亲的遗传物质作为新品种培育的基础。一般来说,任何一个作物品种,如小麦、大豆,以及其他禾谷类,使用5~15年之后,其抗病虫害的能力就会逐渐减弱,需要更新。总之,遗传多样性是农业生产成功的关键因素之一。1972年,联合国召开的第一次人类环境会议强调:"维持动植物遗传资源对全球粮食保证和人民生活需要有重大的意义。"我国科技工作者面临粮食需求的巨大压力,必定要充分利用遗传多样性培育稳产、高产、抗逆性强的优良品种来提高农作物产量,满足人口增长和人民生活水平提高对粮食需求日益增加的需要。一个优良的新品种,一旦培育成功和推广,每年创造的经济价值往往以亿元计。例如,我国杂交水稻是利用海南岛野生稻的遗传基因培育而成,每年增产粮食几百亿千克,价值数十亿元人民币。

3. 物种是许多药物的来源

我国传统医学的中草药绝大部分来自野生植物和动物,现代医学依靠野生动植物的程度越来越高。近代化学制药业产生前,差不多所有的药品都来自动植物,今天直接以生物为原料的药物仍保持重要地位。世界最常用的10种处方药中,有9

种是以天然化合物为基础，这些化合物来自植物、菌类、动物和微生物。据报道，发达国家每年约 40% 的药方中，至少有 1 种药物来源于生物，它们可直接用做药物或作为药物的配料。

许多药物虽可栽培或合成，但仍离不开野生的原型。即使都是野生的，不同的亚种或变异型，有效成分含量也有很大差异。随着现代医学研究的深入，越来越多的生物被发现可作药用。如热带森林中的美登木、粗榧、嘉兰等，都能提取抗癌药物。研究表明，许多海洋无脊椎动物，可用于防治高血压、心脏病、神经错乱，以及一些由病毒引起的疾病。从长远看，防治疾病的新药，许多还要从自然界中的生物，特别是植物中去寻找。

4. 物种资源能够提供大量工业原料

自然界中的动植物向人类提供毛皮、皮革、纤维、油料、香料、胶脂等各种原料，其价值十分可观。现代工业中有很大一部分原料，来源于野生动植物，许多野生动植物至今仍是人类的主要食物。

5. 物种具有科研价值

仿生学研究表明，生物的各种器官和功能，可以给科技发明以莫大启示。例如雷达、红外线追踪、声呐等先进技术的发明，都得益于生物机制的启迪。最近，通过对萤火虫发光功能的研究，搞清了化学发光原理，科学家据此设计出一种可以不发热的发光装置，在特殊条件下可做光源应用。

6. 生物多样性是保持生态平衡的必要条件

不同生物或生物群落通过占据生态系统中不同的生态位，采取不同的能量利用方式，以及食物链网的相互关联作用，维持生态系统中基本能量流动和物质循环。生态系统多样性在维持地球表层水分平衡、调节气候、保护土壤免受侵蚀和退化，以及控制土地荒漠化等方面的作用已逐渐被人类认识和利用。

生态系统的物质循环、能量流动、信息传递，有着相互依赖、相互制约的辩证关系。当生态系统丧失某些物种时，就可能导致系统功能失调，甚至使整个系统瓦解。就农业生态系统而言，要维持其生产能力，不但要保持高质量的土壤和小气候状况，还必须保持有益的授粉和天敌动物，特别是保持某些有益的昆虫及它们的栖息条件。过量使用农药、灭鼠药，会引起有益昆虫和其他动物消失，最终破坏生态平衡，造成鼠虫害猖獗，使农林牧业生产遭到难以弥补的损失。

7. 物种资源具有美学价值

许多野生动植物具有令人陶醉的观赏价值。动物中的大熊猫、丹顶鹤、金丝猴等，植物中的金茶花、杜鹃花等，都有很高的美学价值，可以美化生活，陶冶情操，而且还是文学艺术创造的源泉，给人以美的享受。

8. 生态价值

生物多样性的生态价值主要表现为固定太阳能、防止水土流失、调节气候、吸收和分解污染物、贮存营养元素并促进养分循环和维持进化过程。

总之,生物多样性确实是人类生存“必不可少的生命支撑系统”,保护生物多样性,也就是保护人类的生存环境。

(三)生物多样性现状

生物资源提供了地球生命的基础,有人估计,世界上生物物种多达5 000万种,其中只有约140万种已经被命名或被简单描述过。全球生物物种并不是均匀分布的。

从区域分布看,物种的丰富度从极地到赤道呈增加趋势,其中热带雨林和温带地区是物种主要集中区域。热带雨林面积虽只占全球陆地面积的7%,却至少拥有世界上物种数的一半。即便在热带雨林这类世界上生物量最丰富地区,也只有较少数特别茂盛的地区才蕴含世界生物多样性的一个极大比例,这些地区物种格外集中,其特有物种分布也极为丰富。需要说明的是,热带雨林地区也是目前世界上物种消失威胁最严重的地区。

就国家而言,物种分布也极不均匀,巴西是世界上物种最丰富的国家,她拥有很多生物类群的多样性都居世界第一位。其中,灵长类动物55种,占世界总数的24%;两栖类动物516种;陆生脊椎动物3 010种,濒危和渐危脊椎动物310种;有花植物55 000种,占世界总数的22%;淡水鱼类3 000种以上(比世界上淡水鱼类种数占第二位的国家多3倍);昆虫约1 000万~1 500万种,至今还有一大部分昆虫尚未被科学家描述过。至于其他生物类群方面,巴西即使不是最丰富的国家,但也都处于世界前列。如爬行动物467种,占第四位;鸟类1 622种,占第三位;棕榈类387种,占第三位。此外,巴西拥有迄今为止世界上最密闭的热带森林,面积达$3.57 \times 10^8\ hm^2$,几乎占全球热带森林总面积30%,比占第二位的印度尼西亚多3倍。

我国也是世界物种较丰富的国家之一。从植物区系的种类数量看,约有3万种,仅次于世界植物区系最丰富的马来西亚(约有4.5万种)和巴西(约4万种),居世界第三位。其中苔藓植物106科,占世界科数70%;蕨类植物52科,2 600种,分别占世界科数的80%和种数的26%;木本植物8 000种,其中乔木约2 000种;全世界裸子植物共12科71属750种,我国就有11科34属240多种;针叶树总种数占世界同类植物的37.8%;被子植物占世界总科、属的54%和24%。另外,许多古老的特有种也占据重要地位。

(四)生物多样性的丧失

自从生命第一次出现,生命灭绝已经是一种正常的自然过程(图5-1),现在地球上物种估计是曾生存的几十亿个物种的幸存者。对于大多数生物类群来说,一个种的平均寿命为100万～1 000万年。按5 000万物种来计算,每年约有5～50个物种可能消失。据推测,20世纪80年代,地球上每天至少有一种生物灭绝,90年代则达到每小时有一种生物灭绝,而现在平均每20分钟就有一个物种灭绝。按这样的速度,到2050年,地球上1/4 ～1/2的物种将会灭绝或濒临灭绝,并且这种灭绝仍存在明显的加速趋势。许多迹象表明,世界已经在经历规模和影响更大的灭绝速率,比地球历史上任何时期更大。据粗略估计,1万年来,哺乳动物和鸟类的平均灭绝速率已大约增加了1 000倍。就我国而言,生物多样性丧失的威胁也显而易见,估计约有5 000种植物在近几年内处于濒危状态,占中国高等植物总种数的20%,大约398种脊椎动物濒危,占中国脊椎动物总数的7.7%。

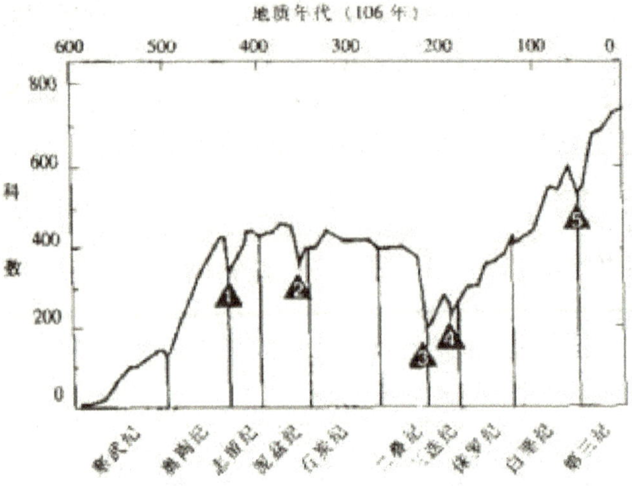

图5-1 地球生命的五个主要灭绝时期

以海洋脊椎动物和无脊推动物科的多样性在各地质时期的变化为例(E. Wilson, 1988)

晚奥陶纪(－12%)晚泥盆纪(－14%)晚二叠纪(－52%)晚三迭纪(－12%)晚白垩纪(－11%)。

就生物丧失的类群而言,下列生物类群尤其容易灭绝:①具有较高营养级别的物种,即处于食物链上层的种群、增殖速度较慢的大型稀有动物;②地方特有种;③发展缓慢的小规模种群的物种;④生物依赖集团中的最大成员;⑤缺乏散播和迁移能力的物种;⑥具有群集巢居习性的物种;⑦依赖不可靠资源的物种;⑧迁徙物种;⑨对干扰没有进化经历的物种。稀有种比广布种更易于灭绝,地方特有的物种当其生存环境遭到破坏或丧失时特别易于灭绝,岛屿物种是世界生物多样性受威胁最严重的组成部分。

(五)生物多样性加速丧失的原因

导致目前全球生物多样性加速丧失的原因既有诸如火山爆发、洪水泛滥、陆地升降、森林火灾和特大干旱与病虫害等自然因素的影响,但主要还是因人类活动引起。概括起来可包括以下几个方面：

1. 生境交替

生境的改变和破坏，如大面积森林乱砍滥伐、围湖造田、草地滥垦和过度放牧等都会破坏和改变生物生存环境，致使物种濒危或绝灭。以海南岛为例，1956 年天然林覆盖率为 25.7%，至 1983 年仅为 7.2%，使海南的粗榧、梧桐、假韶子、瓜耳木等珍稀植物濒临绝灭，动物中的坡鹿、长臂猿、巨蜥和橙胸绿鸟等几近绝迹。又如中国南海的珊瑚礁，作为石灰原料而遭滥采，使珊瑚礁鱼类失去了生存环境和营养供应地，因而受到严重的威胁。

2. 滥捕乱猎和滥采乱挖

对个体的采猎高于被采猎种群自然生殖能力所能承受的比率时，必然威胁到物种的生存安全。例如，猕猴在 20 世纪 50 年代因过度捕捉出口，加上栖息环境的破坏，造成种群数量剧减，迄今尚未得到恢复；又如中国淡水鱼类资源，由于不断加大捕捞强度以及渔具的不合理使用，20 世纪 70 年代年均产量 31.58 万吨，仅为 50 年代年均 52.36 万吨的 60%左右；许多传统中药和重要经济植物由于长期过量采挖和开发利用，致使产量越来越少，种群数量急剧缩减。

3. 化学污染

化学污染主要是指由于人类活动大量排放到环境中对生态系统有毒有害物质。如排放 SO_2 等物质所致的酸雨，引起森林破坏、土壤酸化等；人类施用的信息激素类物质干扰部分物种正常的信息交流及引起的致畸、突变等；大量的化肥农药施用、重金属等污染物的排放所致的生态危害。

4. 气候变化

气候变化是气候自然波动与人类活动所起的气候变化的叠加。目前的气候变化则主要表现为由于人类活动所导致的全球变暖。据估计，在未来的 100 年内，地球气温将会上升 1～4℃，海平面升高 10～120 cm。温度每升高 1℃，陆地物种受温度控制的分布界线就向两极移动 125 km，或者由山下向山上移动 150 m。这样的气候变化就可能会对北方森林、珊瑚礁、红树林和湿地产生剧烈的影响，也可能改变世界生物群落的边界。另外，气候变化也包括地区的影响，如厄尔尼诺海流和季风系统，以及地方性影响，如局域植被、地形的变化等。

5. 引进物种

外来物种的引进可能打破原来生态系统的平衡，对当前物种的生存构成威胁，这引起世界各国的高度重视。在美国，植物引进种问题已被认定为国家公园系统面临的最严重威胁。在我国，被带入南方的野蔷薇，已引起了当地大片林木死亡。苏伊士运河开通使地中海和红海海洋生物得以交换，使得红海的部分海洋鱼类资源枯竭。在大洋洲曾发生过“兔灾”，澳大利亚原本没有兔子，1859 年，英国人托马斯·奥斯汀引进了 24 只兔子，为打猎而放养了 13 只，在这个没有天敌的国度里，它们至今已繁衍6亿多只后代，这些兔子常常把数万平方千米的植物啃吃精光，导致其他种类野生动物面临饥饿的威胁，许多野生植物也濒临绝种。

6. 大型工程建设

大型工程建设，特别是大型水利工程建设对生态系统的危害是显而易见的。水利工程建设改变了淹没区的生态环境，拦河闸坝也隔断了某些鱼蟹类洄游的通道，使它们失去了产卵场所（如阿斯旺大坝所致的当地沙丁鱼资源枯竭），水利工程建设也可能带来诸如地下水位上升、土壤次生盐渍化等系列问题。

7. 人口增长

伴随着工业革命、全球贸易、化石燃料的利用，以及更为有效的公众卫生措施，地球人口在19世纪初达到10亿，到20世纪20年代达到20亿，今天的总数已超过60亿。乐观主义者预计，发展、教育、提供生育卫生服务，以及明智的自我控制将使人口在21世纪后半叶稳定在80亿~100亿左右。人口过快增长导致土地开垦盲目扩大、森林减少、草场破环、土地沙化等生态危害程度加深。

（六）生物多样性保护途径

生物多样性保护不仅依赖于生物科学的发展，也与国家和地区相关法律、法规的制定、管理水平、经济状况，甚至伦理道德等有着极为密切的联系。目前对生物多样性保护的途径主要包括：

1. 就地保护

就地保护是生物多样性保护最有效措施。就地保护就是以各种类型自然保护区（包括风景名胜区）的方式，将有价值的自然生态系统和野生生物生境保护起来，以保护生态系统内生物的繁衍与进化，维持系统内物质能量流动与生态过程。全世界面积在1 000 hm^2以上的保护区已建成4 500多个，其覆盖面积约占全球陆地总面积的5%~6%。国际自然及自然资源保护联盟1985年在“联合国国家公园和保护区清单”中列入了3 500多个较大保护区，总面积达425万平方千米，其中最大的为面积达7 000万公顷的格陵兰国家公园。

2. 迁地保护

迁地保护仅对单一物种可能得到保护，它主要适用于受到高度威胁的动植物种的紧迫拯救，包括植物迁地保护和动物迁地保护，这种保护主要是针对野生生物而言。

野生植物迁地保护包括：

(1)利用植物园迁地保护。植物园或树木园可以在植物多样性保护方面发挥有效作用。20世纪80年代以来，中国植物园（树木园）发展很快，至今已有160个。在地区性植物保护方面，华南植物园建立了木兰科、姜科、苏铁科植物保存园；昆明植物园建立了杜鹃花科、山茶科保存园；西双版纳植物园建立了龙脑香科、肉豆寇植物保存园等;昆明、杭州、南京、广州、九江、西双版纳、四川、北京、西宁、新疆等地建立了地区性珍稀濒危植物引种基地和人工繁育中心。这些植物园中保存的各类高等植物有 23 000 种,除去重复和国外引进种,属于中国野生植物区系成分的约有 16 000 ~ 18 000 种,占区系成分的 55% ~ 65%。

(2)迁地保护基地与繁育中心。为了加强珍稀濒危植物保护,中国有关部门自 20 世纪 80 年代初着手建设地区性珍稀濒危植物迁地保护基地和繁育中心,对珍稀濒危野生植物以及林木、果树、观赏植物、药用植物、农作物、食用植物和茶、桑等经济植物进行了保护性繁育。

野生动物迁地保护包括:

(1)利用动物园迁地保护。我国共建有动物园 41 个,加上设在大型公园中的动物展区,总数达 175 个。这些动物园和展区共饲养脊椎动物 600 余种,动物个体总量达 10 万多只(头)。在珍稀动物保护和繁育技术方面不断取得进展,许多濒危珍稀动物繁殖成功。

(2)野生动物迁地保护基地与繁育中心。全国已建各种野生动物繁育中心 126 个,以商业为目的的养鹿场、水貂场、马鸡场等共 230 多个,并建立了大熊猫、朱鹮、海南坡鹿、扬子鳄、麋鹿、高鼻羚羊、野马、白暨豚、东北虎等珍稀动物驯养中心和珍贵动物救护中心共 14 处,目前已有少量驯养动物进行野化回归大自然的试验。一度濒临灭绝的大熊猫、扬子鳄、朱鹮、东北虎等近 10 种濒危动物开始恢复,60 多种濒危珍稀野生动物人工繁殖成功。

野生动植物人工养殖和栽培。发展野生动物养殖业和野生植物种植业是保护和合理利用生物资源的一条重要途径。我国野生动物饲养业始于 20 世纪 60 年代,主要饲养国内原产的鹿、麝、狐狸、貉、水貂等经济动物。80 年代后,国家实行扶持饲养野生动物政策,使动物饲养业得到较快发展。在沿海地区发展海洋动物养殖业,尤其在海珍品人工养殖方面取得重大经济效益。在野生植物栽培方面,已人工栽种 60 多种中草药。为持续利用野生药材资源,黑龙江省组建了省野生药材资源保护管理总站,设立 106 个管理站,建立药材资源保护区 35 处,实行轮作采挖。内蒙古伊克昭盟对甘草资源实行围栏养护,围栏甘草 8 万公顷,全盟甘草面积从 20 世纪 70 年代 36 万公顷增加到 47 万公顷。此外,珊瑚礁和红树林人工移植和栽培也取得成功。

3. 离体保护遗传种质资源的收集与保存

(1)作物品种及其亲缘种的收集和保存。目前,我国作物遗传资源的收集总数达 35 万份,成为世界上遗传种质资源材料保存最多的国家之一。1987 年,中国农业科学院建成国家作物种质库,用于长期保存作物种质资源,已入库的作物遗传种质资源达 30 万份。

(2)家养动物品种的收集与保存。家畜和家禽是人类肉蛋奶食品的主要来源。

据初步统计，中国目前共保存畜禽地方良种达 400 多种。在家畜品种的离体保存方面，一批具有现代化水平的动物细胞库和动物精子库、配子库已经建成或正在建设之中。

4. 建立生物多样性保护区网络

建立和完善保护区网络是维系区域生态安全、保护生物多样性的重要措施。目前，我国保护区网络建设应从我国国民经济和社会发展的需要出发，以保护自然生态系统完整性和生物多样性为中心。根据我国国力，因地制宜、合理调整自然保护区结构和分布，逐步在全国范围内建成布局合理、类型齐全的自然保护区网络。现在我国已建立了包括森林生态系统、草地生态系统、荒漠生态系统、内陆湿地和水域生态系统，以及海洋和海岸带生态系统自然保护区，已形成较为完善的自然保护区网络系统。

5. 生态系统恢复和改善

生态系统的平衡是一个动态的过程，生态系统因受人为和自然因素影响，特别是人类不合理开发利用自然资源，使生态系统向恶性方向发展，导致物种加速灭绝。对于一些特殊生态系统而言，生态系统的破坏就意味着一系列物种，特别是濒危物种的灭绝或丧失。目前，生态系统恢复和改善的重点是优先保护具有典型性和特殊意义的生态系统。

第六节 能 源

一、能源分类

（一）能源分类

能源是指可以被人类利用，以获取有用能量的各种资源，如太阳能、风力、水力、电力、天然气和煤等。能源与人类有着密不可分的关系，它既能供人类使用，造福于人类，又可以给人类带来环境污染。随着经济发展和人民生活水平的提高，能源需求会愈来愈多，必然会对环境产生极大的影响。

人们从不同角度对能源进行了多种多样的分类，如一次能源和二次能源，常规能源和新能源，可再生能源和不可再生能源等，具体分类见图 5-2。

- 能源
  - 一次能源
    - 常规能源
      - 可再生能源：水力
      - 不可再生能源：煤、石油、天然气、核裂变燃料
    - 新能源
      - 可再生能源：太阳能、生物能、风能、潮汐能
      - 不可再生能源：核聚变燃料
  - 二次能源　电能、氢能、汽油、煤油、重油、焦炭、沼气、丙烷等

图 5-2　能源分类图

一次能源是指从自然界直接取得而不改变其基本形态的能源，有时也称为初级能源；二次能源是指经过加工，转换成另一种形态的能源。常规能源是指当前被广泛利用的一次能源；新能源是指目前尚未被广泛利用，正在积极研究以便推广利用的一次能源。一次能源又分为可再生能源和不可再生能源，可再生能源是能够不断得到补充的一次能源，不可再生能源是须经地质年代才能形成而短期内无法再生的一次能源，但它们又是人类目前主要利用的能源。

根据能源消费是否造成环境污染，又可分为污染型能源和清洁型能源。煤和石油类能源是污染型能源，水力、电能、太阳能和沼气能是清洁型能源，为保护环境应大力提倡应用清洁型能源。

(二)世界及我国能源消耗情况

能源是近代工农业生产和人类生活必需的基本条件之一。在一定意义上说，人均能源消耗量是衡量现代化国家人民生活水平的主要标志。随着工农业发展和交通工具数量增加，世界能源的消耗速度在急剧增加。尤其是发达国家个人能源消耗水平越来越高，例如，目前占世界 1/4 的工业化国家，消耗世界能源的 3/4。其中，占世界人口 5%的美国，能源消耗却占世界的 25%。发展中国家能源消耗普遍较低，占世界人口 15%的印度，却只消耗世界能源的 1.5%。

我国人均能源消耗较低，仅为美国人均消耗量的 1/5。在能源的消耗种类上，发达国家由于工业发展很快，石油消耗量很大，从而改变了 20 世纪 60 年代前以煤炭为主要能源的局面。我国的能源消耗还是以煤炭为主，我国工业燃料动力的 80%依靠煤炭。

由于天然气使用方便，对环境污染也较小，其应用具有广阔的前景；随着石油开采量过大，储量减少，今后能源消耗结构有从石油重新转向以煤为主要能源的趋势；核能源的利用及新型清洁能源的利用将迅速增长。

(三)我国能源问题及解决方向

我国能源工业发展很快，2006 年，我国一次能源生产总量为 22.1 亿吨标准煤，列世界第二位。其中，原煤产量 23.7 亿吨，列世界第一位。先后建成了大庆、胜利、辽河、塔里木等若干个大型石油生产基地，2006 年原油产量 1.85 亿吨，实现稳步增长，列世界第五位。天然气产量迅速提高，从 1980 年的 143 亿立方米提高到 2006 年的 586 亿立方米。商品化可再生能源量在一次能源结构中比例逐步提高。电力发展迅速，装机容量和发电量分别达到 6.22 亿千瓦和 2.87 万亿千瓦时，均列世界第二位。近年来，能源对我国国民经济发展的制约作用有了明显的缓解。

1. 我国能源问题

(1)人均资源和人均消费量不足。我国能源资源虽然丰富多样，但由于我国人口众多,目前人均能源资源相对不足。我国人均煤炭探明储量只相当于世界平均水平的50%,人均石油可开采储量仅为世界平均值的10%。我国能源消耗总量仅次于美国,居世界第二位,但人均耗能水平很低,仅是美国人均能源消耗量的1/5。耕地资源不足世界人均水平的30%,制约了生物质能源的开发。

(2)能源资源分布不均。我国能源资源分布广泛但不均衡。我国煤炭资源64%集中在华北地区,水电资源70%集中在西南地区,石油、天然气资源主要在东、中、西部地区和海域,而能源消耗地则分布在东部经济发达地区。因而,"北煤南运"、"西煤东运"、"西电东送"的不合理格局将长期存在,造成能源输送损失和过大的输送建设投资。

(3)能源构成以煤为主。我国能源生产和消费构成中,煤占有主要地位,煤炭在我国目前一次能源中占70%左右。全国直接燃烧煤炭占总煤耗量的84%,与世界能源构成相比,我国煤炭的比重比世界平均水平高1倍以上。

(4)工业部门消耗能源占有很大比重。工业是我国能源消耗的主要部门,其能源消耗量占全国能源消耗总量70%左右。2006年上半年,工业部门的能源利用效率没有明显的改进,一些高耗能行业的能源效率甚至持续下降。例如,煤炭行业单位工业增加值能耗上升5.5%,石油石化行业上升8.7%,有色金属行业上升0.4%,电力行业上升0.8%。与工业发达国家相比,我国工业部门耗能比重很高,而交通运输和商业民用的消耗较低,这种比例关系反映出我国工业生产中工艺设备落后,能源管理水平低。

(5)农村能源短缺,以生物质能为主。据农业部统计,我国农村生活用能2/3依靠薪材和秸杆,煤炭供应不足,优质油、气能源的供应严重短缺。

2. 解决方向

(1)提高能源利用效率,大力节约能源。我国能源利用效率长期偏低,而且提高缓慢。据联合国有关能源机构统计,1987年度,同样创造1美元工业产值,中国能耗最高,分别是法国的4.97倍,日本的4.43倍,巴西的3.8倍,印度的1.64倍,不仅高于发达国家,也高于巴西、印度这样的发展中国家。20世纪90年代以来,虽然在节能方面已取得了一定成绩,但目前中国单位产品能耗仍然较高。我国能源利用效率约为31.4%,与发达国家相差10个百分点,主要工业产品单位能耗比发达国家高出30%以上。由于我国能源效率较低,所以节能潜力很大,可在以下方面采取有效措施:①电厂节煤;②严格控制热效率低、浪费能源的小工业锅炉;③推广民用型煤;④积极发展城市煤气化和集中供热方式,逐步淘汰小型、分散的落后供热方式;⑤逐步改变能源价格体系,实行煤炭以质定价,扩大质量差价。

(2)调整能源结构,增加清洁能源比重,降低煤炭在我国能源结构中的比重。我国能源以煤为主,要调整能源结构,必须尽快发展水电、核电,因地制宜地开发和推广太阳能、风能、地热能、潮汐能、氢能和沼气等清洁能源。

二、能源利用对环境的影响

任何一种能源的开发利用都会给环境造成一定的影响。例如，水能的开发利用可能造成地面沉降、地震、上下游生态系统显著变化、地区性疾病蔓延、土壤盐碱化、野生动植物灭绝、水质变化等。在诸多能源中，以不可再生能源引起的环境影响最为严重和显著，它们在开采、运输、加工和利用等环节都会对环境产生严重影响。能源利用对环境的影响主要表现在以下几个方面：

1. 城市大气污染

一次能源利用过程中，产生了大量的 CO_2、SO_2、NO_2、粉尘及多种芳香烃化合物，已对一些国家的城市造成了十分严重的污染，不仅导致生态的破坏，而且损害了人体健康。例如，1952 年 12 月 5 日至 9 日，英国伦敦发生烟雾事件，导致 4 000 人死亡，原因在于从家庭和工厂排出的燃煤烟尘被封盖滞留在低空逆流层下，导致人窒息死亡。我国因大气污染造成的损失每年达 120 亿元人民币。如果考虑一次能源开采、运输和加工过程中的不良影响，则造成的损失更为严重。

2. 温室效应

大气中的 CO_2 按体积计算，每 100 万大气单位中有 280 个单位的 CO_2。由于矿物燃料的燃烧，1980 年已达到 340 个单位，预计，21 世纪中期至末期，其数量可达 360 个单位。实验测定，CO_2 易吸收波长小于 380 nm 的紫外线、波长为 660 ~ 8 000 nm 的近红外线和波长大于 13 000 nm 的远红外线。到达地面的太阳光能量中，99% 可见光将地面物体晒热，这些物体便不断以红外线辐射形式将能量散发返回空间，大气中 CO_2 等气体能吸收红外辐射，并将它反射回地面，从而干扰地球的热平衡。随着大气中 CO_2 等气体浓度升高，大气会变得愈来愈暖，产生“温室效应”。由于温室效应，全球表面平均温度将上升 1.5℃ ~ 3℃，极地温度可能上升 6℃ ~ 8℃，这样的温度将可能使占地球淡水量 95% 的两极冰帽融化 10% 左右，导致海平面上升 20 ~ 140 cm。结果，一方面会淹没许多沿海地区；另一方面因地球赤道半径增大，使地球自转一周的时间增加约 0.03 s，从而引起地球动力学效应的变化。例如，地球自转速度减慢产生一个自西向东的惯性力，破坏地层结构各板块之间力的平衡，容易使某些地区积存应力，从而加剧地震和火山爆发。我国华北地区的几次大地震，几乎都发生在地球自转减慢的时期。

3. 酸雨

当大气中 SO_2、NO_x 和氯化物等气态污染物在一定条件下，通过化学反应转变为 H_2SO_4、HNO_3 和 HCl，并附着在水滴、雪花、微粒物上随降水落下，pH 值小于 5.6 的雨都称为酸雨。酸雨对环境和人类的危害主要表现在几个方面：一是改变土壤的酸碱性，危害作物和森林生态系统。酸性物质不仅通过降雨湿性沉降，而且也可通过干性沉降于土壤,使地面直接吸收 SO_2 气体并氧化为 H_2SO_4,使土壤中钙、镁、钾等养分被淋溶,导致土壤日益酸化、贫瘠化,影响植物生长,同时酸化土壤也会影响土壤微生物活动。二是改变湖泊水库的酸度,破坏了水生生态系统。由于酸雨造成湖泊水质酸化,消灭了许多对酸敏感的水生生物种群,破坏了湖泊中的营养食物网络。当湖泊和河流等水体的pH值降到5.0以下时,鱼类生长繁殖会受到严重影响。流域内土壤和湖底河泥中有毒金属(如铝等)溶解在水中,毒害鱼类,还会引起水生生态的变化,耐酸的藻类和真菌增多,而有根植物、无脊椎动物、两栖动物等会减少。三是腐蚀材料,造成重大经济损失。酸雨对钢铁构件和建筑物有极大的腐蚀作用,特别是危害各种雕刻的历史文物,我国故宫的汉白玉也被酸雨所侵蚀。四是空气中强度提高会造成雾量增加,以至改变地区气候。此外,酸雨渗过土壤时还能将重金属带入蓄水层,使地下水受污染而危及人类健康。

(一)化石燃料对环境的影响

化石燃料由于应用量很大,其利用时对环境的影响也很大,它对环境的影响包括开采、运输、加工与使用等。

1. 开采和运输时对环境的影响

开采煤过程中对环境产生的影响包括:当矿井中瓦斯处理不当时,瓦斯气体进入空气而引起的大气污染;矿下开采破坏了地壳内部原有的力学平衡,引发地质灾害,如地面沉陷等现象;煤矿开采还会使地下水和地表水遭受严重污染;露天开采还会占用大量农田、草地等。

石油和天然气不合理开采会破坏地下空间平衡,可能引发滑坡、山崩和地表沉降。石油开采时加入的各种化学试剂会对其周围环境的水体及农田造成不良影响。油井事故还会污染当地环境,破坏生态平衡。天然气开采易产生污染大气的硫化氢和污染河流的伴生盐水。

煤炭运输时会造成大气污染,油船事故将会造成严重的海洋污染等。

2. 加工时对环境的影响

煤在加工过程中,不仅会产生对水体的污染,在干燥时产生的灰尘、氮氧化物、硫氧化物也会对环境形成污染,煤在气化和液化过程中还会排出大量污染物。

石油在加工、炼制过程中,产生的废气有硫氧化物、氮氧化物、一氧化碳和氨等,产生的废水中含有氯化物、悬浮物体、油脂、溶解固体、氨态氮、磷酸盐等,其污染物的数量较大。

3. 使用时对环境的影响

由于目前世界上能源消耗以化石燃料为主,而化石能源除极少数用作化工原料外,大都用作燃料,其中煤炭主要用作取暖和发电,石油主要用于交通运输。

化石燃料造成的污染为燃烧时产生的各种有害气体、固体废物和余热造成的热污染。

(1)有害气体的危害。有害气体是指化石燃料燃烧时产生的硫氧化物、氮氧化物、一氧化碳、烃类和其他有机化合物等大气污染物。这些气体在大气中存在时,随着大气的环流作用向四处扩散,污染空气;另一方面,这些有害气体可以通过降水形成酸雨,污染水体和土壤。

(2)热污染。化石燃料燃烧产生大量的热能,这些热能可被利用的仅占总发热量的1/3,有近2/3的热量以余热的方式被排放到环境中去,其中有一大部分被排放到水体中,破坏水体生态系统,对水生生物的生存构成威胁。如水温升高,使藻类的繁殖速度加快,固氮藻的固氮速率增大,水体各类无机氮含量增加,水体发生富营养化,改变正常的水生生态系统。

(3)固体废物的影响。化石燃料燃烧后,产生大量固体废物会对环境产生污染。如固体废物长期堆存,不仅占用大量土地,而且会造成对水体和大气的严重污染和危害。

(二)水力发电对环境的影响

虽然水电是一种经济、清洁、可再生能源,水电本身不会对环境产生污染问题,但是水力发电需要修建水库,水库的修建如不事先充分论证,周密安排好对策,可对环境产生如下几方面的影响:

1. 自然状况

建造水库将会引起流域水文改变和库区气候改变。例如,使下游水位降低,甚至断流;由于来自上游泥沙减少,可能补偿不了海浪对河口一带的冲刷作用,使三角洲受到侵蚀;水库建成后,由于蒸发量大,气候凉爽且较稳定,降雨量减少,使水库地区的气候发生改变;巨大的水库可能引起地面沉降,甚至诱发地震。意大利的法恩特水坝于1963年坍塌,死亡2 000多人,在坍塌的前几年中,常常出现小地震。此外,库区泥沙淤积、坡岸稳定性降低、土地盐渍化也是不可忽视的破坏因素。

2. 水质变化

由于水库中各层水的密度、温度、溶解氧的量不同,因此流入、流出水库的水在颜色、气味等物理化学性质方面会发生改变。水库深层水的水温低,而且沉积库底的有机物不能充分氧化而处于厌氧分解,水体的二氧化碳、硫化氢含量明显增强,影响大气质量。例如,巴西伊泰普水库因大量热带植物腐烂而发出硫化氢的臭味,湖水也出现了酸化现象。

3. 生物方面

某些水库由于修建的地理位置和季节影响,会改变水库原来位置的生态系统状况。例如,上游原本是陆地生态系统,建成水库后则变为水域生态系统,下游则发生相反变化。生态系统的急剧改变,势必破坏原有的生态平衡,将明显影响原有的生物类群。

4. 社会经济方面

建造大型水库可获得巨大的社会经济效益,但同时也会产生其他方面的问题。例如,居民需要搬迁重新定居,自然景观、文物古迹会被湮没或破坏,等等。如果计划不周、措施不力,将会引起一系列的社会经济问题。例如,埃及修建阿斯旺水坝时,10万移民粮食安排不周,结果需要世界粮食组织进行救济。

(三)核能对环境的影响

核能源是一种清洁、安全、廉价的能源。随着化石燃料的日益匮乏和使用中对环境的严重污染,核能在未来能源应用上占有重要的地位。目前,核能在世界一次能源消费构成中所占的比例还不太高。例如,2007年,世界核能消费占总能源消费的8%左右,法国一次能源消费中,核能所占的比例最大为39.1%,而我国当时的核能消费仅占总能源消费的0.8%。随着人口的激增与工业生产的飞速发展,核能以其他能源不可比拟的优越性,被广泛地应用。

核能主要应用于发电。核能发电对环境的影响主要是原子核在裂变反应和衰变反应中形成很强的放射性裂变产物。核能发电对环境的影响主要来自于以下3个方面:

1. 核反应堆安全问题

核反应堆主要部分是核燃料、慢化剂、冷却剂、反射层、屏蔽层和控制棒等。核电站所使用的是低浓铀,组装疏松,总质量远未达到核爆炸的临界值,而且有调控装置,因此不会产生核爆炸那样大的危害。但是,如果冷却系统失灵,会使反应堆蕊温度不断升高,以至堆蕊自身熔融,造成放射性物质外溢,此时,如果没有壳密闭就容易造成严重危害。例如,1986年,前苏联发生的切尔诺贝利核电站事故就是迄今为止最大的核电事故。

2. 慢性辐射的影响问题

实际上,生物圈总是在受到低水平电离辐射。核电站对周围居民的辐射剂量,只相当于天然辐射剂量的1/5~1/6,比一次胸胃X光透视所受剂量少11倍。核电站每天对人的辐射剂量比每天看半小时电视的辐射剂量还小,因此,这种慢性辐射对人体的影响很小。但反应堆和核处理车间通过水或空气,释放出的放射性物质可在人体内各器官产生富集,对人体产生的危害应引起足够重视。

3. 放射性废物的环境问题

核电的放射性废物指核反应堆的核废料, 如果这些核废料处理不好, 产生泄漏,将会严重污染环境,对人类健康构成严重的危害。

据1996年全国放射性事故案例分析研讨会的报告资料表明,1987—1994年,我国共发生放射性事故 269 起，其中特大事故占 11%，重大事故占 45%，一般事故占 44%，造成 865 人超剂量辐射，其中 3 人死亡。近十几年来，放射性事故频发，2009 年 6 月发生的“河南钴 60 事件”再次给人们敲响了警钟。专家称，放射性事故发生率，美国每年每万枚放射源约为 0.25 次，而我国约为 5.6 次，要比美国高出 20 倍，这不能不引起我们的重视。

应该承认，核电具有潜在的危险性，但是技术的进步、安全的设计、严格的管理以及国际国内原子能安全机构的检查和监督，可以把这种潜在的危险降低到最小程度。

三、新能源开发与利用

随着经济的不断发展，能源消耗量迅速增大，使得能源问题越来越成为经济发展的突出问题。煤和石油等能源的开发利用越多，地球上储存的资源就逐渐减少，同时也带来严重的环境污染问题。因此，人们正在积极寻找各种方法和措施，大力探索和开发各种新型清洁能源。

（一）新型能源及清洁能源

新型能源是指近期和将来被广泛开发和利用的能源，清洁能源是指能源在使用过程中，不会对环境产生污染的能源。这些能源的使用，不仅会缓解目前的能源危机状况，更主要是减轻环境的压力。在这些新能源及清洁能源中，包含有太阳能、风能、潮汐能、生物能、水能、海洋能，以及氢能和地热能等，这些能源的核心为太阳能（见图 5-3）。

（二）新型能源利用与开发

1. 太阳能

热是能的一种形式，太阳光能使被照射的物体发热，证明其具有能量。这种能量来自太阳辐射，故称为“太阳辐射能”，它是地球的总能源，也是唯一的既无污染又可再生的天然能源。据估计，太阳每秒钟放射的能量相当于 3.75×10^{26} W 的能量，然而仅有 $1/(22\times10^{8})$ 的能量到达地球大气最高层，还有一部分去加热空气和被大气反射而消耗掉。即使这样，每秒钟到达地面上的能量还是高达

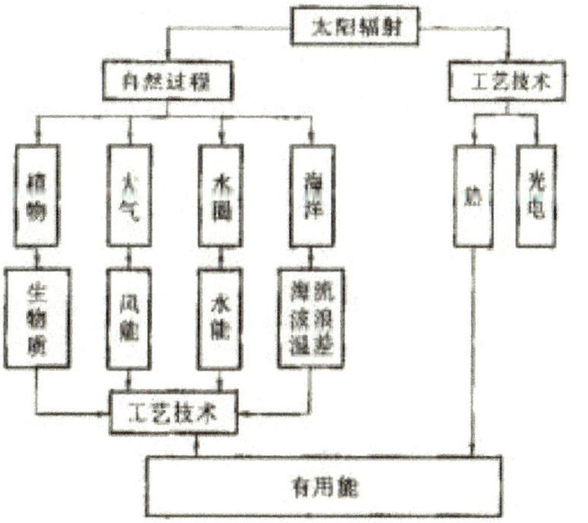

图 5-3 太阳能利用形式概念图

8.0×10^{13} kW,相当于 5.5×10^{10} t 煤的能量。直接利用太阳能,目前主要有 3 种方法,即将太阳能转变成热能、电能及化学能。

(1)太阳能直接转变成热能。太阳能的热利用是通过反射、吸收或其他方式收集太阳辐射能,使之转化为热能并加以利用。我国推广应用的太阳能热利用项目主要有太阳能灶、太阳能热水器、太阳能温室、太阳能干燥、太阳能采暖等。

(2)太阳能转变成电能。太阳能转变成电能的方法很多,其中应用较普遍的就是太阳能电池,它是利用光电效应将太阳能直接转换成电能的装置。太阳能电池有多种,主要有硅电池、硫镉电池、碲化镓电池和砷化镓 - 砷化铅电池等。现在已广泛应用于空间飞行器中的太阳能电池是硅电池,它的转化效率高,一般可达 13% ~ 20%,在宇宙空间(如卫星)中的转换效率高达 35%,它既可作为小型电源使用,又可建成大面积大功率的太阳能电站。

(3)太阳能直接转变成化学能。植物的光合作用就是把太阳能直接转换成化学能的过程。植物光合作用将太阳能转换成自身化学能效率很低,约为千分之几。为了提高太阳能的利用率,已经生产了一种使用人工“能量栽培场”的方法,即利用某些藻类催其生长,而将太阳能转换成藻类的储存热能以用来作燃料(通过处理可制成木炭、煤气、焦油和甲烷等),这种方法利用太阳能的效率可达 3%。另一种是光化学反应,利用光照下某些化学反应可以吸收光子,从而把辐射能转化成化学能,此方法现今尚处于研究试验阶段。

2. 沼气

沼气是由生物能源转变来,沼气的能量系统来自太阳的光和热。植物在生长过程中吸收太阳能贮存在体内,植物死亡后在微生物的作用下,有机质发酵分解,产生蕴藏大量能量的沼气。沼气的组成为:55% ~ 65% CH_4,35% ~ 45% CO_2,0 ~ 3% N_2,0 ~ 1% H_2,0 ~ 1% O_2,0 ~ 1% H_2S。沼气具有较高的热值,可作燃料烧饭、照明,也可以驱动内燃机和发电机。1 m^3 沼气约相当于 1.2 kg 煤或 0.7 kg 汽油,可供 3 t 卡车行驶 2.8 km。用生物质能产生沼气,既可提高热能利用率,又可充分利用不能直接用于燃烧的有机物中所含的能量,因此,发展沼气是解决农村能源问题的有效途径。在城市,也可利用有机废物、生活污水生产沼气,许多国家很早就利用城市污水处理厂制取沼气,并作为动力能源使用。发展沼气有利于环境保护,原因在于:一是沼气是较干净的再生能源,燃烧后的产物是 CO_2 和水,不污染空气;二是垃圾、粪便等有机废物及作物秸秆是产生沼气的原料,投入沼气池后,既改善了环境卫生,又使蚊蝇失去了滋生的条件,病菌、虫卵经沼气发酵后即被杀死,减少了疾病的传播;三是生产沼气的废物是很好的肥料,既有较高的肥力,又不危害人体健康,同时减少了化肥和农药施用量,降低了土壤污染,间接地保护了环境。

3. 地热能

地球内部的热量主要是由于放射性分解以及地球内部物质分异时产生的能量。

在地壳中，温度随着深度增加而均衡地增加，在 100 km 深处约为 1 000℃ ~ 1 500℃。作为热源的岩浆，浸入地壳某处并加热不透水的结晶岩浆，使其上面的地下水升温到 500℃左右，但由于顶岩封盖压力很高，所以水蒸气仍处于液体状态，需要打井才能喷出地面。

通常地热能源以其在地下热储中存在的不同形式分为蒸汽型、地压型、干热岩型、热水型和岩浆型五类。目前能被人类开发利用的主要是地热蒸汽和地热水两大类。其中干蒸汽利用最好，温度超过 150℃以上，属于高温地热田，可直接用于发电，但其数量也最少。目前世界上仅发现 5 个主要干蒸汽区，即美国加利福尼亚州盖塞斯间歇泉区、新墨西哥州克尔德拉、意大利拉德雷洛，以及日本两个地区。湿蒸汽田储量大约是干蒸汽田的 20 倍，温度在 90℃ ~ 150℃之间，属于中温地热田。湿蒸汽在使用之前必须预先除去其中的热水，所以在发电应用技术上较困难。热水储量最大，温度一般在 90℃以下，属于低温地热田，可直接用于取暖或供热，但用于发电较困难。

我国是一个地热能源十分丰富的国家，据统计，现已查明的温泉和热水点已接近 2 500 处。我国地下热水资源几乎遍布全国各地，温泉群和温泉点温度大多在 60℃以上，个别地方达 100℃ ~ 140℃。我国在开发和利用地热能源的同时，注意了地热的综合利用工作，强调地热能源的“能源”和“物质”相结合开发利用，以防止环境污染和生态系统破坏。

4. 氢能

氢能又叫氢燃料，是一种清洁能源。氢作为燃料其优越性很多，在燃烧时发热量很大，相当于同重量含碳燃料的 4 倍，而且水可以作为氢的廉价原料，燃烧后的生成物又是水，可循环往复，对环境无污染，便于运输和储藏。若以氢作为汽车、喷气飞机等交通工具的燃料和炼铁的还原剂，可使环境质量极大地改善。目前，制取氢的方法主要是电解水法，电解水法将直接消耗大量电能，每生产 14 m^3 的氢要消耗 3 000W 电能。由于效率低，投资和运行费用高，目前大量电解水制取氢的方法尚未成熟。制取氢还有热化学法、直接分解法等，均需在高温条件下完成水分解，消耗大量的热能，很不经济。氢是一种易爆物质，且无臭无味，燃烧时几乎不见火苗，这些不安全特性使氢的使用受到限制。

5. 潮汐能

潮汐是一种自然现象，是在月球和太阳引潮力作用下发生的海水周期性涨落运动。一般情况下，每昼夜有两次涨落，一次在白天，称潮，一次在晚上，称汐，合起来即为潮汐。潮汐能的利用形式目前主要有以下 3 个方面：

(1)潮汐发电。在海湾或潮汐河口建筑闸坝，形成水库，并在其旁侧安装水电机组。涨潮时海水由海洋流入水库，退潮时水库水位比海洋水位高，从而形成库内潮位差。利用潮汐涨落潮差能量，推动水轮发电机组发电。据估计，世界潮汐能源总量不到水力资源的1%，世界第一座大型潮汐发电站建立于法国拉朗斯，其发电能力为2.4×10^5 kW。

(2)潮汐磨。在港湾筑坝，利用潮汐涨落水位差作为原动力，推动水轮机旋转，带动石磨进行粮食和其他农副产品加工。

(3)潮汐水轮泵。在潮流界以上的潮区界河段，有潮水顶托的江河淡水，江河潮差可达2～3 m，江边还有一定量的河网港浦作为淡水蓄能水库，因此可利用这些条件建泵站来解决灌溉问题。

6. 风能

风能利用就是把自然界风的能量经过一定的转换器，转换成有用的能量，这种转换器为风力机，它以风作为能源，将风力转换为机械能、电能和热能等。我国风能利用主要有风力发电、风力提水和风帆助航等几种形式。风作为一种自然能源，是一种无污染、廉价、取之不尽、用之不竭的能源。在整个大气中，总风能估计是3.0×10^{14} kW，其中约1/4在陆地上空，地球上全年的风能约等于1.0×10^{12} t标准煤的发电量。风具有非经常性和定向性，并具有一定的平均风速才能利用，因而在不同地区充分利用风力资源作为补充能源有一定意义。

第七节　人口增长对资源和环境的影响

一、世界和中国人口发展状况

(一)人口与人口过程

人口是生活在特定社会、特定地域、具有一定数量和质量，并在自然环境和社会环境中同各种自然因素和社会因素组成复杂关系的人的总称。

人口过程是人口在时空上的发展和演变过程，它大致包括自然变动、机械变动和社会变动。人口自然变动是指人口出生和死亡，变动的结果是人口数量增加和减少。人口机械变动是指人口在空间上的变化，即人口的迁入与迁出，变化的结果是人口数量在空间上发生人口分布和人口密度的改变；社会变动指人口社会结构改变(如职业结构、民族结构、文化结构和行业结构等)。人口过程反映了人口与社会、环境的相互关系。

反映人口过程的自然变动指标是人口出生率、死亡率和自然增长率。人口自然增长率与出生率和死亡率的关系是

$$自然增长率=出生率-死亡率$$

反映人口过程、人口增长规律的指标还有指数增长、倍增期等。指数增长是指在一段时期内，人口数量以固定百分率增长；倍增期表示在固定增长率下，人口增

长 1 倍所需的时间,其计算公式为

$$T_d = 0.7 / r$$

式中:T_d 为倍增期,r 为年增长率。

根据上式,若人口增长率为 $r=1\%$,则 70 年后,人口增长 1 倍;若 $r=2\%$,则 35 年后,人口增长 1 倍;若 $r=7\%$,10 年后人口增长 1 倍; $r=10\%$,7 年后人口增长 1 倍。

(二)世界人口发展状况

1. 发展趋势

综观世界人口发展的历程,大致经历了 3 个历史阶段(见图 5-4)。

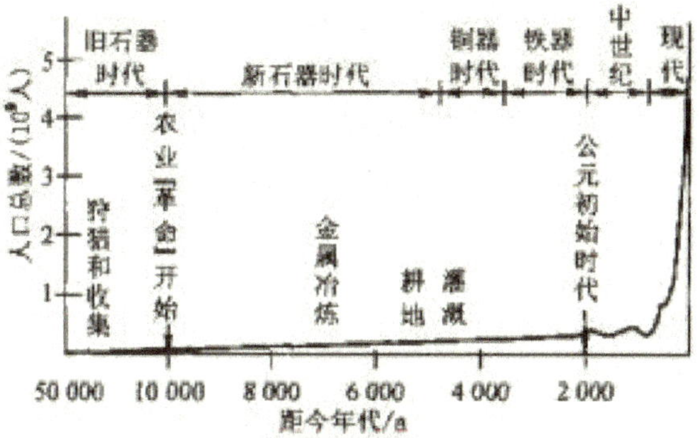

图 5-4 世界人口发展的历史阶段(Ehrlich et al, 1977)

(1)高出生率、高死亡率、低增长率阶段。自人类诞生直到工业革命以前,世界人口发展绝大部分处于这个阶段。在这段漫长的时期,世界人口总数很少,据估算,每 200 km^2 少于 1 个人,平均每千年增长 20‰,比现在慢约 1 000 倍。

(2)高出生率、低死亡率、高增长率阶段。工业革命之后,人类社会的生产力水平迅速提高,人们生活和医疗卫生水平也有显著改善,世界人口于 1600 年达到了 5 亿。到 1800 年,经过 200 年的工业革命,人口达到 10 亿。尤其是第二次世界大战后,世界人口增长达到了历史高峰,出现了人口爆炸的局面,以至 300 年来人口增加了约 10 倍。

(3)低出生率、低死亡率、低增长率阶段。由于种种原因,欧美发达国家中,人口的自然增长率呈现下降趋势,有一些国家出现人口零增长甚至负增长现象,但发展中国家的人口依然继续增长。从全球看,人口增长速度开始减缓,但全世界每年仍能增加近 1 亿人。

2. 增长特点

(1)随经济的发展而有所不同。由表 5-3 可见,发达国家人口出生率下降,发展中国家人口猛增。自 20 世纪 60 年代起,发达国家就出现了人口增长率下降趋势,而不发达国家人口增长率呈上升起势。

表 5-3 近 1 000 年来发达国家和发展中国家每年平均人口增长率

时期 /a	平均人口增长率 / %		
	发达国家	发展中国家	全世界
1000－1750	－	－	0.10
1750－1800	0.40	0.40	0.40
1800－1850	0.70	0.50	0.50
1850－1900	1.00	0.30	0.50
1900－1950	0.75	0.80	0.80
1950－2000	1.10	2.3	1.9

(2)年龄结构两极分化。发达国家面临人口老化问题,而发展中国家年轻型人口偏多。例如,1986 年,约旦 14 岁以下儿童为 51%,英国该数字为 19%,法国为 20.8%。从全球来看,世界人口正在老龄化,年龄中值从 1950 年的 22.9 岁提高到 1985 年的 23.3 岁,又提高到了 2005 年的 28 岁左右。预计到 2050 年,年龄中值将接近 40 岁。

(3)城市人口急剧膨胀。近几十年来,城市人口增长达到惊人的程度。到 2008 年底,世界半数人口已生活在城市里,这是有史以来城市居民首次达到人口的半数。到 2050 年,全球估计会有 70%的人口为城市居民。1950 年,全球仅有纽约和东京两个人口超过 1 000 万的特大城市;1975 年,上海加入特大城市行列;2004 年,特大城市的数量飙升到 22 个,其中包括北京。联合国调查显示,世界第一大都市——东京 1995 年人口 3 360 万,2010 年为 3 670 万,预计到 2025 年将达 3 710 万。

3. 世界人口预测

按目前年龄结构和增长率预测,到 2025 年世界人口将超过 80 亿,并继续增长,到 21 世纪末至 22 世纪初世界人口才能达到稳定值(图 5-5)。联合国及世界银行对此稳定值作了预测,到 2100 年,预测人口低值为 72 亿,高值为 149 亿。

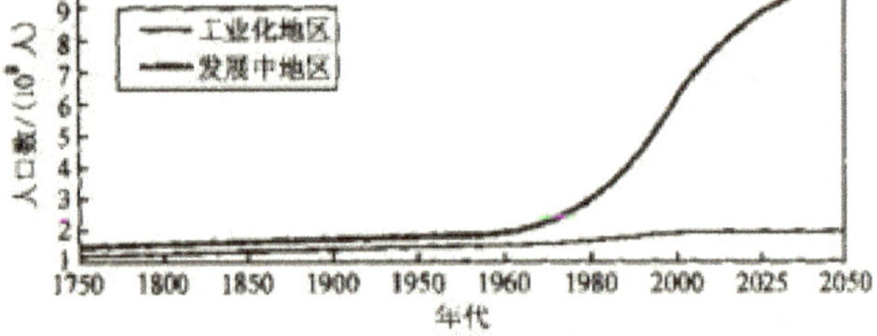

图 5-5 世界人口增长趋势

(三)中国人口发展状况

1. 中国人口发展特点

新中国成立以来,我国人口发展规律具有以下基本特点:

(1)人口增长速度快。1684 年,我国历史上第一次超过了 1 亿人口大关。新中国成立后,由于人口问题失策,使人口增长速度加快,1984 年全国人口总数已突破 10 亿,比 1949 年增加了 4.93 亿人,这 35 年经历了 4 个阶段(表 5-4)。我国人口到 1995 年 2 月 15 日已达到 12 亿,并于 2005 年 1 月 6 日达到 13 亿。

表 5-4 1949-1984 年人口增长阶段

时期	高峰期(1949-1957)	低谷期(1958-1961)	高峰期(1962-1973)	下降稳定期(1974-1984)
人口年平均自然增长率 /‰	22.4	4.6	25.6	13.9

(2)农村人口比重大。我国农村人口基数大,农业人口占总人口比例高。2002 年我国农业人口为 8.523 3 亿,占世界农业人口 25.884 25 亿的 32.9%。

(3)人口城市化加快。人口城市化是指变农村人口为城市人口,或变农业人口为非农业人口,由农村居住变为城市居住的人口分布变动过程。1980 年以前,我国人口城市化进程缓慢,城市化程度处于较低水平。20 世纪 80 年代以来,随着经济繁荣、工业发展,农村大量剩余人口涌入城市,使城市人口迅速增加。1965 年,我国城市人口占总人口比例为 18.2%,1995 年为 30.3%,2004 年底达到 41.76%。随着我国社会经济不断发展及户籍制度改革,城镇人口还会进一步增加,预计到 2025 年我国城市人口比例将达到 58%,2050 年则达到 70%左右。

(4)人口老龄化。少年人口比重逐渐降低,由 1985 年的 30.3%下降到 2007 年的 19.4%,老年人口比重逐年上升,65 岁以上老年人口由 1990 年的 5.1%上升到 2007 年的 8.1%。但总的看,我国人口年龄结构仍然属成年型,好于发达国家。

(5)男女性别比偏高。我国人口男女性别比不仅显著高于发达国家,而且也稍高于某些发展中国家,特别自 20 世纪 80 年代以来,我国出生性别比持续升高。1982 年全国第三次人口普查,全国的出生性别比为 108.5;1987 年,1%人口抽样调查为 110.9;1990 年第四次全国人口普查为 111.3;1995 年,1%抽样调查为 115.6,到 2000 年变为 116.9。据第五次全国人口普查显示,到 2000 年 11 月 1 日,全国各省、自治区和直辖市的出生性别比是 100:116.9,除新疆和西藏等个别自治区外,都高出正常范围。2005 年,我国出生性别比为 118.88,与正常值 104~107 严重偏离,江西、广东、海南、安徽、河南五省的出生性别比甚至超过 130。人口性别比差异是导致社会不稳定的重要因素之一,应该得到足够重视。

(6)人口分布不均。我国人口分布格局,从黑龙江省瑷辉到云南省腾冲划一条直线,该线的西北约占全国总面积的64%,但人口只占全国总人口4%,而该线的东南,占总面积36%的土地上生活着96%的人口。这是由于社会、经济、政治和自然多方面因素造成的。

(7)人口素质亟待提高。建国后,我国人口素质的改善是在一个较低水平上开始。随着我国社会经济迅速发展,人民物质文化生活水平不断提高,我国人口的身体素质和科学文化素质都有了明显提高。我国人均寿命从1949年的35岁提高到2005年的72.27岁,人口死亡率由1949年的20‰降至2005年的6.94‰;人均受教育年限1990年达到5.18年,每万人大学生数由1952年的3.3人增加到1994年的23.4人,学龄儿童入学率已达98.4%;1987年我国人文发展指数(人文发展指数是衡量社会经济发展程度的指数,它主要由人口预期寿命、识字率或受教育程度和按国际购买力平均计算的国民生产总值而得。指数值在0~1区间,越大表明发展程度越高)达到0.716。

尽管我国人口素质有了明显提高,但整体科学文化素质仍然处于较低水平。国民受教育程度与发达国家相比,还存在较大差距。特别是文盲、半文盲人口中,还有一部分是青少年,全国仍有2%~3%的学龄儿童没有入学。

2. 我国人口发展趋势

经有关专家预测我国人口发展趋势有以下几个特点:

(1)目前生育率经过30年的控制已达到较低水平,自然增长率已由1974年22.2‰下降到1999年的8.77‰,几乎降低了近2/3,这在世界人口史上是罕见的,但生育率继续下降的余地已经不大。

(2)由于20世纪六七年代生育高潮形成的人口年龄结构的影响,在1995年前后形成一个生育高峰,平均每年进入婚育年龄的人数在1 100万对以上,生育率的降低较为困难。

(3)目前,我国人口死亡率较低,随着经济发展、生活水平和医疗水平的进一步提高,死亡率有可能继续下降。

(4)人口城乡结构比较落后,乡村人口比重依然很大,且在相当长时间里降低乡村人口生育率仍然较为困难。

综上所述,以目前超过13亿人口为基础,人口增长率能继续得到控制,到21世纪中期将达到16亿。人口学家普遍认为,这是中国人口的极限,即中国土地可负荷和供养的最大人口数。此后我国人口数会略有回落,并在某一时期到达最佳人口数而稳定下来。

二、人口对自然资源的压力

随着全球人口的不断增长,必然要大量开发和利用土地、森林、草原、水资源、能源和矿产等各种资源，从而对地球上的环境资源产生巨大影响。下面分析人口增长对资源的压力、影响，以及环境资源对人口的承载能力。

(一)人口增长对土地资源的压力

人口增长使得人口与耕地的矛盾尖锐化。我国耕地约 1.2×10^8 hm^2，占总土地面积不足 10%。“用占世界 7%的土地养活了占世界 22%的人口，”此话一方面说明了我国农业取得的惊人成绩，另一方面却反映了人口与耕地的矛盾。这种矛盾具体表现在：

(1)人口增加，人均耕地日趋减少。现在人均耕地不足 0.1hm^2，只有世界平均水平的 1/4。据估计，到 21 世纪中叶，人均耕地将减少到国际公认的警戒线 0.05 hm^2。

(2)为保证粮食供应，加快开发土地，致使土质恶化愈加严重。全国超过 1/3 土地受水土流失危害，每年损失土壤 5.0×10^9 t；有 3.93×10^6 hm^2 农田受到沙漠化威胁；因开发使大片土地肥力下降，腐殖质减少。

(3)建筑及工业占用土地使耕地不断减少。

虽然我国粮食产量在逐年增加，但由于人口增长较快，人均粮食产量增长却较慢，这种状况不能不引起重视(见图 5-6)。按照我国目前的生产力，需要人均 0.2 hm^2 的土地，才能最低限度地养活全部人口，以及支持经济和工业的适度发展。然而，当前我国人均土地面积只有上述面积一半，加之土地质量和面积在不断减少，所以人口对土地压力的形势十分严峻。为此，必须采取强有力措施，力争把人口与土地资源的矛盾，从恶性循环状态向良性循环状态转变。

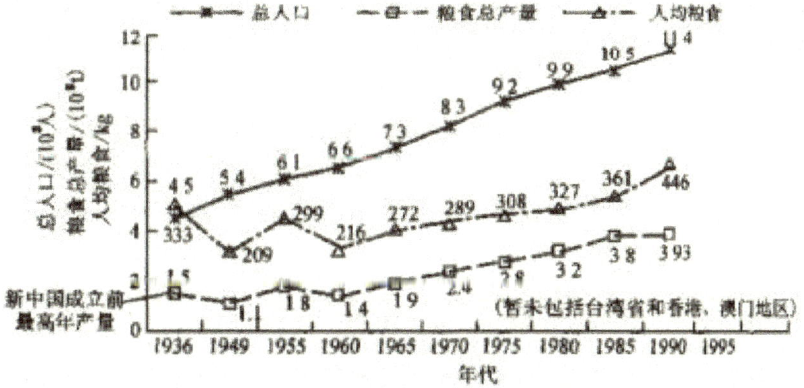

图 5-6 中国人口和粮食的增长情况

资料来源：关伯仁. 环境科学基础教程[M]. 北京：中国环境科学出版社，1995.

(二)人口增长对森林资源的压力

人口增长使森林资源的供需矛盾尖锐化。我国在历史上曾是一个森林资源丰富的国家，但随着人口和耕地需求增加，大量森林被砍伐破坏，使我国变为一个少林国。虽然经过全民植树运动、三北防护林等生态工程建设，使森林覆盖率有所提高，但仍然远低于世界森林覆盖率的平均水平。人均森林面积为 0.145 hm^2，只及世界人均水平的 1/4。在世界 160 个国家和地区中，我国森林覆盖率只有全球平均水平的 2/3，仅排在世界第 139 位。

由于我国人均占有林木蓄积量很低，森林资源已经承受了过重的压力。加之人口增长和经济建设需要，导致过量开采；农村人口增长和能源缺乏，导致乱砍滥伐；人口增长对粮食和土地的需求，加剧了毁林开荒，这些都使我国森林资源遭到严重破坏。

（三）人口增长对水资源的压力

人口增长使得水资源缺乏日趋严重。我国水资源总量并不少，按年降雨量计，全国年降水量约为 60 000 亿立方米，相当于全球降水量的 5%，居世界第三位；按地表径流量计，我国多年平均河川径流量为 2.7×10^{12} m^3，多年地下水资源量为 8.288×10^{11} m^3。以上各项合计，全国水资源总量为 2.8×10^{12} m^3，居世界第六位，仅次于巴西、俄罗斯、加拿大、美国和印度尼西亚。但由于我国人口众多、幅员辽阔，按人口和耕地平均计算的年径流量都不高。我国人均水资源量为每人每年 2 580 m^3，只相当于世界人均水资源占有量的 1/4，居世界第 110 位；单位耕地面积占有水资源量为世界平均水平的 80%，远低于印度尼西亚、巴西、加拿大、日本等国。因此，我国水资源并不十分丰富。

由于我国人口众多，尤其是城市化快速发展，城市人口剧增，耗水量也随之剧增，水资源短缺问题严重，水资源供需矛盾十分突出。从 1972 年开始的黄河断流现象，就是水资源日渐枯竭的集中表现。进入 20 世纪 90 年代以来，黄河断流越来越严重，断流天数逐年增加，1992 年为 70 天，1995 年为 122 天，1996 年增加至 133 天，1997 年断流现象最为严重，竟增加至 226 天，黄河下游几近干涸，不能不引起我们的警觉。

此外，人类活动造成的水污染及人类在用水过程中的浪费，也是造成水资源短缺的重要因素。

（四）人口增长对能源的压力

人口增长必然会使我国能源供给长期短缺的状况日趋严重。我国已探明煤炭储量 1.0×10^{12} t，陆上石油储量 $(3.0\sim100)\times10^{9}$ t，海洋石油储量 5.3×10^{9} t；2008 年原煤产量 27.93 亿吨，居世界第一，石油产量 1.9 亿吨，居世界前列，可以称得上是能源大国。但能源人均占有量很少，特别是同工农业快速发展的要求仍有很大差距。因此，能源短缺一直是制约我国经济发展的因素。

据报道，我国人口将一直增长至 2050 年，如按小康水平的人均能耗 1.5 ~ 1.6 t

标准煤计算，每年都要增加数量庞大的的标准煤。这种逐年增长的能源消耗，加上中国以煤为主的不合理能源结构，对环境产生巨大的压力。

（五）人口增长对物种资源的压力

我国是物种繁多、生物资源丰富的国家。据计算，中国生物资源的经济价值在1 000亿美元以上。但在人口急剧增加的情况下，为解决吃饭问题和发展经济，毁林开荒、焚草种地、围湖造田、滥伐森林、向荒野和滩涂进军，以及大批水利工程、交通建设和开发区兴建，等等，破坏了生物栖息地，许多珍贵物种的生存环境缩小。例如，白暨豚、熊猫等珍贵物种分布区面积和种群数量都显著减小。其中，属于中国特有的珍贵野生动物濒危物种有320多种，濒危珍稀植物有360多种。生物资源的减少将损害中国的生态潜力，特别是对农业的打击可能非常严重。

三、环境与人口承载能力

（一）地球人口环境容量

地球环境是人类赖以生存的场所。地球上究竟能容纳多少人口，是全人类共同关心的重大问题。众所周知，地球陆地是有限的，其能提供给人类的生物生产量也是有限的，因此，地球环境对人口的承载能力不可能是无限的。

根据联合国预测，如按目前45年的人口倍增期计算，1990年世界人口为53.2亿，到2035年增长至106.4亿，2080年达到212.8亿，800年后世界人口可达千万亿的天文数字。如果届时地球上全部土地（包括山脉、沙漠和南极洲）均被人们所居住，其人均占地仅为1.5m^2，已经无耕地可言了。

地球环境对人口的承载能力，或称人口环境容量，是指一定的生态环境条件下，地球对人口的最大抚养能力或负荷能力。通常我们所说的地球环境的人口承载能力，并不是指生物学上的最高人口数，而是指一定生活水平和环境质量状况下所能供养的最高人口数，其随生活水准的不同而异。因此，如果把生活水平的标限定得较低，甚至仅维持在生存水平，那么人口环境容量就可认为接近生物学上的最高人口数；如果生活水平的目标定得恰当，人口环境容量即可认为是经济适度人口。国际人口生态学界将世界人口容量定义为：在不损害生物圈或不耗尽可合理利用的不可更新资源的条件下，世界资源在长期稳定状态下所能供养的人口数量。这个定义强调了人口容量是以不破坏生态环境的平衡与稳定，并保证环境资源的永续利用为前提。

（二）中国人口环境容量

对中国人口环境容量问题，许多学者做过研究。马寅初先生早在1957年就提出中国最适宜的人口数量为7亿~8亿;同年孙本文教授也从中国当时粮食生产水平和劳动就业角度,提出了相同看法。田雪原、陈玉光(1980年)从就业角度研究了中国适宜人口数量,认为100年后中国经济适宜度人口应在6.5亿~7.0亿之间。胡保生等应用多目标决策方法,选择社会、经济、资源等20多个因素进行可能度和满意度分析,提出中国100年后的人口总数应保持在7亿~10亿为好。宋健等也从食品和淡水资源的角度出发,估算出100后中国适宜度人口数量应保持在7亿或7亿以下,若按发展中国家平均用水标准,则应控制在6.3亿~6.5亿之间。根据上述学者的研究结果,可以认为我国人口环境容量应在6.5亿~8.0亿之间。

人口容量的制约因素很多,许多学者认为,自然资源和环境状况是人口容量的主要限制因素。多年来,我国对环境污染防治和自然生态保护虽然取得了显著成效,但目前我国的环境状况仍不容乐观。对我国环境状况的基本估计是:局部有所改善,总体还在恶化,前景令人担忧。因此,如从环境保护的角度看,目前我国的人口数量已远远超过了环境的承载能力。在未来相当长时间里,我国人口数量将进一步增长,而资源和环境状况基本成定势,人口环境容量超负荷状况将较长期存在下去,这种状况无疑将对我国社会、经济和环境产生非常深远的影响。

第六章　环境管理与保护对策

环境管理产生于环境保护实践,又在环境保护实践中发展起来。环境管理通常包含两层含义:一是将环境管理作为一门学科,它是环境科学与管理科学交叉渗透的产物,是在环境管理实践基础上产生和发展起来的一门科学,是以实现国家可持续发展战略为根本目的,研究政府及有关机构依据国家有关法律、法规,用一切手段来控制人类社会经济活动与自然环境之间关系的科学;二是将环境管理作为一个工作领域,它是环境保护工作一个重要组成部分,是环境管理学在环境保护实践中的运用,主要解决环境保护的实践问题,是政府环境保护行政管理部门一项最主要的职能。

第一节　环境管理

一、环境管理基本概念

环境管理概念和方法随着环境问题的发展,尤其是随着人们对环境问题认识的不断提高而发生变化。

早在20世纪七八十年代,人们对环境管理的理解,仅停留在环境管理的微观层次上。把环境保护部门视为环境管理的主体,把环境污染源视为环境管理的对象,并没有从人的管理入手,没有从国家经济、社会发展战略的高度来思考。

到20世纪90年代,人们对环境管理有了新的认识。根据学术界对环境管理的认识,可以把环境管理概念概括如下:所谓环境管理是将环境与发展综合决策与微观执法监督相结合,运用经济、法律、技术、行政、教育手段,对损害环境质量的主体及其活动施加影响,以协调经济发展与环境之间的关系,达到既要发展经济满足人类的基本需要,又不超出环境的容许极限。

环境管理这一概念的变化,反映了人类对环境保护规律认识的深化程度。由此,可以得出以下结论:

(1)环境管理的核心是对人的管理。人与环境是对立统一的关系,在这一对矛盾中,人是矛盾的主体,是产生各种环境问题的根源。长期以来,环境管理通常将污染源作为管理对象,使环境管理工作长期处于被动局面。因此,环境管理只有对损害环境质量的人的活动施加影响,才能从根本上解决环境问题。

(2)环境管理部门是国家重要的职能部门。环境管理的好坏直接影响一个国家或一个地区可持续发展战略实施的成败，影响人与自然能否和谐相处，共同发展。它不仅仅是一个技术问题，也是一个重要的社会经济问题。环境管理涉及社会领域、经济领域和资源领域在内的所有领域，其内容非常广泛和复杂，与国家其他管理工作紧密联系、相互影响和制约，成为国家管理系统重要组成部分。

(3)环境管理要协调发展与环境之间的关系。主要是针对次生环境问题，采取积极有效的经济、行政、法律和教育手段，限制或禁止危害环境质量的活动，达到解决由于人类活动所造成的各类环境问题。

二、环境管理目的和内容

环境管理目的是基于对环境问题的思考，人们改变自身一系列基本环境观念，从宏观到微观对人类自身的行为进行管理，控制人类与环境系统之间的物质流，以尽快的速度逐步恢复被损坏了的环境，并减少甚至消除新的发展活动对环境结构、状态、功能造成新的损害，保证人类与环境能够持久、和谐、协调发展。

依据这一目的，环境管理的基本任务就是转变人类社会的一系列基本观念和调整人类社会的行为，促进整个人类社会的可持续发展。

人是各种行为的实施主体，是产生各种环境问题的根源。因此，环境管理的实质是影响人的行为，只有解决人的问题，从自然、经济、社会三种基本行为入手开展环境管理，环境问题才能得到有效解决。环境管理的内容可以从以下几个角度进行划分：

1. 从环境管理范围来划分

(1)资源环境管理依据国家资源政策，以资源合理开发和持续利用为目的，以实现可再生资源恢复和扩大再生产、不可再生资源节约利用和替代资源开发为内容的环境管理。资源管理的目标是在经济发展过程中，合理使用自然资源从而优化选择。

(2)区域环境管理。区域环境管理是以行政区划分归属边界，以特定区域为管理对象，以解决该区域内环境问题为内容的一种环境管理。

(3)部门环境管理。部门环境管理是以具体单位和部门为管理对象，以解决部门内环境问题为内容的一种环境管理。

2. 从环境管理性质来划分

(1)环境计划管理。环境计划管理是依据规划计划而开展的环境管理，包括工业企业污染防治计划、城市污染控制计划、流域污染控制规划、自然环境保护计划、环境科学发展计划，以及区域环境规划等。

(2)环境质量管理。环境质量管理是一种以环境标准为依据,以改善环境质量为目标,以环境质量评价和环境监测为内容的环境管理。如组织制定各种环境质量标准、各类污染物排放标准和监督检查工作,组织调查、监测和评价环境质量状况,以及预测环境质量变化趋势。

(3)环境技术管理。环境技术管理是一种通过制定环境技术政策、技术标准和技术规程,以调整产业结构,规范企业生产行为,促进企业技术改革与创新为内容,以协调技术经济发展与环境保护关系为目的的环境管理。主要包括确定环境污染的防治技术路线和技术政策,确定环境科学技术发展方向,组织环境保护和技术咨询和情报服务,组织国内外环境科学技术合作交流等。

三、环境管理基本方法

(一)环境管理一般方法

环境管理在解决各种环境问题过程中,都需要运用科学方法,寻求解决环境问题的最佳方案。环境管理一般程序大致可分为如下5个阶段:

(1)经过深入调查研究,明确主要环境问题。

(2)鉴别分析可能采取的对策,在明确问题基础上,提出环境管理可能采取的各种方案,然后进行费用和收益比较,通过鉴别与分析,明确可能采取的方案。

(3)制定计划/规划。根据方案,制定短期计划和长远规划。

(4)执行计划/规划。实施环境管理方案。

(5)调查评价及调整对策、规划。对环境管理方案的执行情况进行调查分析,对其结果进行评价,对方案中不合理部分进行调整,重新制定环境规划。

上述各种步骤根据不同的环境问题,可以通过不同的方法进行,而这些步骤之间虽相互有关,但并非总是依次相连。所要解决的环境问题不同,其步骤和相关顺序不尽相同。

(二)环境管理预防方法

预测是对事物的发展过程和趋势预先推定,环境预测有许多分类方法。

根据预测方法的特点可分为定性预测、定量预测和模拟预测3大类;根据预测的内容,可分为污染物排放量预测,环境污染趋势预测,生态环境变化趋势预测,经济社会发展的环境影响预测,区域政策的环境影响预测,还有科学技术发展的环境影响预测等。要实现科学预测,必须在调查研究或科学实验基础上进行。通过对过去和现状的调查及科学实验获得大量资料、数据,经过分析研究找出能反映事物的变化规律,借助数学、计算机技术等科学方法,进行信息处理和判断推理,对未来一定时间环境发展变化和趋势做出符合实际的预测。

(三)环境管理决策方法

环境管理决策就是决策理论与方法在环境保护领域的具体应用，是环境管理的核心。科学的环境管理决策,是提高社会、经济和环境3种效益的根本保证。

就一般管理而言，其决策方法有十几种，常用的环境管理决策方法有决策树法、决策矩阵法、单目标及多目标数学规划法等。决策树法与决策矩阵法多用于管理目标量纲一致的决策分析;单目标数学规划法常用于确定型决策;多目标数学规划方法则用于非确定型决策。

(四)环境管理系统分析方法

环境管理系统分析方法的特点是将研究的管理对象作为系统进行描述，从系统的总体优化出发，采用各种分析工具和方法,对系统进行定性和定量分析。因此,对解决面广、综合复杂的环境问题十分有效,常常能获得理想的效果。

环境管理系统分析方法主要包括描述问题和收集整理数据、建立模型、优化三个步骤。在系统分析阶段建立的模型中,主要包括功能模型与评价模型两大类。功能模型能定量地表示系统的性能，如环境质量数学模型、污水处理工程的系统模型、区域环境规划的系统模型等。对系统进行评价主要依据功能、费用、时间、可靠性、可维护性和灵活性等因素加以综合考虑。因此,应用系统分析方法管理环境是环境管理向科学化、现代化方向发展的一个重要标志。

四、环境管理主要手段

环境管理手段是指为实现环境管理目标,管理主体针对客体所采取的必须、有效的手段。

(一)环境管理法律手段

环境管理法律手段是指管理者代表国家和政府,依据国家环境法律、法规,对人们的行为进行管理以保护环境的手段。依法管理环境是控制并消除污染、保障自然资源合理利用并维护生态平衡的重要措施,是其他手段的保障和支持,通常亦称为“最终手段”。目前,我国已初步形成了由国家宪法、环境保护法、环境保护相关法、环境保护单行法和环保法规等组成的环境保护法律体系,这是强化环境监督管理的根本保证。

应当指出的是,在市场经济体制和法律体系比较完备的工业发达国家中,环境管理法律手段运用得较好;而在发展中国家,法律手段所发挥的作用较小,这是世界范围内具有普遍性的问题。可以预见,随着社会法制化进程加快,这种差距将不断缩小。一个有法可依、有法必依、执法必严、违法必究的环境保护执法风气在中国正逐步形成。

(二)环境管理经济手段

环境管理经济手段是指管理者依据国家环境经济政策和经济法规，运用价格、成本、利润、信贷、利息、税收、保险、收费和罚款等经济杠杆来调节各方面经济利益关系，规范人们宏观经济行为，培育环保市场以实现环境和经济协调发展的手段，即利用价值规律管理环境。环境管理经济手段的核心作用是贯彻物质利益原则，通过各种具体的经济措施不断调整各方面的经济利益关系，限制损害环境的经济行为，奖励保护环境的经济活动。例如，国家实行排污收费、综合利用利润提成、污染赔偿等制度，通过经济手段，把企业局部利益同全社会共同利益有机地结合起来。

企业行为是经济行为，制约和规范经济行为最有效的手段是经济手段。在环境管理中，要使经济手段发挥应有的作用，经济处罚或收费的额度必须超过其因减少环境保护投入所节省下来的费用，企业才能积极主动地调整自己的经济行为，开展污染预防和治理工作。

(三)环境管理行政手段

环境管理行政手段是指国家行政机关利用行政权力，对开发利用和保护环境活动进行行政干预的措施，主要包括：规划和计划、划定管理区、环境影响评价、发布禁令、发放许可证、“三同时”制度、排污申报登记、限期治理、环境保护目标责任制等。我国传统环境管理侧重于行政手段，仅从数量上看，新老八项环境管理基本法律制度中，除排污收费制度外，其余七项皆为行政手段。在世界范围内，行政手段不仅在早期环境保护中举足轻重，在现代环境管理中也不可取代。如美国《国家环境政策法》最早设立环境影响评价制度，使其成为美国环境管理支柱制度之一，其影响波及全世界。行政手段对我国环境管理制度的创立与发展也是功不可没，开创了环境管理制度从无到有的先河。在我国，政府主要运用行政手段进行环境管理，在运用市场机制加强环境保护方面尚不够完善，环境政策法律透明度低。

(四)环境管理技术手段

环境管理技术手段是指管理者为实现环境保护目标，所采取的环境工程、环境检测、环境预测、评价、决策分析等技术，以达到强化环境执法监督的目的。环境管理技术手段分为宏观管理技术手段和微观管理技术手段。

宏观管理技术手段是指管理者为开展宏观管理所采用的各种定量化、半定量化，以及程序化分析技术。这类技术包括环境预测技术、环境评价技术和环境决策技术。

微观管理技术手段是指管理者运用各种具体的环境保护技术来规范各类经济行为主体的生产与开发活动，对企业生产和资源开发过程中的污染防治、生态保护活动实施全过程控制和监督管理的手段。

按照环境保护的作用来划分，微观管理技术可分为预防技术、治理技术和监督技术。

按照环境保护技术的应用领域来划分，微观环境管理可分为污染防治技术、生态保护技术和环境监测技术三类。

（五）环境管理教育手段

环境管理教育手段是指运用各种形式开展环境保护的宣传教育，以增强人们的环境意识和环境保护专业知识的手段。环境教育的根本任务是提高全民族的环境意识和培养环境保护方面的专业人才。环境教育包括专业教育、基础环境教育、公众环境教育和成人环境教育四种形式。

专业教育即全日制普通高等学校（包括大专生、本科生、研究生）、中等专业学校环境保护类的学历教育；基础环境教育即大、中、小学所开展的环境保护科普宣传教育；公众环境教育是公民素质教育的重要组成部分，是监督国家和政府环境行为的社会基础；成人教育即在职岗位培训教育或继续教育。“九五”期间，国家环保局在全国环境保护系统开展的岗位培训就达 7 万人次，在普通高校中，也有相当数量的院校开设了成人环境类职业教学点。以上四类教育相互补充、互相促进，构成了环境教育的全部内容。

中国环境教育要立足国情。长期以来，中国形成了以专业环境教育、公众环境教育、成人环境教育、基础环境教育先后顺序的发展模式，这在环境保护的初级阶段符合中国国情。1995 年，在厦门召开的第二次全国环境保护宣传教育会议上，国家提出了“环境保护，教育为本，宣传先行”的口号。这说明了中国将重新调整各种环境教育的发展方向和对策，即环境战略的调整，提高全民族的环境意识已成为中国 21 世纪环境教育的重要问题。为此，21 世纪中国环境教育的对策是：优先发展基础教育，加强公众教育，强化成人教育，调整和优化专业教育。

五、环境管理制度

自 1979 年以来，中国环境管理制度日益丰富与完善，并在环境监督管理中发挥了十分重要的作用。目前，比较成熟的环境管理制度有环境影响评价制度、“三同时”制度、排污收费制度、环境保护目标责任制、城市环境综合整治定期考核制度、限期治理制度、排污申报登记制度、环境标准制度、环境监测制度、环境污染与破坏事故报告制度、现场检查制度、强制应急措施制度等。正在建立和发展的环境管理制度有环境保护许可证制度、污染物排放总量控制制度、环境标志制度、落后工艺设备限期淘汰制度等。

（一）环境影响评价制度

为加强建设项目环境保护管理，严格控制新的污染，保护和改善环境，1986年3月26日，全国环境保护委员会、国家计划委员会、国家经济委员会颁布了《建设项目环境保护管理办法》，该办法适用于中国范围内的工业、交通、水利、农林、商业、卫生、文教、科研、旅游、市政等对环境有影响的一切基本建设项目和技术改造项目，以及区域开发建设项目。它规定，凡从事对环境有影响的建设项目都必须执行环境影响报告书审批制度。各级政府环境保护部门对建设项目环境保护实施统一的监督管理，各级计划、土地管理、基建、技改、银行、物资、工商行政部门都应结合该规定，将建设项目的环境保护管理工作纳入工作计划。执行防治污染及其他公害的设施与主体工程同时设计、同时施工、同时投产使用的“三同时”制度；对扩建、改建、技改工程必须对原有污染在经济合理条件下同时进行治理。建设项目建成后其污染物的排放，必须达到国家或地方规定的标准和符合环境保护的有关法规。该办法还具体规定了对建设项目环境保护有关法规：对建设项目环境影响报告书的编制要求、审批权限，以及对从事环境影响评价的单位实施资格审查制度。

环境影响评价制度为项目决策、项目选址、产品方向、建设计划和规模，以及建成后的环境监测和管理提供了科学依据。20世纪80年代末，环境影响评价工作又从过去那种单一项目孤立评价，开始逐渐转向区域性的综合性评价，这种转变不仅适应了我国区域性经济开发需要，而且为环境污染的区域性防治，尤其是为推行区域总量控制技术奠定了坚实的基础。此外，也为经济合理地解决区域环境问题和大系统的多方案优化决策创造了条件。

环境影响评价制度是环境影响评价在法律上的表现。这方面的法规有：1989年国家环保局发布的《建设项目环境影响评价证书管理办法》、1998年颁布的《建设项目环境保护管理条例》。

实行环境影响评价制度有三点重要的意义：一是可以把经济建设与环境保护协调起来，传统建设项目决策考虑的主要因素是经济效益和经济增长速度，着眼于分析影响上述因素的外部条件，很少考虑对周围环境的影响，结果导致经济发展和环境保护尖锐对立。二是可以真正把各种建设开发活动的经济效益和环境效益统一起来，把经济发展和环境保护协调起来。环境影响评价制度是贯彻“预防为主”原则和合理布局的重要法律制度。从实质上说，环境影响评价过程也是认识生态环境和人类经济活动相互制约、相互影响的过程，从而在符合生态规律的基础上，合理布局工农业生产、城市和人口结构。这样可以把人类经济活动对环境的影响减少到最低限度，通过评价还可以预先知道项目选址是否合适，对环境有无重大不利影响，以避免造成危害事实后无法补救。三是体现了公众参与原则，通过环境影响评价报告书(表)可以真正保证公众的环境知情权，杜绝那些具有潜在性和积累性的环境污染和破坏项目对公民造成的侵害。

（二）“三同时”制度

所谓“三同时”是指新扩改项目和技术改造项目的环保设施要与主体工程同时设计、同时施工、同时投产。“三同时”制度是我国早期一项环境管理制度，这项制度的诞生标志着我国在控制新污染道路上迈上了新的台阶。在全面总结实践经验和教训基础上，1986年，又对其进行了修改和完善，并由国务院环境保护委员会、国家计委、国家经委联合颁布了《建设项目环境保护管理办法》。

建设单位必须严格按照“三同时”制度的要求，在建设活动的各个阶段承担环境保护义务。如果违反了“三同时”制度的要求，就要承担相应的法律后果。

1998年，新颁布的《建设项目环境管理条例》具体规定了违反“三同时”的法律责任：试生产建设项目的环保设施未与主体工程同时投放试运行的，主管部门责令其限期改正，逾期不改正的，责令停止试生产，并处以5万元以下罚款；试生产超过3个月，未申请环保设施竣工验收的，责令其限期办理验收手续，逾期未办理的，责令停止试生产，并处5万元以下罚款；环保设施未建成、未验收或验收不合格，而主体工程正式投入生产使用的，责令其停止生产或使用，并处10万元以下罚款。因违反“三同时”制度而造成环境污染和其他公害的，除承担赔偿责任外，环境保护行政主管部门还可以对其给予行政处罚。

（三）排污收费制度

《环境保护法》第28条规定：“排放污染物超过国家或者地方规定排放标准的企业事业单位，依照国家缴纳标准排污费并负责治理。”征收的超标排污费必须用于污染的防治，不得挪作他用。《水污染防治法》第15条又进一步规定：“企业事业单位向水体排放污染物(不超标的污水)的，按照国家规定缴纳排污费。”

（四）城市环境综合整治定量考核制度

所谓城市环境综合整治，就是把城市环境作为一个系统、一个整体，运用系统工程理论和方法，采取多功能、多目标、多层次的综合战略、手段和措施，对城市环境进行综合规划、综合管理、综合控制，以较小的投入，换取城市环境质量最优化，做到“经济建设、城乡建设和环境建设同步规划、同步实施、同步发展”，以使复杂的城市环境问题得到有效地解决。

城市环境综合整治定量考核是由城市环境综合整治的实际需要而产生的，它不仅使城市环境综合整治工作定量化、规范化，而且增加了透明度，引入了社会监督机制。因此,这项制度的实施使环保工作切实纳入了政府议事日程。

(五)排污许可证制度

排污许可证制度是以改善环境质量为目标,以污染物总量控制为基础,对排污的种类、数量、性质、去向和方式等做出具体规定,是一项具有法律含义的行政管理制度。

1. 排污申报登记

排污申报登记是排污许可证制度的基础工作。目前,各地一般要求申报如下内容:①排污单位基本情况;② 生产工艺、产品和材料消耗情况(包括用水量、用煤量);③污染排放状况(包括排放种类、排放去向、排放强度);④污染处理设施建设、运行情况;⑤ 排污单位地理位置和平面示意图。

各单位的申报登记表报齐后,环保部门组织汇总建档。汇总的主要内容包括:① 各类污染物日排放量;② 各类污染物年排放总量;③ 按污染物排放量大小对申报单位排序编号;④绘制区域性污染物排放状况示意图,提出各排污口位置、排放污染物种类、数量、浓度等;⑤对各申报单位的排污情况进行系统分析、确定重点污染物控制对象;⑥建立污染申报登记档案。

2. 污染物排放总量指标规划分配

确定污染物排放总量控制指标后, 分配污染物总量削减指标是发放和管理排污许可证最核心工作。一个地区要想科学地确定污染物排放总量控制指标,并合理地分配污染物削减指标,就必须对当地环境目标、经济发展、财政实力、治理技术等因素进行综合考虑和分析。大气污染总量控制主要考虑能源结构、能源消耗量及燃烧方式等因素;水污染物总量控制主要考虑流域、区域的水量水质状况,总用水量和总排水量等因素;固体污染物总量控制主要考虑固体废弃物排放种类和总量,以及运输等因素。

3. 审核发证

排污许可证的审批主要是对排污量、排放方式、排放去向、排放口位置、排放时间加以限制。每个污染源分配的排污量必须与问题控制指标相一致,并留有一定余地。在这一阶段的工作中,需要确定排污许可证类型(临时或正式两种),与领取排污许可证的企业协商对话,最后颁发许可证。颁发许可证采取公开、公正形式,赋予其严肃性。排污许可证的审核与颁发工作,应由专人管理,从申请、审核、批准到变更,均应建立完整的工作程序。

4. 许可证监督管理

(1)建立健全管理体系。应从人员结构、职能、管理制度和程序等方面考虑,建立一整套许可证管理体系,整个体系应具备组织严密、管理灵活、运行可靠的特点,确保许可证制度发挥应有的作用。

(2)制定相应的管理制度。主要从两个方面去考虑:一是从许可证制度的协调关系考虑,如许可证制度与“三同时”和排污收费的协调关系等;二是从许可证制度本身出现的一些客观问题去考虑,如总量指标确定、指标分配和有偿转让等问题。

(3)问题监督规范化,抽查监督制度化。在推行过程中,要抓住总量计量与监督检查这两个中心环节;要完善各排污口的总量计量系统,并统一总量计量技术;此外,环保部门要加强监督检查,并使之经常化、制度化。

(六)环境保护目标责任制

1. 环境保护目标责任制概念

环境保护目标责任制就是规定各级政府行政首长对当地环境质量负责,企业领导人对本单位污染防治负责,规定他们的任务目标并列为政绩考核的一项环境管理制度。

环境保护目标责任制经过不断充实和完善,逐步形成了下列特点:

(1)有明确的时间和空间界限,一般以一届政府任期为时间界限,以行政单位所辖地域为空间界限。

(2)有明确的环境质量目标、定量要求和可分解的质量目标。

(3)有明确的年度工作指标、定量要求和可分解的质量目标。

(4)有配套措施、支持保证系统和考核奖惩办法。

(5)有定量化的监测和控制手段。

2. 实施目标责任制功能

实施环境保护目标责任制的具体作用:加强了各级政府和单位对环境保护的重视和领导,使环境保护真正纳入各级政府的议事日程,把环境保护纳入国民经济和社会发展计划,疏通了环保资金渠道;有利于协调环保部门和政府其他部门共同抓好环保工作;有利于把环保工作从过去的软任务变成硬指标,把过去单项分散治理变成区域综合防治。首先,它明确了保护环境的主要责任者、责任目标和责任范围,解决了“谁对环境质量负责”这一首要问题。其次,责任制的容量很大,各地可以根据本地区实际情况,确定责任制的指标体系和考核办法,既可以有质量指标,也可以有为达到质量所要完成的工作指标。

3. 实施目标责任制的程序

实施环境保护目标责任制,是一项复杂的系统工程,涉及面广,政策性和技术性强,任务十分繁重。其工作程序大致要经过四个阶段:责任书制定、责任书下达、责任书实施、责任书考核。

4. 责任书制定

目标责任书的制定原则主要是确定地方行政首长和企业法人对本地区、本企业应负的责任,本着积极稳妥的原则,确定具体的责任目标。这个目标既要有一定难度，又要科学合理，实事求是，要根据国家要求和本地区、本行业的实际情况，抓住重点，兼顾一般。责任书的的指标体系一般分为两部分：一是本届政府的环境目标；二是分年度的工作目标。

（七）污染集中控制制度

1. 污染集中控制制度概念

污染集中控制是创造一定条件，形成一定规模，实行集中生产和处理以使分散污染得到集中控制的一项环境管理制度。

治理污染的根本目的不是追求单个污染源的处理率和达标率，而是谋求整个环境质量的改善，同时讲求经济效益，以尽可能小的投入获取尽可能大的效益。

集中处理要以分散治理为基础。各单位分散防治若达不到要求，集中处理便难以正常运行，只有集中与分散相结合，使各单位的分散防治经济合理，才能把环境效益和经济效益统一起来。

污染集中处理的资金仍然按照“谁污染谁治理”的原则，主要由排污单位和受益单位以及城市建设费用解决。

对一些危害严重、不易集中治理的污染源，以及一些大型企业或远离城镇的企事业，仍应进行分散的点源治理。

2. 废水污染集中控制

对废水污染集中控制，目前有四种主要形式：

(1)以大企业为骨干，实行企业联合集中处理。

(2)同种类型工厂互相联合对废水进行集中控制。

(3)对特殊污染物污染的废水实行集中控制。

(4)工厂对废水进行预处理以后，送到城市综合污水处理厂进行进一步处理。

3. 废气污染集中控制

废气污染集中控制是从城市生态系统整体出发，合理规划，科学地调整产业结构和布局，特别注重改善能源利用形式。

(1)城市民用燃料向气体化方向发展。

(2)回收企业排放的可燃性气体，集中起来供居民使用。

(3)实行集中供热取代分散供热。

(4)改变供暖制度，将间歇供暖改为连续供暖。

(5)合理分配煤炭，把低硫分、低挥发分的煤优先供应居民使用，积极推广和发展民用型煤。

(6)加速“烟尘控制区”建设，对烟尘加强管理和治理，加强对锅炉厂、炉排厂、除尘器厂的管理。

(7)扩大绿化覆盖率，铺装路面，对垃圾坑、废渣山覆土造林，合理洒水，防止二次扬尘。

除以上的废水和废气集中控制之外，还有有害固体废物集中控制和噪声集中控制等。

（八）限期治理制度

限期治理制度是对严重污染环境的企事业单位及特殊保护的区域内超标排污的已有设施，由有关管理机构依法命令其在一定期限内完成治理任务，达到治理目标的法律规定。

限期治理制度是中国环境管理中一项行之有效的措施，它带有一定直接强制性，要求排污单位在特定"期限"内对污染物进行治理，并且达到规定指标，否则排污单位就要承担更严重的责任。它是减轻或消除现有污染源的污染、改善环境质量状况的一项环境法律制度，也是中国环境管理中普遍采用的一项管理制度。

限期治理包括污染严重的排放源（设施、单位）限期治理、行业性污染严重的某一区域限期治理等，具有法律强制性、明确的时间要求和具体的治理任务。可以推动污染单位积极治理污染，以及有关行业、地域的污染状况得到迅速改善，有利于集中有限的资金解决突出的环境污染问题和历史上环境疑难问题。目前，中国关于环境限期治理制度的法律主要有《环境保护法》第十八条、第二十九条、第三十九条及其他单行污染防治法律，已初步形成了比较完善的环境限期治理法律体系。

1. 限期治理对象

目前法律规定的限期治理对象主要有两类。一是排放污染物造成环境严重污染的企事业单位。对这一类污染源的限期治理，并不是超标排污就限期治理，而是造成了严重污染才限期治理。实践中通常是根据污染物的排放是否对人体健康产生严重影响和危害、是否严重扰民、经济效益是否远小于环境危害所造成的损失、是否属于有条件治理而不治理等情况，来考虑是否属于严重污染。二是位于特别区域内超标排污的污染源。在国务院有关主管部门和省、自治区、直辖市人民政府划定的风景名胜区、自然保护区和其他需要特别保护的区域内，按规定不得建设污染环境的工业生产设施；建设其他设施，其污染物排放不得超过规定的排放标推；已经建成的设施，其污染物排放超过规定排放标准的，要限期治理。例如，按照《淮河流域水污染防治暂行条例》规定，向淮河流域水体排污的单位超过排污总量控制指标排污的，由县级以上人民政府责令其限期治理；淮河流域重点排污单位超标排放水污染物的，也要由有关人民政府责令其限期治理。这种限期治理类似于特别保护区域内污染源的治理，只要超标排污（包括总量超标和浓度超标），就可限期治理。

2. 限期治理决定权

限期治理决定权不在环境保护行政主管部门,而在有关的人民政府。按照法律规定,市、县或者市、县以下人民政府管辖的企事业单位的限期治理,由市、县人民政府决定;中央或者省、自治区、直辖市人民政府直接管辖的企事业的限期治理,由中央、省、自治区、直辖市人民政府决定。《环境噪声污染防治法》对于限期治理的决定权作出了变通规定,即小型企事业单位的限期治理,可以由县级以上人民政府在国务院规定的权限内,授权其环境保护行政主管部门决定。

3. 限期治理目标和期限

限期治理目标就是限期治理要达到的结果。一般情况下是浓度目标,即通过限期治理使污染源排放的污染物达到排放标准。但是,对于实行总量控制的地区,除浓度目标外,还有总量目标,也就是要求污染源排放的污染物总量不超过其总量指标。限期治理期限由决定限期治理的机关根据污染源的具体情况、治理难度、治理能力等因素来合理确定,其最长期限不得超过 3 年。

4. 违反限期治理制度的法律后果

对经限期治理逾期未完成治理任务的,除依照国家规定加收超标排污费外,还可以根据造成的危害后果处以罚款,或者责令其停业、关闭。

第二节　环境标准

环境标准是国家环境保护法律法规体系的重要组成部分,是开展环境管理工作最基本、最直接、最具体的法律依据,是衡量环境管理工作最简单、最标准的量化标准,也是环境管理的工具之一,是为了执行各种环境法律法规而制定的必要技术规范。

一、环境标准定义

环境标准是指国家为了保护人群健康、保护社会财富和维护生态平衡,就环境质量、污染物排放、环境监测方法,以及其他需要的事项,按照国家规定的程序,制定和批准的各种技术指标与规范的总称。环境保护是从保护人群健康、促进生态良性循环出发,为获得最佳的环境效益和经济效益,在综合研究的基础上制定,经有关部门批准,赋予法律效力的技术准则。

二、环境标准主要类型

根据我国《环境保护标准管理办法》规定,我国的环境标准体系主要分为国家环境标准、地方环境标准两级和环境质量标准、污染物排放标准、环保基础标准和环保方法标准 4 类。

（一）国家环境标准

国家环境标准是指由国家专政机关批准颁发，在全国范围内或者在特定区域内适用的环境标准，如《环境空气质量标准》、《城市区域环境噪声标准》等。

按照我国标准化法规定，国家标准有强制性标准和推荐性标准之分。强制性标准是保障人体健康，人身、财产安全的标准和法律、行政法规规定强制执行的标准。在国家环境标准中，有关环境质量标准和污染物排放标准属于强制性标准。

强制性国家环境标准代号用“GB”表示，推荐性国家环境标准代号用“GB / T”来表示。

（二）地方环境标准

地方环境标准是指由省、自治区、直辖市人民政府批推颁发，在该人民政府行政区域内适用的环境标准，例如《北京市废气排放标准》。该类标准在本行政区域内属于强制性标准。一般而言，当地方执行国家污染物排放标准不适应当地环境污染物排放标准特点与要求时，省、自治区、直辖市人民政府就可以考虑制定地方污染物排放标准。在国家与地方环境标准的适用上，法律规定地方污染物排放标准优先。

（三）环境质量标准

环境质量标准是在一定时间、空间范围内，为了保护人群健康、社会物质财富和维持生态平衡，而对有害物质或因素所作的限定。

目前，我国环境质量标准主要对有害物质或因素所允许的浓度，以及在一定条件下环境应达到的目标值作出规定。如《环境空气质量标准》、《海水水质标准》、《地面水环境质量标准》、《土壤环境质量标准》、《景观娱乐用水水质标准》、《农田灌溉水质标准》、《渔业水质标准》等。

环境质量标准在整个环境标准中处于核心地位，环境质量标准是国家环境政策目标的综合反映和体现，是国家实行环境保护规划、控制污染，以及分级、分类管理环境和科学评价环境质量的基础，是制定污染物排放标准的主要科学依据。最初，环境质量标准是依据成年人对环境的接受与适应能力而制定的，但是，成年人对环境的适应能力远大于儿童和老年人，因此，如果长期按此标准，必然对弱者产生很不利的影响。在 1997 年西方七国首脑会议上，各国首脑一致认为制定环境标准必须以 3 岁儿童的身体接受能力为标准，这的确是对环境标准的一大变革。

（四）污染物排放标准

制定污染物排放标准，是为了实现环境质量标准目标，结合经济、技术条件和环境特点，对排入环境的有害物质和产生危害的各种因素所作的控制规定。中国污染物排放标准主要对污染物种类、数量和浓度作出具体规定，如《污水综合排放标准》、《恶臭污染排放标准》、《水电厂大气污染物排放标准》、《锅炉大气污染排放标准》、《船舶污染排放标准》等。

在很多国家，一般将污染物排放标准作为判断排污行为是否违法的客观标准和依据，而在我国，仅作为环境行政执法时判断企业行为是否合法的直接依据。它们主要的法律意义在于为排污收费服务：当排放污染物超过国家污染排放标准时，其后果是缴纳超标准排污费（在水污染防治法中，无论是否超标，排污者都必须缴纳排污费）；只有当超标排污既不治理，也不采取法律规定的其他措施时才构成行政违法。

（五）基础标准

基础标准是在环境保护工作范围内，对有指导意义的符号、指南、原则等所做的规定，它是制定其他环保标准的技术基础。基础标准的内容有：名词术语、符号代号、标记方法、标准编排方法等。

（六）方法标准

方法标准是在环境保护工作范围内，以抽样、分析、试验等方法为对象而制定的标准，它是制定、执行环境质量标准、污染物排放标推的基础。方法标准的内容有：分析方法、取样技术、标准制定程序、模拟公式、操作规程、工艺规程、设计规程和施工规程等。

环境标准一经批准颁布，有关单位和个人必须严格贯彻执行，不得擅自更改或降低标准。凡是向已有地方污染排放标准的区域排放污染物时，应当执行地方污染物排放标准。各级人民政府要按照环境质量标准的要求制定计划，采取措施，在规定期限内使本地区的环境质量达到规定的环境质量标准。

凡不符合环境污染物排放标准并违反有关环境标准的法律规定，应依法履行相应的法律义务或承担相应的法律责任。各级环境保护行政主管部门要为实施标准创造条件，监督、检查环境标准的执行。

三、环境标准意义和作用

（一）环境标准是制定环境保护规划、计划的依据

为实现保护人群健康，保持资源价值，维持良好的生态环境的目标，就需要使环境质量维持在一定的水平上，使环境质量及污染物排放达到一定的标准。有了环境质量标准及污染物排放标准，国家和地方政府及企业就可以根据这些标准来制

定污染控制规划、计划,便于将环境保护纳入国家的经济、社会发展计划中。

国家环保机构主要任务是抓环境保护规划、方针、政策、法规、监督和指导等重大工作,环境标准是进行这些工作的技术基础。

(二)环境标准是国家环境法律法规重里要组成部分

据统计,世界上制定环境标准的87个国家中,有一半以上国家环境标准是法制性标准。同样,中国环境标准具有法规约束性,它是为控制人们生产和生活活动造成的环境污染而制定的。在《中华人民共和国环境保护法》、《大气污染防治法》、《水污染防治法》、《海洋环境保护法》和《噪声污染防治法》等法规中,都规定了实施环境标准的条款。正因为有了各类环境标准,才使其法律法规和政策得以具体落实和执行,离开了环境标准,环境管理将寸步难行。

(三)环境标准是科学管理环境的技术基础

环境科学管理包括环境立法、环境政策、环境规划、环境评价和环境监测等方面。环境标准是环境立法、执法的尺度,是环境政策、环境规划所确定的环境质量目标的体现,是环境影响评价的依据,是监测、检查环境质量和污染源排放污染物是否符合要求的标尺。为此,环境标准是科学管理环境的技术基础,是评判环境质量优劣的依据。如果没有切合实际的环境标推,就很难评定环境管理的实效性。

第三节 环境保护法

一、环境保护法定义

环境保护法是调整人们在开发、利用、保护和改善环境活动中所产生的各种社会关系的法律规范总和,其目的是为了协调人类与环境的关系,保护人体健康,保障经济社会的持续发展。

根据各国环境保护法规定的内容,特别是我国环境保护法规定的内容及环境保护法制工作实践,环境保护法定义应当包含以下几个方面的内容:

(1)环境保护法的目的是要在人类与环境之间建立起一种协调和谐的关系,达到保护人体健康,“创造和保持人类与自然得以在一种建设性的和谐中生存的各种条件,”这一点是环境保护法与其他法的根本区别。

(2)环境保护法实现上述目的,主要是通过保护和改善环境,防治污染和其他公害等途径进行的。保护和改善环境与防治污染和其他公害是环境保护法的两项最基本任务。

(3)从形式上看,由于环境保护工作的特殊性,环境保护法是由一系列有关的法律法规共同组成的，是若干法律规范的总称，而不是仅指一两部环境保护法典。

二、环境保护法本质、目的和任务

（一）环境保护法本质

环境保护法本质有一定的特殊性，这一特殊性是由环境保护法具有科学技术性特点决定的。环境保护法在调整环境保护社会关系时，更多地涉及经济和环境科学技术方面的问题，不同性质、不同社会制度国家的环境立法，在一些基本原则、基本制度方面，具有较多的一致性，制定出来的法律规范有很大一部分是技术性规范，尤其是环境标准法规具有很强的科学技术性，在不同社会制度国家之间可以共同适用。各国的环境保护法更多地是受自然法则和生态规律制约。

我国作为社会主义国家，环境保护的根本目的是造福人民，是为人民创造清洁舒适的生活和劳动条件，保护人民健康，促进经济发展。我国环境立法的任务、目的，以及采取的方针政策、原则和措施等，都充分体现了社会主义立法原则和精神。因此，我国环境保护法是我国广大人民群众意志和利益的体现，是由社会主义制度和经济基础决定并为之服务。

（二）环境保护法目的

我国环境保护法根本目的是为了"保障人体健康，促进社会主义现代化建设的发展"，也可以称为"最终目的"。具体地说，我国环境保护法的目的分为两个方面：

(1)保障人体健康，维护广大人民群众的环境权益。在我国，人民是国家的主人，法律是人民意志的集中体现，同时要为广大人民群众服务，保护人民群众的利益。环境保护法反映人民群众在环境方面的意志和要求，并着重保障人民群众的身体健康，同各种危害环境，损害人民群众身体健康的行为作斗争，为人民群众创造一个清洁、适宜的生活和劳动环境。保障人民群众的身体健康，是环境保护法最根本的目的。

(2)促进经济持续发展，满足人民群众日益增长的物质和文化生活需要。在社会主义国家，国家的一切活动都不能离开最大限度地满足人民群众不断增长的物质和文化需要。环境保护法也是如此，它通过对资源的合理配置，对自然环境和自然资源的合理使用，以及禁止各种破坏环境和资源的违法行为，对社会主义经济的持续发展起到促进作用。经济发展了，人民生活水平才能提高，社会才能进步。因此，环境保护法要为经济发展服务，把促进经济发展作为目的之一。

（三）环境保护法任务

环境保护法主要是用来解决已经出现或将要出现的各种环境问题。如前所述，从人的方面，目前的环境问题分为环境污染和其他公害与自然环境和自然资源破坏这两个方面。因此，环境保护法的任务也主要是防止污染和其他公害及保护和改善生活环境与生态环境，这也是环境保护法的直接目的。

(1)防治环境污染和其他公害。随着现代工业的发展，环境污染和其他公害问题已经成为首要的环境问题，它不仅严重危害人们的身体健康和其他生物的生存和发展，同时也开始制约现代经济的发展。因此，必须尽快解决这个问题，控制污染和其他公害的发生和蔓延。环境保护法通过对大气、水、海洋等环境要素的保护，防治在生产建设或其他活动中产生的废气、废渣、粉尘、恶臭气体、放射性物质，以及噪声、振动、电磁波辐射等对环境的污染和危害，以制止污染已经相当严重的环境状况继续恶化。在我国，除了《环境保护法》对防治污染和其他公害进行综合法律规定外，还有大量的单行法律法规对环境污染和其他公害作专门的防治规定。如《水污染防治法》专门规定防治水污染，《环境噪声污染防治法》专门规定防治噪声污染。

(2)保护和改善生活环境和生态环境，合理地利用自然资源。环境保护法在把防治环境污染和其他公害作为其任务的同时，应承担起保护和改善环境的任务，把保护和改善环境与防治环境污染并重。保护和改善环境包括对水、土地、矿藏、森林、草原、渔业、野生动植物等自然资源的保护，以及对农业环境、城市环境、特殊区域环境的保护等，禁止各种破坏环境的行为。在保护和改善环境方面，很重要的一点就是要做到合理地利用和开发自然资源。所谓合理利用，就是要在保证生态环境良性循环的前提下，通过各种方法和途径，将自然资源的直接利用率提高到最大限度，把各种废弃物的排放量降到最低，防止对自然资源进行掠夺性开发。在开发自然资源时要注意恢复，做到开发和恢复并举，保证自然资源的永续利用。同时，在开发利用自然资源时，还要注意环境保护，否则就会造成环境污染和生态平衡失调。因此，开发利用自然资源，必须按照客观规律办事，遵守自然法则和生态规律，切实保护好自然环境。在保护和改善环境方面，我国《环境保护法》作了基本原则规定，同时，《土地管理法》、《矿产资源法》、《野生动物保护法》、《森林法》、《草原法》、《渔业法》、《水法》等法律，对土地、矿产、野生动物、森林、草原、渔业、水等重要的自然资源，以单行法的形式进行专门的法律保护。

(四)环境保护法适用范围和作用

环境保护法适用范围是指环境保护法在什么地方和什么时间对什么人适用。我国《环境保护法》第3条规定：“本法适用于中华人民共和国领域和中华人民共和国管辖的其他海域。”这是我国环境保护法适用范围的总规定。

1. 地域的适用范围

地域的适用范围是指环境保护法在哪些地域范围内发生效力，也称为空间的适用范围。在一个主权国家内，环境保护法的地域适用范围为主权所及的全部领土，包括陆地、水域和领空。此外，还包括延伸意义上的领土，如驻外使馆和在领域外的本国船舶和飞机。根据我国的环境立法体制，我国环境保护法地域的适用范围有以下几种情况：

(1)由全国人民代表大会及其常务委员会制定的环境保护法律和由国务院制定的环境保护行政法规，以及国务院有关部委制定的行政规章，在全国范围内生效，其效力及于我国全部领域，包括全部领陆、领海、领空，以及延伸意义上的领域。

(2)由地方权力机关根据本行政区域的具体情况和实际需要，在和国家宪法、法律、行政法规不相抵触的前提下制定的环境保护地方性法规，以及由地方行政机关根据法律和国务院行政法规制定的环境保护行政规章，在其管辖范围内生效，如《江苏省环境保护条例》第 2 条规定："本条例适用于在本省行政区域内的一切单位和个人。"

(3)我国某些环境保护法律、行政法规，根据有关国际条约或国际惯例的规定，其效力不仅及于国内，还能及于国外，在一定条件下，还适用于我国领域以外的外国人。如我国《海洋环境保护法》第 2 条第 3 款规定："在中华人民共和国管辖海域以外，排放有害物质，倾倒废弃物，造成中华人民共和国管辖海域污染损害的，也适用本法。"

2. 人的适用范围

人的适用范围是指环境保护法对哪些人适用。我国环境保护法人的适用范围，总的原则是适用于环境保护法生效领域内所有的人，包括中国公民、外国公民（包括无国籍人，下同）。

(1)对中国公民适用。中国公民（包括法人，下同）无论在国内还是在国外，其环境权益均受中国环境保护法律的保护，因而也应承担中国环境保护法律规定的保护环境的义务。根据这一精神，中国公民在中国境内实施违反环境保护法律法规的行为，一律适用中国环境保护法；对在中国领域以外实施违反中国环境保护法律法规行为的中国公民，原则上也适用中国环境保护法。

(2)对外国公民适用。我国《宪法》第 32 条规定："在中国境内的外国人必须遵守中华人民共和国法律。"根据这一基本法律规定，在我国境内的外国公民（包括法人，下同）都必须遵守中国的法律。对严重污染或破坏环境，构成犯罪的外国公民，只要犯罪行为或者结果有一项发生在中国境内，就认为是在中国领域内犯罪，应当适用中国环境保护法。至于享有外交特权和豁免权的外国公民犯罪，可通过外交途径解决。

3. 时间的适用范围

环境保护法时间的适用范围是指环境保护法生效和失效的时间，其实施以前的行为和事件有无溯及力。

环境保护法的生效时间是指环境保护法颁布以后何时发生法律效力。从我国环境保护法的规定来看,环境保护法的生效时间主要有以下几种情况:

(1)环境保护法的生效时间一般为该法公布时间,即法律一公布便发生法律效力,如《放射性同位素与射线装置放射防护条例》第37条规定:"本条例自发布之日起施行。"

(2)另行规定生效时间,如《大气污染防治法》是1987年9月5日颁布的,但该法第41条规定:"本法自1988年6月1日起施行。"我国目前已经颁布的环境保护法律,大多都是采用另行规定生效时间方式,包括《海洋环境保护法》、《水污染防治法》等。采用这种生效方式有两点好处,一是在法律生效之前,有时间对其进行普及宣传,使法律生效以后能够得到更好地遵守和执行;二是有时间为该法的实施做好有关准备工作,特别是环境保护执法部门可以从组织上和执法手段上作一些准备。

(3)有的环境保护法规在其条文中对该法的生效时间未作规定,如国务院《关于加强乡镇、街道企业环境管理的规定》,其生效时间未作说明。在这种情况下,我们一般以该法颁布日期为该法生效时间。

环境保护法失效时间是指环境保护法终止发生效力的时间。根据我国环境保护法规定,环境保护法失效时间主要有以下几种情况:

(1)新法取代旧法,即调整同一法律关系的新法颁布以后,旧法则予以废止。如《水土保持法》第42条规定:"本法自公布之日起施行。1982年6月30日国务院发布的《水土保持工作条例》同时废止。"

(2)凡与新法相抵触的法律规定失效,如《文物保护法》第33条规定:"其他有关文物保护管理的规定,凡与本法相抵触的,以本法为准。"

(3)具有期限性或阶段性的法律规定,在期限结束或任务完成以后,法律便自行失效,如1981年国务院颁布的《关于国民经济调整时期加强环境保护工作的决定》,只适用于国民经济调整时期,这个时期一结束,该法规便失去法律效力。

4. 环境保护法的溯及力。

环境保护法的溯及力又称为环境保护法溯及既往的效力,是指新的环境保护法颁布以后,对它生效以前发生的行为和事件是否适用,如适用,就具有溯及力,如不适用,就不具有溯及力。在一般情况下,环境保护法不具有溯及力,它只适用于生效后的行为和事件。但我国环境保护法在有关奖励的规范中有例外规定,即在新的环境保护法生效以前综合利用的产品,在一定条件下可给予减免税、价格优惠、贷款扶持、外汇分成等方面的奖励和照顾。另外,因严重污染或破坏环境构成犯罪的,在追究刑事责任时,根据刑法的有关规定,采用从旧兼从轻的原则。

各国在制定环境保护法时,对其作用都作了相应的表述。如我国的《环境保护法》第1条规定,制定环境保护法是"为保护和改善生活环境与生态环境,防治污染和其他公害,保障人体健康,促进社会主义现代化建设的发展”。日本《公害对策基本法》第1条规定,制定《公害对策基本法》是“为了明确企业、国家和地方政府对防治公害的职责。确定基本的防治措施,以全面维行防治公害的对策,达到保护国民健康和维护其生活环境的目的”,美国、德国等国家的环境保护法也有类似规定。

第四节 我国加入的国际环境保护公约

截至2009年9月,中国已加入了50多项国际环境公约。中国已建立了履行国际公约的国内管理机制,制定和修改了相关法律,认真履行国际公约,为保护全球环境作出了积极努力。

这50多项国际公约涉及臭氧层保护、化学品和危险废物、气候变化、生物多样性保护、核与辐射安全等方面。中国淘汰了消耗臭氧层物质约10万吨生产量和11万吨消费量,占所有发展中国家的50%;发布了《中国生物多样性保护行动计划》,建立了约占陆地国土面积15%的自然保护区面积;率先制定了履行《斯德哥尔摩公约》国家实施方案,全面淘汰了DDT等9种杀虫剂类持久性有机污染物;在发展中国家中率先制定了《应对气候变化国家方案》,为应对气候变化做出了不懈努力。现就几个重要公约介绍如下:

一、《控制危险废物越境转移及其处置的巴塞尔公约》

该公约于1989年3月22签订于瑞士巴塞尔。1990年3月22日,中国代表签署该公约;1991年9月4日,全国人大常委会决定批准该公约;同日,国家主席批准该公约;1992年5月5日该公约生效;5月20日,我国通知《巴塞尔公约》秘书处,中国执行该公约的主管部门是国家环境保护局;同年8月20日,该公约在中国生效。该公约的主要内容有:

(1)各国应积极采取必要措施,以保证危险废物和其他废物的管理(包括其越境转移和处置)符合保护人类健康和环境的目的,并加强对危险废物和其他废物越境转移的控制。

(2)不论危险废物处置场所位于何处,各废物生产国都应确保废物以符合环境保护的方式在危险废物和其他废物的运输和处置方面履行义务。

(3)任何国家皆享有禁止来自外国的危险废物和其他废物进入其领土或在其领土内处置的主权权利。

(4)禁止危险废物的越境转移及其在其他国家特别是在发展中国家的处置。

(5)危险废物和其他废物应尽量在符合对环境无害的有效管理下,在废物产生国的国境内处置。

(6)危险废物从产生国到任何其他国家的越境转移应仅在进行此种转移不致危害人类健康和环境,并遵照本公约各项规定的情况下才予以许可。

(7)各国应采取措施,适当交流有关危险废物和其他废物来往于哪些国家的越境转移的资料并控制此种转移。

(8)关注一些国际和区域协定就处理危险废物过境方面保护和维护环境的问题;遵守《联合国人类环境会议宣言》和联合国环境规划署理事会于 1987 年 6 月 17 日通过的第 14/30 决议——《关于危险废物环境无害管理的开罗准则和原则》;遵守联合国大会第三十七届会议所通过的《世界大自然宪章》的精神、原则、目标和任务。

(9)各国都有责任履行其保护人类健康和维护环境的国际义务并按照国际法承担责任,确认在一旦发生对本公约或其任何议定书条款的重大违反事件时,则应适用有关的国际条约法的规定。

(10)必须继续发展和实施无害于环境的低废技术、再循环方法、良好的管理制度,以便尽量减少危险废物和其他废物的产生。

(11)严格控制危险废物和其他废物越境转移的必要性,以及尽量把这类转移减少到最低限度,关注危险废物越境转移中存在的非法运输问题。

(12)按照开罗准则和环境署理事会关于促进环境保护技术转让的第 14/16 号决定的精神,促进向发展中国家转让技术,以便对于本国产生的危险废物和其他废物进行无害管理。

二、《南极公约》

该公约于 1959 年 12 月 1 日签订于美国华盛顿,1961 年 6 月 23 日生效; 早在 1983 年 8 月,中国就加入《南极条约》;1984 年 6 月,中国成立了第一支南极考察队;1985 年 2 月,中国在南极洲乔治岛上建立了中国南极长城考察站,同年 10 月 7 日中国又获得《南极条约》协商国资格;1989 年 2 月 26 日,中国科学工作者又在南极圈内的普里兹湾建立了中国南极中山考察站。此次南极科考 DOME-A 建站,显示了中国南极科考具备了从南极边缘向大陆纵深拓展的能力, 标志着中国正在由极地考察大国向极地考察强国方向迈进,建站对于提升中国在南极的科考水平、推动南极国际合作、保护南极环境将产生积极影响。

南极条约协商国又于 1964 年签订了《保护南极动植物议定措施》;1972 年签订了《南极海豹保护公约》;1980 年签订了《南极生物资源保护公约》;1988 年 6 月通过了《南极矿物资源活动管理公约》的最后文件;1991 年 10 月在马德里通过了《南极环境保护议定书》和"南极环境评估"、"南极动植物保护"、"南极废物处理与管理"、"防止海洋污染"和"南极特别保护区"5 个附件,并于 10 月 4 日公开签字,在所有协商国批准后生效。该条约的主要内容有:

(1)南极洲应仅用于和平目的。在南极洲,应特别禁止任何军事性措施,如建立军事基地和设防工事,举行军事演习,以及试验任何类型的武器;但并不阻止为科学研究或任何其他和平目的而使用军事人员或设备。

(2)禁止在南极洲进行任何核爆炸和处理放射性废料。

(3)各缔约国同意,在切实可行的最大范围内:

(a)进行有关南极洲科学项目计划的情报交流,使工作能达到最大限度的经济和效率;

(b)进行南极洲各探险队和工作站之间科学人员的交流;

(c)进行从南极洲得来的科学观察和成果的交流,并使其能供自由利用;

(d)鼓励同对南极洲具有科学或技术兴趣的联合国各专门机构及其他国际组织建立合作工作关系。

(4)如果两个或两个以上的缔约国之间产生任何关于本条约的解释或应用的争端,这些缔约国应彼此进行协商,以便通过谈判、调查、调停、调解、仲裁、司法解决或它们自己选择的其他和平方法来解决其争端。

(5)南极大陆的主权归属问题。1908年,英国宣布对包括南极半岛在内的扇形地块及其水域拥有主权;其后,澳大利亚、新西兰、法国、智利、阿根廷、挪威先后对南极提出领土主权要求。其中,澳大利亚、法国、新西兰、挪威四国互相承认各自的领土要求;阿根廷、智利、英国三国要求的领上互相重叠,三方坚持各自的主张,互不承认它方的主权要求;美国、前苏联不承认任何国家对南极的领土要求,同时保留他们自己对南极提出领土要求的权利。到20世纪40年代,上述七国已对83%的南极大陆提出了领土主权要求。

南极洲是主权没有归属的大陆,对这个大陆制定一个条约,既要解决南极的领土和其他一些问题,又要在国际上得到认可,是十分不容易的。因此,只能暂时搁置领土和主权要求这一十分敏感问题。《南极条约》中明确了对南极领土主权要求的三重权利:已经对南极提出的领土主权要求的权利;已提出对南极领土主权要求依据的权利;不承认对南极领土主权提出任何要求的权利。同时还规定不得提出新的领土主权要求或扩大现有的要求。总之,《南极条约》实际上冻结了对南极任何形式的领土问题,不承认也不否认对南极的领土主权要求,并鼓励南极科学考察中的国际合作。

三、《关于各国探索和利用包括月球和其他天体在内的内外层空间活动的原则条约》

该条约于1966年12月19日联合国大会通过;1967年1月27日在伦敦、莫斯科和华盛顿三地开放供签署,同年10月10日生效(无限期有效)。

中国于1983年12月30日、1984年1月6日和12日向美、苏、英三国政府交存加入书,1983 年 12 月 30 日对中国生效。并在加入书中声明,台湾当局于 1967 年 1 月 27 日和 1970 年 7 月 24 日以中国名义对该条约的签署与批准是非法的、无效的。

该条约是国际空间法的基础,号称“空间宪法”,规定了从事航天活动所应遵守的 10 项基本原则:

(1)共同利益原则。探索和利用外层空间应为所有国家谋福利,而无论其经济或科学发展的程度如何。

(2)自由探索和利用原则。各国应在平等的基础上,根据国际法自由探索和利用外层空间,自由进入天体的一切区域。

(3)不得据为己有原则。不得通过提出主权要求,使用、占领或以其他任何方式把外层空间据为己有。

(4)限制军事化原则。不在绕地球轨道及天体外放置或部署核武器或任何其他大规模毁灭性武器。

(5)援救航天员原则。在航天员发生意外事故、遇险或紧急降落时,应给予他们一切可能的援助,并将他们迅速安全地交还给发射国。

(6)国家责任原则。各国应对其航天活动承担国际责任,不管这种活动是由政府部门还是由非政府部门进行。

(7)对空间物体的管辖权和控制权原则。射入外空的空间物体登记国对其在外空的物体仍保持管辖权和控制权。

(8)外空物体登记原则。凡进行航天活动的国家,同意在最大可能和实际可行的范围内将活动的状况、地点及结果通知联合国秘书长。

(9)保护空间环境原则。航天活动应避免使外空遭受有害的污染,防止地外物质的引入使地球环境发生不利的变化。

(10)国际合作原则。各国从事外空活动应进行合作互助。

第七章　环境公共政策和经济学

环境政策指国家在环境管理方面的一切行动和做法，即国家为保护环境所采取的一系列控制、管理、调节措施的总和。从20世纪70年代起，我国一直依据国情和经济发展的不同阶段，把保护环境确定为基本国策，遵循环境与经济协调发展的原则，建立了符合国情、适应经济体制和经济增长方式转变的完善环境政策体系，但环境政策的制定很少考虑经济学。早期的环境政策通常只关注汽车和工厂废气的排放、排污口和其他点源废气的释放，以及杀虫剂的大面积喷洒。因此，对商业、消费者和劳动力有非常显著的影响。

第一节　制定环境公共政策的必要性

公共环境政策的制定旨在提高人类福利和保护自然资源。人类福利与自然资源所提供的产品和服务密切相关，因此，保护环境就是保护人类自己，就是保护和恢复环境及人居环境。

不采取积极有效的公共环境政策，人类社会及其经济活动可能对环境产生极大地破坏，而被破坏的环境又会对人类当前和未来的福祉产生直接影响(表7-1)。环境污染和资源利用不当在公共环境政策发展不完善的发展中国家尤为明显，如表所示，数以万计的死亡和疾病的广泛传播都可追溯至环境的退化。环境变化对人类的影响表现在健康、经济和生产力领域，以及自然环境满足人类的需求方面。因此，只要环境政策的制定不干扰人类的自由，不阻碍经济的发展，就可以成为规划人类社会的基础，就可以成为社会可持续发展的基础。

表7-1　环境管理不力对人类健康和生产力的影响

环境问题	对机能和健康的影响	对生产力的影响
水污染与水资源缺乏	每年由于水污染及水缺乏直接导致170万人死亡；近10亿人患病	渔业衰退；居家时间延长；增加市政开支；对经济活动的限制等
空气污染	引起多种急慢性疾病；城镇颗粒性尘埃和室内烟雾每年导致近160万例儿童夭折	酸雨和臭氧对森林、农作物、水体和建筑物的毁坏等

续 表

环境问题	对机能和健康的影响	对生产力的影响
有害固体废弃物	腐烂的垃圾和污水流动不畅会传播疾病	对地下水源的污染
土壤退化	贫瘠的土地使贫民愈加贫穷；增加土壤对干旱的敏感性	约23%的农用、牧场和林业用地由于受侵蚀而退化；热带地区土壤的土地生产力降低了0.5%~1.5%
森林采伐	区域性洪水(死亡和疾病)	降低林木资源可持续采伐、降低森林防侵蚀能力；增加分水岭不稳定性、降低森林碳蓄积能力、减少林木产品供应
生物多样性丧失	潜在生物资源的丧失	降低生态系统的适应性、遗传资源的丢失
改变大气	增加气候自然灾害的发生率、增加皮肤癌的发生率、改变病菌携带者	海平面上升对沿海海洋资源的影响；区域性农业生产力的改变

资料来源：世界银行.世界银行全球发展报告[G].伦敦：剑桥大学出版社，1992.

第二节　环境管理与经济发展

社会成员交换产品和服务便产生了经济活动。随着社会进步和发展，经济活动涉及的产品和服务范围逐渐扩大，对整个社会的影响也会随之增加。如19世纪后半叶，美国私营企业大肆采伐林木、过度利用牧场和广泛进行矿物开采，这种对自然资源掠夺式利用的方式引起美国政府关注，并开始采取必要的限制开采措施。

国家经济的发展是解决环境问题的坚强后盾。因此，经济发展和公共环境政策的关系非常密切。随着经济的发展、收入的增加，以及先进技术的开发使用，出现的环境问题也逐渐减少（如水处理和消毒减少了疾病的发生）；当意识到某些环境问题的后果并开始采取措施进行控制时，该类环境问题便会先升后降（如城市空气污染环境）。

一、环境管理政策的发展

环境管理政策的发展是随着环境问题的出现而出现。欠发达国家或地区面临一系列由于贫穷所导致的环境问题，如缺少消毒设施或安全水源供应。随着这些国家经济的发展，他们将制定积极有效的环境政策以解决环境问题。然而，国家越富足，就越会带来更多的新问题，如空气污染，有时还会出现难以预测的问题，如大气臭氧耗竭。多数国家会通过政策生命周期法制定环境政策以解决环境问题。

政策生命周期包括以下四个阶段：环境问题的认识、环境政策的形成、环境政策的实施，以及环境问题的控制。每一阶段都有一定的政治“权重”，政治权重随时间而异。下面以环境保护署的形成为例阐述政策的生命周期。

(1)环境问题的认识阶段。Karson 于 1957 年开始调查杀虫剂对自然界的影响,她发现农药的使用在杀死害虫的同时,也杀死了害虫的天敌,并于 1962 年出版了专著《寂静的春天》,该书在激起公众对化学农业强烈指责的同时,也吸引了公众的关注和总统科学顾问委员会的注意。肯尼迪总统在《纽约人》(*New Yorker*)上读到卡尔松的系列报告,遂责令顾问委员会对杀虫剂问题进行研究并建议对现行环境政策进行更改。

此阶段政治权重所占的比例较低,始于早期对环境问题的认识和研究。科研人员发表其研究成果,媒体挑拣并传播重要信息。一旦公众参与,政治过程则为期不远,环境问题的认识阶段纷争也最多。当政府明白工商业生产活动才是环境问题的罪魁祸首时,就可能考虑制定环境政策对环境污染进行治理。

(2)环境政策的制定阶段。肯尼迪总统顾问委员会的建议完全支持 Karson 在《寂静的春天》中所持的观点。很明显,20 世纪 60 年代的环境管理政策效力较差,常常向制造环境污染的企业妥协,因此也引起公众争论,各种环境保护主义和诉讼也屡有出现,执政和立法部门也开始积极制定环境保护政策,并最终于 1969 年通过了第一部关于人类活动与生态系统相互关系的环境保护法(Environmental Protection Act)。之后,尼克松总统任命一个专门研究环境政策的委员会,该委员会又建议成立一个负责按空气、土壤、固体废弃物、杀虫剂的使用和放射性标准,以及识别水体、土壤、空气和生命体相互关系的新部门——环境保护署(Environmental Protection Agency),该部门代表公众执行环境保护的职能。

因此,政策的制定阶段是政治权重快速增加的阶段。此阶段民众已觉醒,关于环境问题的政治争论也愈演愈烈,媒体的参与度越来越高,政治家也开始倾听选民的意见。特殊利益群体或环境团体的说客们也开始向立法者施加压力,要求强化或弱化环境政策。政策制定阶段,决策者考虑的是称之为"3-E"的环境政策:有效性(Effectiveness),即环境政策是否能够取得既定的环境治理目标;效率(Efficiency),即环境政策的实施是否能以最低成本取得既定目标;公平性(Equity),即环境政策能否实现在各团体间公平分配经济负担。决策者在此阶段通常多强调有效性而忽略效率和公平性,因为他们只想找到可行的解决方案并尽快使之成为法律条文。

(3)环境政策的实施阶段。尼克权总统宣布 1970—1979 年为环境年,EPA 的首任长官 Williams Ruckelshaus 提出 EPA 首要任务是形成环境道德体系。几年后,美国国会颁布了多达 20 项环境法规,增加了 EPA 制定环境法规的权威性。其中最重要的举措之一是限制 DDT 和其他高残留杀虫剂的使用。从那以后,EPA 就变成一个有实权的管理机构,能够影响包括汽车设计、核电厂建设及卫生填埋厂标准在内的一切事务。

此时,环境管理政策已进入实施阶段,对政治和经济成本的要求都非常严格。在此阶段,民众的关注程度和政治权重都逐渐下降,媒体也不再关注环境问题,而将目光转移到特定规范及其实施上。随着时间推移,关注更多的是环境政策的效率和公平性,因为参与人在执行环境政策时都获得了相关经验。

(4)环境问题的控制阶段。EPA 自从其诞生已 40 余年,目前已成为一个成熟、功能强大的机关,执行保护环境和公民健康的职能。环境政策生命周期的最后一个阶段是环境问题的控制阶段。进入此阶段时,已是环境问题识别后的多年,虽然此时环境问题并没有完全得到解决,但环境在逐渐得到改善。环境政策及由其派生的法规都受到广泛支持,并已深入人心,但环境政策往往会由于政权交替而发生变化。决策者此时明白环境问题已处于掌控之中,而民众则可能暂时忘却曾经存在的环境问题。

环境政策生命周期只是对复杂、纷争的政治过程的简单描述。在生命周期的不同阶段,工业国家都会出现不同的环境问题。同样,处于不同发展阶段的国家也会出现生命周期中某些特定的环境问题。如发展中国家由于污水而导致的疾病和死亡仍然十分严重,因为发展中国家的环境政策还不能满足污水处理的需要。相反,此类问题在发达国家则已得到很好的控制和管理,出现这种情况的根源在于环境政策的发展和实施过程中的费用问题。

二、公共环境政策的经济效应

国家经济与公共环境政策的关系如何?是否有些环境政策的实施非常昂贵?政府如何才能将有限的资源分配到环境政策上?环境管理是否会成为经济的负担?下面将分别讨论环境政策与环境支出的关系。

(1)环境政策成本。某些环境政策的实施所需资金相对较少或不直接利用资金——不需要在管理和行政上投资太多。因此,减少对特殊利益群体要求个人的投资、拒绝其对特定资源的利用,可以实现经济发展的高效性与公平性,可以有效的保护环境。例如,美国对家畜饲养和木料收获都给予经济上援助,该援助的真正支出并不是利用所讨论资源的特定群体,而是纳税人。然而如果不进行经济援助,则可能产生政治成本,因为在强大经济利益的驱动下,特殊利益人会竭力保持其特权。

许多环境政策实施的经济成本往往由社会的某些部门支付。比如说,制定环境政策的目的是为控制环境污染,而政策实施的效益高于成本。也就是说,环境政策实施后,民众的福利得到提高,环境也得到改善。

然而,谁来为政策买单呢?公平性原理认为,环境政策的受益方,即活动受到管理的客户和健康受到保护的人群(无论如何,当企业纳税或被迫采用新技术时,就会将成本转嫁给消费者,因此,环境公共政策的成本因公众而起)将买单。

(2)对经济的影响。多年以来,特殊利益群体和保守智囊团(Think-tank)一直对公共环境政策颇有微词,认为环境管理太多,对经济发展不利(减少大量工作机会、降低企业的市场竞争力、抬高产品和服务的价格)。这种观点非常普遍,反对者通常用此观点反对环境法律法规的实施。

该观点看似有理,然而近年来经济学家的研究指出,环境与经济间存在制约与平衡,即使不考虑环境政策对环境或健康的效益,环境保护对经济也没有显著的不利影响,相反,却有积极地促进作用。

首先,必须认识到,用来支持反对者观点的证据纯属臆测。比如说,根据美国石油研究所估计,出于环境考虑而对能源开采和生产的限制使美国失去了近40万个工作岗位,而佛罗里达甘蔗种植商认为,由于对沼泽地的保护使美国失去的工作岗位约为1.5万个,类似的证据还有很多。

事实上,某些证据也可以看作是赞同环境政策的证据。根据加利福尼亚规划与保护联盟基金会(California Planning and Conservation League Foundation)的资料,废物回收创造的工作岗位约为1.4万个;根据EPA所示,1990年的清洁空气法(Clean Air Act)所创造的工作岗位约为6万个。多个实施公共环境政策的美国经济部门都提高了生产效率和在国际市场的竞争力。

对于公共环境政策实施的利弊也开展了一些实质性的研究,最重要的直接证据为:预计污染控制成本只占附加值(从原材料到产品的价值增加)的1.72%;企业并未因为成本增加而迁居海外、倒闭或解雇大量员工;根据美国劳工部统计(U.S. Bureau of Labor Statistics),实际上只有约0.1%员工的解雇与环境政策的实施有关;环境管理政策严格的政府,工作机会和经济表现反而增加;环境标准较严格的政府,其经济增长也强劲,工人的就业率也较高。

总之,对环境保护与经济增长关系进行研究的结果,驳斥了环境管理对就业率和经济不利的言论,环境管理政策实施较彻底的地区经济表现也最佳。工人身体越健康,生产力越高,花费在看病和医疗上的时间也较少。前东欧的某些社会主义国家曾经为迎合工业的需要而有意回避公共环境管理政策,结果适得其反,导致出现大量环境问题。说明对能量效率、污染控制和资源保护的关注,会鼓励企业改进技术,增加国际市场竞争力,创造就业机会和提高就业率。

三、实施环境管理的成本

总之,环境保护本身就是一个庞大的产业。EPA在其划时代的巨著《环境投资:清洁环境的成本》中估计,1997年实施环境管理政策的成本约占GDP的2.7%。而美国同年在卫生保健和国防上的投资却分别占其GDP的10.6%和4.3%。如果美国将其在个人保健和国家安全上投资的15%投资在环境保护上,则可以为民众提供清洁的空气、洁净的饮用水与健康的生态系统。

研究表明，环境管理政策实施一年后，为企业带来355亿美元销售额、140亿美元公司利润、630亿美元联邦及地方收益，以及400万个工作岗位。

实施环境政策对经济的影响表明，公共环境政策的实施不仅没有减少政府收益，相反，它将财富从制造污染者转移到污染控制人员和产生污染较少的公司；环境保护产业是一种创造工作岗位、产生利润并增加销售额的产业；环境保护对经济不利的论断不合理。环境保护不仅对经济有利，而且公共环境政策的实施将营造无害、健康和令人愉悦的环境条件。

假使环境政策的制定是为解决环境问题，制定公共环境政策的宗旨则为改变污染制造的行为及资源利用的方式，并改变民众福利和环境条件。实现行为改变的主要方式为市场调节和政策干预两种。

(1)政策干预。法规规定环境保护署的职责是对环境问题进行管理，如在了解污染物对健康影响的基础上，立法人员选择能够反映多数个体都较敏感的污染标准。为满足该标准，则要制定相应法规并要求污染制造者严格遵守。

污染控制的行政手段不利之处在于可以有一定程度的污染。如果污染制造者被告之可以使用某一特定技术或制定某一特定的排放标准，则污染制造者就没有进一步改进技术或降低污染水平的动机。最佳的方法是设定一个标准，让污染者确定如何才能达到最佳，即政府下行政命令，而如何控制则在于污染制造者。

(2)市场调节。基于市场的政策简单、高效、公平、平等对待每位污染制造者，污染制造者利用经济原理在有利可图的基础上对市场需要做出反应。如果政策的制定是基于市场，则污染制造者降低资源消耗和排污费的动机十分强烈。

第三节　环境政策效益—成本分析

环境管理的效益—成本分析始于制定相应的规章制度和其他替代方法，并比较不同方法的效益与成本。效益与成本以货币价值的形式体现，并通过效益与成本的比值进行比较。如果采取方法的效益大于成本，则该方法划算，从经济学的角度讲可以推行。分析的目的是为选择最佳的效益/成本比值，但是当效益或成本不能用货币的形式体现时，效益/成本比则可能造成误导。如果成本大于效益，则要对计划进行重新修订、放弃或搁置待议。

对环境管理的效益与成本进行分析，目的是将效率与政策进行整合，进行环境管理工作时，社会就不用为之支付过多。合理地分析要考虑进行环境管理的全部效益与成本分析。为此，要对外部因素进行梳理。

(1)内外部成本。用经济学的语言描述，外部成本是指盈亏账目中没有计算的交易过程所产生的效益。比如说，当企业污染了空气和水体时，污染就将成本强加给社会，因为污染损害了人的健康，或使用污染的空气或水时，要进行处理，并由此而产生费用，这是外部成本的有害方面。当然，也有其有利的一面，如工人通过学习而提高了工作技能，而公司开支中却没有这一项。

清洁的空气、未污染的地下水和有益健康的臭氧层不为私人所有。在缺乏管理措施的条件下，任何企业都不会为上述资源质量的降低负责。因此，也缺乏控制空气和水污染的动机。将项目或规范的效益和成本进行整合分析就可以将外部因素对经济的影响引入经济核算中，国外解决的方法是向企业征收绿地费或绿地税。

(2)环境管理成本。污染控制的成本包括购买、安装、运行和维修污染控制设备的费用和实施污染控制的费用。即使禁止生产某种产品也会产生一定成本，因为会导致一些人失业，会要求新产品的研发和生产机器的报废。污染控制方法的采用有时也会发现成本较低的生产方式。大多情况下，污染控制都会导致成本的增加。因此，多数法规都是防止政府、企业和消费者应支付的外部成本增加。

成本增加。随着控制水平的加强，污染控制成本呈指数式增长，即少量减少污染要求的成本并不昂贵，但进一步降低污染水平时，污染控制成本则快速增长，完全控制污染则近乎不可能。由于二者间的指数关系，污染控制通常采用降低污染的新方法。要降低污染控制成本，可采用替代品、回收材料或重新设计工艺过程。

成本降低。多数情形下，人们都了解污染控制技术和策略，也有大量污染控制技术和方法可以利用。可以精确预测污染控制的成本、劳工和设备，当然也可能出现不能预测的情况，随着技术进步、经验的取得，越来越多的低成本污染控制技术和方法将不断呈现。污染控制成本最初可能较高，随着时间延长，成本会逐渐降低。

回顾过去的实例可以看出，企业报告的实施污染控制法规的成本高于政府部门，即使是政府的报告也高估了法规实施的成本。如产业部门声称从汽车尾气中消除 CFCl 化合物使每辆汽车的成本增加 650 ~ 1 200 美元，实际上成本只增加约 40 ~ 400 美元。最近一项研究表明，14 项法规中有 12 项都高估了成本，原因之一是没有正确估计技术革新带来的影响。

(3) 环境管理的益处。根据《美国行政管理知情法》，管理与预算办公室(OMB)要向国会提交联邦法实施的效益与成本的年度报告。2003 年的报告是最全面的一份报告，内容涉及 1993—2002 年间的效益与成本分析。OMB 的报告指出，十年间效益是成本的 4~6 倍！预计效益为 1 460 亿 ~2 310 亿美元，而企业、政府和市政支出只有 370 亿 ~430 亿美元。由于清洁空气法（Clean Air Act）的实施，空气污染物减少，工人就医的次数减少，婴儿夭折率下降，工人请假的时间也大为降低。

(4)效益计算。计算实施调控政策的效益着实不易,通常假定在不实施环境管理的情况下,对医疗支出和财产损失进行估计。如实施环境管理后,燃煤发电厂只能释放某一给定浓度水平的 SO_2,由此带来的环境影响则较小,产生的好处包括人们健康水平提高,材料腐蚀和变质减少,对自然资源的破坏减少,环境美学和非物质文化质量提升,户外消遣机会增加,利用环境机会增加,维修费减少,健康护理费用减少(表7-2)。某些好处可以精确的估计,如空气污染期间,人们求医次数与费用增加。

表 7-2 降低污染的好处

具体表现方面	具体事例
提高人类健康	减少、阻止污染导致的疾病及夭折;减少工人由污染所造成的压力;提高工人的生产效率
提高农业和林业产量	减少污染造成的产量下降;除去污染后作物旺盛生长;增加农业收入
商业或运动型捕鱼活动增加	增加鱼类和贝壳类的价值;增加渔船、饵料、马达和钓具的销售量;渔民服务行业就业机会增加
增加娱乐	游泳和划船(直接);观赏野生动植物(间接);为度假者服务的行业就业机会增加
材料的使用寿命延长,清洗的必要性减少	减少清洗费;降低污染物的腐蚀作用;延长金属、织物、橡胶、涂料和涂层的使用寿命
增加房地产的价值	随着环境的改善,地产的价值增加

隐性价值。环境管理的效益通常用人们的支付意愿来表示。比如说,为评价居民对机场附近噪声的支付意愿,研究者评价了世界多个机场附近的房屋价格,研究发现,离机场越近,噪声越大,房屋价格越低,人们的支付意愿就表现房屋价格上。

生命价值。民众每天都要暴露在有毒有害的污染物下,污染物对人的健康和生命都有很大威胁。评价污染管理的益处可以计算通过污染控制挽救多少生命或有多少愿意感受美好生活来评价。然而,由于伦理道德方面的原因,很难对这样的问题进行客观评价。环境保护署估算,新的空气臭氧和粒子标准实施后,每年可减少18 700 例夭折,而实施新标准的花费是 1 100 亿美元(600 万美元/人)。

(5)效益—成本分析取得的进展。EPA 于 2003 年编写了一份环境报告草稿,草稿中列出了所取得的进展以及面临的挑战。EPA 所报道的实施公共环境政策所取得的成就如下:

1970 年至今,6 种主要污染物的释放减少了 53%;1976 年至今,小孩血液中铅的含量减少了近 85%;1988—2004 年间,有毒化合物的排放减少了 68%;美国政府报告,2002 年社区内 94%的饮用水达到饮用标准,而 1993 年的达标率仅为 79%;1990 年至今,有毒空气的释放减少了 24%;1990 年至今,多达 333 000 个地下储罐被清理干净;1970—2003年间,市政垃圾的回收复垦率从7%上升到30%。

(6)民众的参与。民众参与公共环境政策是因为他们为接受到的好处支付高税收,为其消费的产品支付高价格。民众还可以通过如下方法参与公共环境政策:参与当地环境问题,当地立法部门有权制定影响当地环境的政策,当地民众可以参与环境决策的走向;成为非政府组织的成员,向选区通报本国应关注的环境问题并向议员游说;同立法人员取得联系,说明你支持目前正考虑的公共环境政策;记下每位政治候选人的公共环境政策观点,因为公共环境政策观点对候选人的当选还是落选非常重要;法规刚制定后对其进行评论,某些情形下,公众可以采取一系列行动反对污染;时刻关注环境问题,只有时刻关注环境问题才有可能取得基层群众的支持,环境政策才能真正反映民众的心声。

第四节　中国环境政策

一、环境政策方针

环境政策方针和原则代表了国家在采取环境保护行动时所坚持和遵循的基本取向和指导思想,并随社会、经济和环境条件的发展变化而调整变化。我国早期环境政策方针和原则主要由两方面因素决定:一是与我国具体工业相关;二是与国际环境保护大趋势相联系。随着世界经济全球化和我国加入WTO后,经济活动的影响也成为影响我国环境政策方针和原则的主要内容。我国环境政策方针主要有以下几点:

(1)环境保护是一项基本国策。

(2)实施可持续发展战略。

(3)经济与环境双赢策略。

(4)在保护国内环境的前提下促进贸易。

二、环境政策原则

根据上述环境政策方针,我国环境政策确立了以下原则:

1. 根源改善原则

根源改善原则又称预防为主原则,主要强调环境政策要注重从环境问题产生的源头解决问题,预防环境问题的产生。这一原则的确立不仅是因为环境问题形成后再进行治理,经济上要付出更大的代价,而且还因为通过贯彻这个原则,可以使经济发展本身得到改善,从而构造一个有利于环境保护并使资源得到持续利用的经济系统。按照根源改善原则,我国环境政策比较重视将环境保护纳入国民经济和社会发展计划及城市总体发展规划;制定有利于环境保护的经济、技术政策;在工业发展中推行清洁生产;对建设项目进行环境影响评价和“三同时”管理;建立生态自然保护区等,这些政策在整个环境政策体系中起着重要作用。

2. 明确责任原则

环境政策的目的是促使相关主体采取保护环境的行动,因此必须首先明确环境保护的责任。主要由三个具体原则组成:

(1)地方政府对辖区环境质量负责原则。要求各级政府采取措施,通过合理安排所辖区域的工业布局、城市规划、产业结构、基础设施和社会发展等各项事务,建设具有良好生态环境的社会系统。

(2)“谁污染谁治理”原则。“谁污染谁治理”要求凡是造成环境污染危害的单位和个人,都要承担治理污染和赔偿损害的责任。通过实施这项原则,可以提高企业治理污染的责任感和压力感,推动他们采取治理污染的措施;同时,还可以促进企业把环境管理与技术改造结合起来,通过改变工艺和循环利用措施,把污染消除在生产过程之中。

(3)谁开发谁保护原则。这主要是针对自然资源开发活动造成的环境破坏而确立的,它指一切开发利用自然资源的单位和个人,都有保护自然环境的义务,从而使自然资源的开发利用与保护两个方面统一在相同的行为者身上。

3. 管理优先原则

这项原则是指保护和改善环境不仅仅是增加投入和提高技术的问题,更重要的是通过适当的政策安排而改变人的行为,特别是在经济发展和治理环境方面的决策行为,这样才能使资金和技术有持久的保证并使之取得应有的效果。因此,与资金和技术一样,政策和管理同样至关重要,甚至是优先的,这就是环境政策中管理优先原则。

三、环境政策体系

我国的环境管理是以政府为核心的环境管理模式,政府在环境管理中起着主导作用,这种政府主导型特点主要表现在环境管理的机构设置、职能划分、运作方式和强制性为主的法律法规体系等许多方面。

目前,我国已在中央和各级地方政府中建立了一套比较完善的环境管理组织体系,这一管理组织体系贯穿于整个环境管理的全过程,是我国开展各项环境保护工作的基础和保障。我国政府的环境管理机构主要包括环境管理的立法和监督机构、环境行政管理与环境执法机构,以及环境司法机构等三个系统。在环境管理中,立法、行政、司法三个系统各自发挥着不同的作用。

1. 环境立法机构

环境立法的职能主要由全国及地方各级人民代表大会及其常务委员会承担,

在各级人民代表大会中，一般均设有环境与资源保护委员会。它的主要职能是制定环境保护法律并督促政府贯彻执行相关法律。

2. 环境行政机构

环境行政是一种政府行为，是指政府运用所掌握的行政管理权力，使环境政策（包括法律、法规、计划、措施和手段等）得以有效实施的过程，政府行政管理是环境管理的主要力量。环境行政机构主要包括国家环境保护总局、国家发展与改革委员会等政府权力机构。

3. 环境司法机构

环境司法是保障社会不同利益主体环境权益的行为，主要执行机构是各级法院和检察院。它负责处理有关环境问题的民事、行政和刑事诉讼，保障环境管理的公正性。

4. 国家环境保护总局

国家环境保护总局是代表中央政府对环境保护工作进行统一管理和监督执法的权力机构，受国务院直接领导。同时，对地方各级政府的环境保护工作具有指导和监督作用。

5. 地方环境管理的组织结构

任何一个国家，要使环境管理取得较好的成效，除了要建立较完善的中央政府一级的环境管理系统以外，更重要的是要建立和完善地方和基层的环境管理系统。这样，才能确保国家和地方的环境保护法律、法规、政策、措施和手段得到有效的贯彻和执行。我国的地方环境保护机构主要分为省级、地市级和县级 3 个层次。

第八章　环境保护与可持续发展

19世纪以来，随着科技进步和社会生产力的极大提高，人类创造了前所未有的物质财富，加速推进了文明发展的进程。与此同时，人口剧增、资源过度消耗、环境污染、生态破坏和南北差距扩大等问题日益突出，成为全球性的重大问题，严重地阻碍经济的发展和人民生活质量的提高，继而威胁着全人类的生存和发展。在这种严峻形势下，人类不得不重新审视自己的社会经济行为和走过的历程，认识到通过高消耗追求经济数量增长和"先污染后治理"的传统发展模式已不再适应当今和未来发展的要求，而必须努力寻求一条经济、社会、环境和资源相互协调，既能满足当代人的需求，又不对后代构成危害的可持续发展道路。

因此，走可持续发展之路，是针对遍布全球愈演愈烈的环境问题，人类在采用了各种科学技术手段也未能根本奏效的情况下，对自身几千年以来，特别是工业革命以来走过的发展道路进行反思得出的结论。《寂静的春天》、《人类环境宣言》、《增长的极限》、《我们共同的未来》、《里约宣言》等，都是人类反思的里程碑。

第一节　可持续发展概念提出与发展

一、可持续发展提出的背景

19世纪以前，人类社会经济主要以农业为主，农业经济得到了很大的发展，人类社会从原始文明进入农业文明，但同时由于开荒种地、砍伐森林、破坏植被、狩猎等，造成了地区性的环境问题，使地球裸露出大片的黄土地，导致水土流失、土质沙漠化、物种遭到破坏，失去生态平衡。中国黄河流域是中国古代文明的发源地，那时森林茂密，土地肥沃。西汉末年和东汉时期进行了大规模地开垦，虽然促进了当时农业生产的发展，但由于滥伐森林，水源得不到涵养，水土流失严重，造成了沟壑纵横，水旱灾害频繁，土地日益贫瘠。这是人类对生物圈的第一次冲击，这段时期又称为"黄色文明"。

19世纪以来，随着科学技术的不断发展，蒸汽机和电的发明与大量使用，使生产力得到飞速发展，人类文明进入了工业文明阶段。工业发达的城市和工矿区，人口密集，物流量增大，燃煤量急剧增加，出现了黑烟弥漫、污水横流的现象，开山采矿使地球“伤痕”累累，这是人类对生物圈的第二次更加激烈和严重地冲击，这段时期后来又称为“黑色文明”。

在“黑色文明”的工业化进程中，产生了一系列危及人类生存的环境问题，威胁人类社会与经济发展。一是环境污染，人类的生产，人类赖以生存的空气、水、粮食、土壤等都不同程度地受到了污染，这些污染超出了自然环境的净化能力，从而不断地累积，酿成了一系列危及人类生存与发展的灾害，如20世纪出现的全球八大公害事件和烟雾、酸雨、臭氧层破坏、温室气体、森林生产力降低、鱼类大批死亡、沙漠化加剧、全球气候失调等；二是资源枯竭，包括植物资源、水资源、土地资源、矿物资源、环境资源等，而这些资源都是人类赖以生存和发展的基础，当前资源危机正在全球蔓延。

为了人类的未来，为了持续发展，20世纪80年代，针对人类面临的挑战，全球对“发展”展开了激烈的讨论，联合国成立的“环境与发展问题”高级委员会提出了“世界各国必须组织新的持续发展的道路”，并一再强调持续发展不仅是20世纪，也是21世纪发达国家和发展中国家的共同发展战略，是人类求得生存与发展唯一可供选择的途径。1992年，在里约热内卢举行的联合国环境与发展大会上通过了《21世纪议程》，制定了可持续发展的重大行动计划，可持续发展取得了共识。

二、可持续发展定义的形成

20世纪70年代，围绕着“环境危机”、“石油危机”和罗马俱乐部提出的《增长的极限》，全球曾经爆发了一场关于“停止增长还是继续发展”的争论。1987年，联合国指定的世界环境与发展委员会(WLED)经过长期的研究，发表了《我们共同的未来》报告。在报告中正式提出这样一个定义，可持续发展是指在不牺牲未来几代人需要的情况下，满足我们这代人的需要的发展。这个定义明确地表达了两个基本观点：一是人类要发展，尤其是穷人要发展；二是发展有限度，不能危及后代人的发展。报告还指出，当今存在的发展危机、能源危机、环境危机都不是孤立发生的，而是传统的发展战略造成的。要解决人类面临的各种危机，只有改变传统的发展方式，实施可持续发展战略，才是积极的出路。

1992年6月，联合国“地球首脑会议”——联合国环境与发展大会(UNCED)在巴西里约热内卢召开。大会把可持续发展战略列为全球发展战略，贯穿着可持续发展思想的三个文件(《里约宣言》、《21世纪议程》、《森林问题原则声明》)在会上一致通过，两个国际公约，即《气候变化框架公约》、《生物多样性公约》开放签字，标志可持续发展思想得到与会各国的广泛赞同。《里约宣言》、《21世纪议程》等文件充分体现了当今人类社会关于可持续发展的新思想，反映了环境与发展领域开展合作的全球共识和最高级别的政治承诺。

《21世纪议程》要求各国制定并组织实施相应的可持续发展战略、计划和政策，迎接人类社会面临的共同挑战，这一战略思想被世界各国所接受。我国根据这一战略编制了《中国21世纪议程》,并成为制定《国民经济与社会发展“九五”计划和2010年远景目标纲要》的指导方针。可持续发展战略强调环境与经济的协调,追求人与自然的和谐,其核心思想就是经济的健康发展应该建立在生态持续发展能力、社会公众和人民积极参与自身发展决策的基础上。它的目标是不仅满足人类的各种需求,务使人尽其才、物尽其用、地尽其利,而且还要关注各种经济活动的生态合理性,保持生态资源,不对后代的生存和发展构成威胁。在发展指标上与传统发展模式不同的是,不再把国民生产总值(GNP)作为衡量发展的唯一指标,而是用社会、经济、文化、环境等各个方面的指标来衡量。

当前,把走持续发展道路作为21世纪人类社会发展的主题,已在全世界范围内形成共识。持续发展是指“既满足当代人的需要,又不对后代人满足其需要的能力构成危害的发展”,具体地讲,就是在经济和社会发展的同时,采取保护环境和合理开发与利用自然资源的方针,实现经济、社会与环境的协调发展,为人类提供包括适宜的环境质量在内的物质文明和精神文明。同时,还要考虑把局部利益和整体利益、眼前利益和长远利益结合起来。

三、可持续发展的内涵

人和环境世界大系统的运行层次,可概括为相互联系的三个生产圈,即物质生产圈、人生产圈、环境生产圈。物质生产圈给人生产圈提供物质需求的消费产品,向环境生产圈排放生产过程中的污染物而污染环境;人生产圈向物质生产圈提供人和技术资源,向环境生产圈排放消费过程中的污染物而污染环境;环境生产圈依靠自己的净化能力和生产能力向物质生产圈提供资源和生产环境,向人的生产圈提供人类文明所需的生存条件或环境。这就是三个生产圈相互影响、相互制约的内在联系,而可持续发展就是使三个生产圈良性循环的运行模式。

可持续发展思想认为发展与环境是一个有机整体。《里约宣言》强调:“为实现可持续发展,环境保护工作应当是发展进程的一个整体组成部分,不能脱离这一进程来考虑。”可持续发展理论大体包括以下主要内容:

1. 发展是可持续发展的前提

走可持续发展不否认经济增长(尤其是穷国的经济增长),而且发展是可持续发展的核心,发展是可持续发展的前提。可持续发展的内涵是能动地调控自然—社会—经济的复合系统,使人类在不超越环境承载力的条件下发展经济,保持资源承载力和提高生产质量。发展不限于增长,持续不是停滞,持续依赖发展,发展才能持续。我国可持续发展的核心是发展,贫穷不可能实现可持续发展,中国较低的经济发展水平、以煤炭为主的能源结构、资源分布的严重不均衡性、绝对数量很大的贫困人口等因素都加大了实现可持续发展的难度。贫困与落后是造成资源与环境破坏的基本原因,是不可持续的,只有发展经济,继续坚持改革开放,采用先进的生产设备和工艺，降低能耗、成本，提高经济效益，增强经济实力，才有可能消除贫困。提高科学技术水平，为防治环境污染提供必要的资金和设备，才能为改善环境质量提供保障。因此，没有经济发展和科学技术进步，环境保护也就失去了物质基础。经济发展是保护生态系统和环境的前提条件，只有具备强大的物质基础和技术能力，才能使环境保护和经济发展持续协调，所以在发展中实现持续，对于发展中国家理当如此。

2. 全人类共同努力是实现可持续发展的关键

人类共同生活在一个地球上，全人类是一个相互联系、相互依存的整体，没有哪一个国家能脱离世界市场而达到全部自给自足。当前世界上许多资源与环境问题已超越国界和地区界限，并具有全球规模。要达到全球的持续发展，需要全人类的共同努力，必须建立起巩固的国际秩序和合作关系，对于发展中国家，发展经济、消除贫困是当前的首要任务，国际社会应该给予帮助和支持。保护环境、珍惜资源是全人类的共同任务，经济发达国家负有更大的责任。对于全球的公物，如大气、海洋和其他生态系统要在统一目标的前提下进行管理。

3. 公平性是实现可持续发展的尺度

可持续发展主张人与人、国家与国家之间的关系应该互相尊重、互相平等。一个社会或一个团体的发展不应以牺牲另一个社会或团体的利益为代价。可持续发展的公平思想，包含以下 3 点：

(1)当代人之间的公平。两极分化的世界是不可能实现可持续发展的，因此要给世界以公平的分配和公平的发展权，要把消除贫困作为可持续发展过程中优先考虑的问题。

(2)代际之间的公平。因为资源是有限的，要给世世代代人以公平利用自然资源的权力，不能只顾及当代人的发展与需求而损害子孙后代满足其需要的条件。

(3)有限资源的公平分配。各国拥有开发本国自然资源的主权，同时负有不使其自身活动危害其他地区环境的义务。发达国家在利用地球资源上占有明显的优势，这种由来已久的优势，对发展中国家的发展长期起着抑制作用，这种局面必须尽快转变。

4. 社会的广泛参与是实现可持续发展的保证

可持续发展作为一种思想、观念、行动纲领，指导产生了全球发展的指令性文件《21 世纪议程》。《中国 21 世纪议程》是全民参与的计划，在实施过程中，要特别注意与部门和地方结合，充分发挥各级政府的积极性，使管理者在决策过程中自觉地把可持续发展思想与环境、发展紧密结合起来，并通过他们不断向人民群众灌输可持续发展思想和组织实施《中国 21 世纪议程》。社会发展工作主要依靠广大群众和群众组织来完成，要充分了解群众意见和要求，动员广大群众参加到持续发展工作的全过程中来。

5. 生态文明是实现可持续发展的目标

如果说农业文明为人类生产了粮食，工业文明为人类创造了财富，生态文明则将为人类建设一个美好的环境。也就是说，生态文明主张人与自然和谐共生，人类不能超越生态系统的承载能力，不能损害支持地球生命的自然系统。

中国现代化建设是以经济建设为中心，但必须以生态文明观为取向，在生态文明意义上解放生产力和发展生产力。解放生产力就是要推行体制创新，发展生产力就是要大力推进科学技术进步，尤其是新能源开发和生态环境保护技术的进步。

6. 可持续发展的实施要需要适宜的政策和法律体系

可持续发展的实施强调“综合决策”和“公众参与”。需要改变过去各个部门封闭、分隔、分别地制定和实施经济、社会、环境政策的做法，提倡根据周密的社会、经济、环境考虑来制定政策并予以实施。可持续发展的原则要纳入经济发展、人口、环境、资源、社会保障等各项立法及重大决策之中。可持续发展战略总的要求：

(1)人类以人与自然和谐共处方式去生产。

(2)从把环境与发展作为一个相容整体出发，制定社会、经济可持续发展政策。

(3)发展科学技术、改革生产方式和能源结构。

(4)以少损害环境为前提，控制适度的消费规模和工业生产规模。

(5)从环境与发展最佳相容性出发，确定其管理目标的优先次序。

(6)加强和发展资源保护、管理。

(7)发展绿色文明和生态文化。

第二节 中国环境保护对策与可持续发展

1992年联合国环境与发展大会通过的《21世纪议程》，要求各国制定并组织实施相应的可持续发展战略、计划和政策，迎接人类社会面临的共同挑战。对此，中国政府做出了积极响应，并于1994年正式出台了《中国21世纪议程》，它集中体现了中国的可持续发展战略。

一、编制《中国21世纪议程》的背景

中国是在人口基数大、人均资源少、经济和科技水平都比较落后的条件下实现经济快速发展的，这就使本来就已经短缺的资源和脆弱的环境面临更大的压力。在这种形势下，中国政府只有遵循可持续发展的战略思路，从国家整体的高度上协调和组织各部门、各地方、各社会阶层和全体人民的行动，才能顺利完成已确定的第二步、第三步战略目标，同时保护自然资源和改善生态环境，实现国家长期、稳定发展。

正是在这种形势下，基于国内经济、社会发展的需要，以及全球发展趋势和环境状况的压力，中国政府对联合国环境与发展大会给予了高度重视，自 1992 年 6 月里约热内卢环境与发展大会后，不到两年时间里，中国政府采取了一系列行动，如促进中国环境与发展的十大对策。1994 年 3 月 25 日，国务院第十六次常务会议讨论通过了《中国 21 世纪议程》。

《中国 21 世纪议程》文本与全球《21 世纪议程》相呼应，是根据中国国情而编制的，它广泛吸纳、集中了政府各部门正在组织进行和将要实施的各类计划，内容涵盖了中国人口、经济、社会、资源、环境的可持续发展战略，以及政府行动框架，具有综合性、指导性和可操作性。

制定和实施《中国 21 世纪议程 》，走可持续发展之路，是中国在 21 世纪发展的自身需要和必然选择。中国是发展中国家，要提高社会生产力、增强综合国力和不断提高人民生活水平，就必须毫不动摇地把发展国民经济放在第一位，各项工作都要紧紧围绕经济建设这个中心来开展。

作为实施可持续发展战略的蓝本，《中国 21 世纪议程》将中国的可持续发展战略目标确立为“建立可持续发展的经济体系、社会体系和保持与之相适应的可持续利用的资源和环境基础”。在总的发展目标中，既包括了经济、社会的发展，也包括了控制环境污染、改善生态环境这些影响长远发展的基础条件建设。中国选择可持续发展道路是历史的必然，也是对未来数代人的责任。《中国 21 世纪议程》的制定和实施，不单是因为高层领导高度重视这项重大行动，而且也因为全国需要一个有利于经济稳定发展、深化改革和建立社会主义市场经济体制的大环境。越来越多的人认识到，只有将经济、社会的发展与资源、环境相协调，走可持续发展之路，才是中国发展的前途所在。

二、《中国 21 世纪议程》主要内容

由于各国所处的发展阶段不同，可持续发展在不同的国家有不同的侧重点，发达国家更多地侧重环境保护，而发展中国家则必须以发展为核心，在发展中解决好环境保护问题。中国的可持续发展战略强调在国际、国内背景下走可持续发展途径的方式和方法，它既强调了联合国环境与发展大会使用的可持续发展概念内涵，更强调了中国的国情。

《中国 21 世纪议程》阐明了中国的可持续发展战略和对策，包括 20 章，设 78 个方案领域和四个部分。它从中国具体国情和人口、环境与发展总体联系出发，提出了人口、经济、社会、资源和环境相互协调，可持续发展的总体战略、对策和行动方案，其核心是发展，也是可持续发展的前提。

第一部分涉及可持续发展总体战略，包括序言、中国可持续发展战略与对策、与可持续发展有关的立法与实施、费用与资金机制、教育与可持续发展能力建设，

以及团体及公众参与的可持续发展等六章。第二部分涉及社会可持续发展内容，包括人口、居民消费和社会服务、消除贫困、卫生与健康、人类居住区可持续发展和防灾减灾等五章。第三部分涉及经济可持续发展内容，包括可持续发展经济政策，农业与农村的可持续发展，工业与交通、通讯业的可持续发展，可持续的能源生产和消费等共四章。第四部分涉及资源与环境的合理利用与保护，包括自然资源保护与可持续利用、生物多样性保护、荒漠化防治、保护大气层、固体废物的无害化管理等共五章。每章均设导言和方案领域两部分，导言重点阐明该章的目的、意义及其在可持续发展整体战略中的地位、作用；每一个方案领域又分为三部分：首先在行动依据里扼要说明本方案领域所要解决的关键问题，其次是为解决这些问题所要制定的目标，最后是实现上述目标所要实施的行动。

1. 可持续发展总体战略

这一部分从总体上论述了中国可持续发展的背景、必要性、战略与对策等，提出了到 2000 年各主要产业发展目标、社会发展目标和与上述目标相适应的可持续发展对策。其内容包括：建立中国可持续发展法律体系，通过立法保障妇女、青少年、少数民族、工人、科技界等社会各阶层参与可持续发展以及相应的决策过程；制定和推进有利于可持续发展的经济政策、技术政策和税收政策；能力建设作为实施《中国 21 世纪议程》的重点，强调加强现有信息系统的联网信息共享，特别注意各级领导和管理人员实施能力的培训，同时加强教育建设、人力资源开发和提高科技能力。

2. 社会可持续发展

其内容包括：控制人口增长和提高人口素质，引导民众采用新的消费和生活方式；在工业化、城市化进程中，发展中小城市和小城镇，发展社区经济，注意扩大就业容量，大力发展第三产业；加强城乡建设规划和合理利用土地，注意将环境污染由分散治理转到集中治理；增强贫困地区自身经济发展能力，尽快消除贫困；建立与社会经济发展相适应的自然灾害防治体系。

社会可持续发展是我国可持续发展战略的着重点。为此，将努力实行计划生育，控制人口数量，提高人口素质和改善人口结构，以减缓由于人口增长带来的种种压力。发挥社会主义制度优越性，保持全社会安定团结；大力发展文化教育事业，培养有理想、有道德、有文化、有纪律的新人；积极开展宣传、教育，提高全民族，特别是各级领导人员的可持续发展意识和实施能力，并制定相应的可持续发展的法律和政策体系。

3. 经济可持续发展

其内容包括：利用市场机制和经济手段推动可持续综合管理体系；在工业生产中积极推广清洁生产，尽快发展环保产业，发展多种交通模式；提高能源效率与节能，推广减少污染的煤炭开采技术和清洁煤技术，开发利用新能源和可再生能源。

目前，我国的经济发展基本上仍然沿袭以大量消耗资源能源和粗放经营为特征的传统发展模式。因此，转变发展模式，走依靠科技进步实现可持续发展道路，是加速我国经济发展的正确选择。为了实现这个战略转移，首先要高度重视和加强农业发展，合理调整农业生产结构和布局，继续大力发展乡镇企业，加快农村脱贫致富步伐和逐步实现现代化。第二是继续发展第二产业，积极调整工业结构和布局，结合现有工业的技术改造，推行清洁生产。第三是大力发展第三产业，逐步建立起适合我国国情的市场体系、城乡社会化综合服务体系和社会保障体系。建立我国可持续发展的经济体系需要大量资金支持，除了主要依靠自身积累外，还要进一步扩大对外开放，加强国际间的经济技术交流与合作，争取国际社会的大力援助。

4. 资源合理利用与环境保护

其内容包括：在自然资源管理决策中推进可持续发展影响评价制度；通过科学技术引导，对重点区域或流域进行综合开发整治，完善生物多样性保护法规体系，建立和扩大国家自然保护区网络；建立全国土地荒漠化监督信息系统，采用新技术和先进设备控制大气污染和防治酸雨；开发消耗臭氧层物质的替代产品和替代技术，大面积造林，建立有害废物处置、利用的法规、技术标准等。

自然资源是国民经济与社会发展重要的物质基础。随着工业化和人口增长，人类对自然资源的巨大需求和大规模的开采消耗，导致资源基础削弱、退化和枯竭。如何以最低的环境成本确保自然资源可持续利用，将成为当代所有国家在经济、社会发展过程中面临的一大难题。

我国在一些重要自然资源可持续利用和保护方面，同样面临严峻的挑战。这种挑战表现在两个方面：一是中国人均资源占有量相对较少；二是随着人口增长和经济发展，对资源需求过分依赖，自然资源日益短缺将成为我国社会经济持续、快速、健康发展的重要制约因素。

为了确保有限的自然资源能够满足经济可持续发展要求，我国必须执行"保护资源，节约和合理利用资源"、"开发利用和保护增值并重"的方针，执行"谁开发谁保护、谁破坏谁恢复、谁利用谁补偿"政策。建立基于市场机制与政府宏观调控相结合的自然资源管理体系，实行"使用者付费"的经济原则，以促进采取有益于环境的方式开发利用自然资源。

在制定和实施《中国21世纪议程》过程中，中国将与世界各国和地区开展卓有成效的双边、多边合作，为创造一个安全、繁荣、美好的未来而努力。及时制定和实施《中国21世纪议程》，必然成为深化改革开放的重要内容，也充分反映了中国政府以强烈的历史使命感和责任感，完成对国际社会应尽的义务和不懈地为全人类共同事业做出更大贡献的决心。

中国政府有决心实施《中国21世纪议程》，不单是因为高层领导高度重视这项重大行动，而且全国有一个有利于经济稳定发展、深化改革开放和建立社会主义市场经济体制的大环境。从20世纪80年代初以来，中国政府开始把计划生育和环境保护作为社会主义现代化建设的两项基本国策。环境保护已经纳入国民经济和社会发展中长期和年度计划之中。国家制定和实施了一系列行之有效的法律、政策，按照同时处理好经济建设与环境保护关系的指导思想开展工作，已取得很大成绩，形成了一条符合中国国情的环境保护道路。越来越多的人认识到，只有将经济、社会的发展与资源、环境相协调，走可持续发展之路，才是中国发展的前途所在。中国通过双边、多边方式，与有关国家和国际组织已经开展了自然资源和环境保护方面的合作研究，建立了长期合作关系。在此基础上，中国政府组织实施《中国21世纪议程》，必将得到全国各部门、各地方热烈响应和支持，以及国际社会的关注和支持。

实施《中国21世纪议程》及其优先项目计划所需的资金，将通过多种渠道筹措。中国各级政府将作为投资主体，为实施《中国21世纪议程》、优先项目计划和可持续发展，保证每年一定的投入强度，同时广泛吸纳非政府方面资金和争取国际社会的援助与合作。

编制《中国21世纪议程》文本，不仅是制定和实施国家整体可持续发展战略过程的开始，还要在关系可持续发展的重大领域内，制定《中国21世纪议程优先项目计划》和配套的实施指南等，形成完整的战略和行动体系。更重要的是，将《中国21世纪议程》及其优先项目计划逐步纳入各级国民经济和社会发展计划和规划，以及相关的重大工作和行动中去。随着认识不断深化和工作拓展，《中国21世纪议程》将不断做出必要地调整和完善。

参考文献

Aber JD, Melillo JM. 1991. Terrestrial Ecosystems[M]. Philadelphia: Saunders College Publishing.

Kreb C J. 1994.Ecology, the experimental analysis of distribution and abundance[M]. New York: Haper & Row Publishers.

蔡晓明. 2000. 生态系统生态学[J]. 北京: 科学出版社.

曹凑贵，张光远，王运华. 1998. 农业生态系统养分循环研究概况[J]. 生态学杂志，17(4): 26~32.

陈阜，马新明，温金祥，等. 1998. 农业生态学教程[M]. 北京: 气象出版社.

陈焕章. 1997.实用环境管理学[M].武汉：武汉大学出版社.

陈灵芝. 1993. 中国生物多样性现状及其保护对策[M]. 北京:科学出版社.

陈耀邦. 1996.可持续发展战略读本[M].北京：中国计划出版社.

陈英旭. 2001. 环境学[M]. 北京: 中国环境科学出版社.

程发良，常慧. 2002. 环境保护基础[M]. 北京:清华大学出版社.

程正康. 1986.环境法概要[M].北京：光明日报出版社.

方精云. 2000. 全球生态学[M]. 北京: 高等教育出版社、施普林格出版社.

甘师俊. 1997.可持续发展——跨世纪的抉择[M]. 广州：广东科技出版社.

戈峰，李典谟，王德华，等. 2002. 现代生态学[M].北京: 科学出版社.

桂和荣. 2002. 环境保护概论[M]. 北京: 煤炭工业出版社.

国家环境保护局. 1995.中国环境保护 21 世纪议程[M].北京：中国环境科学出版社.

黄润华，贾振邦. 1997.环境学基础教程[M].北京：高等教育出版社.

金瑞林. 1990.环境法学[M].北京：北京大学出版社.

康慕谊. 1997. 城市生态学与城市环境[M]. 北京: 中国计量出版社.

孔繁德. 2001. 生态保护概论[M]. 北京: 中国环境科学出版社.

孔繁翔，尹大强，严国安，等. 2000. 环境生物学[M]. 北京: 高等教育出版社.

冷宝林. 2001. 环境保护基础[M]. 北京: 化学工业出版社.

李爱贞. 2005. 生态环境保护概论[M].第 2 版. 北京: 气象出版社.

李博，杨持，林鹏. 2000. 生态学[M]. 北京: 高等教育出版社.

李文华，赵景柱. 2004. 生态学研究回顾与展望[M]. 北京: 气象出版社.

李振基，陈小麟，郑海雷，等. 2000. 生态学[M]. 北京：科学出版社.
林育真. 2004. 生态学[M]. 北京：科学出版社.
林肇信，刘天齐，刘逸农. 1982. 环境保护概论[M]. 北京：高等教育出版社.
刘常海. 1994.环境管理[M].北京：中国环境科学出版社.
刘静玲. 2001. 人口、资源与环境[M]. 北京：化学工业出版社.
刘天齐. 1990.环境管理[M].北京：中国环境科学出版社.
刘天齐. 1997.环境保护通论[M].北京：中国环境科学出版社.
刘天齐. 2000. 环境保护[M].第 2 版. 北京:化学工业出版社.
骆世明. 2001. 农业生态学[M]. 北京：中国农业出版社.
马光. 2001. 环境与可持续发展导论[M]. 北京：科学出版社.
马冀. 1999.人类生存环境蓝皮书[M].北京：蓝天出版社.
潘家华. 1997.持续发展途径的经济分析[M].北京：人民出版社.
钱易，唐孝炎. 2000. 环境保护与可持续发展[M]. 北京：高等教育出版社.
钱易，唐孝炎. 1999. 环境保护与可持续发展[M]. 北京：高等教育出版社.
钦佩. 1998. 生态工程学[M]. 南京：南京大学出版社.
曲格平. 1987.中国环境问题及对策[M].北京：中国环境科学出版社.
曲格平. 1989.中国的环境管理[M].北京：中国环境科学出版社.
曲仲湘，吴玉树，王焕校，等. 1983. 植物生态学[M]. 北京：高等教育出版社.
邵孝侯，朱亮，姜谋余. 2005. 生态学导论[M].南京：河海大学出版社.
沈清基. 1998. 城市生态与城市环境[M]. 上海：同济大学出版社.
宋永昌，由文辉，王祥荣. 2000.城市生态学[M]. 上海：华东师范大学出版社.
苏智先，王仁卿. 1993. 生态学概论[M]. 北京：高等教育出版社.
孙鸿良. 1993. 生态农业的理论与方法[M]. 济南：山东科学技术出版社.
孙儒泳，李博. 1993. 普通生态学[M].北京：高等教育出版社.
孙儒泳，李庆芬，牛翠娟，等. 2002. 基础生态学[M]. 北京：高等教育出版社.
孙儒泳，李庆芬. 2002. 生态学精要速览[M]. 北京：科学出版社.
孙儒泳. 2001. 动物生态学原理[M].第 3 版. 北京：北京师范大学出版社.
孙铁珩，周启星，李培军，等. 2000. 污染生态学[M].北京：科学出版社.
王灿发. 1997 环境法学教程[M].北京：中国政法大学出版社.
王焕校. 2000. 污染生态学[M]. 北京：高等教育出版社.
王军. 1997.可持续发展[M].北京：中国发展出版社.
王留芳. 1994. 农业生态学[M].西安：陕西科学技术出版社.
王如松，方精云. 1999. 现代生态学的热点问题研究[M]. 北京：中国科学技术出版社.
王如松，周启星，胡聃，等. 2000. 城市生态调控方法[M]. 北京：气象出版社.
王伟中，郭日生，黄晶. 1999.中国可持续发展态势分析[M]. 北京：商务印书馆.

王祥荣. 2000. 生态与环境——城市可持续发展与生态环境调控新论[M]. 南京: 东南大学出版社.

魏振枢. 2004. 环境保护概论[M]. 北京: 化学工业出版社.

吴博任. 2002. 试论城市化进程中的生态建设[J]. 生态科学, 21(2): 187~190.

吴彩斌, 雷恒毅, 宁平. 2005. 环境学概论[M]. 北京: 中国环境科学出版社.

吴承业,尹晓波. 2004. 环境保护与可持续发展[M]. 北京: 方志出版社.

吴忠标,陈静. 2001. 环境管理与可持续发展[M]. 北京: 中国环境科学出版社.

夏光, 冯东方, 吴玉萍. 2005.WTO 新一轮谈判环境与贸易丛书之六 —— 加入 WTO 与国内环境政策调整[M]. 北京: 中国环境科学出版社.

徐新华,吴忠标,陈红. 2001. 环境保护与可持续发展[M]. 北京:化学工业出版社.

徐炎华. 2004. 环境保护概论[M]. 北京: 中国水利水电出版社.

许宁,胡伟光. 2003. 环境管理[M]. 北京: 化学工业出版社.

阎传海, 张海棠. 2003. 宏观生态学[M].北京: 科学出版社.

晏路明. 2001. 人类发展与生存环境[M]. 北京: 中国环境科学出版社.

杨怀森. 1992. 农业生态学[M]. 北京: 农业出版社.

杨京平. 2001. 农业生态工程与技术[M]. 北京: 化学工业出版社.

杨士弘. 1997. 城市生态环境学[M].北京: 科学出版社.

杨小波, 吴庆书, 邹伟, 等. 2002. 城市生态学[M]. 北京: 科学出版社.

张宝生, 杨静秋, 姜学芬, 等. 1999. 生态农业技术案例[M]. 北京: 高等教育出版社.

张金屯, 李素清. 2003. 应用生态学[M]. 北京: 科学出版社.

张锦瑞. 2002. 环境保护与治理[M]. 北京: 中国环境科学出版社.

张坤民. 1997.可持续发展论[M].北京:中国环境科学出版社.